KB202057

치열하게 읽고 다르게 경영하라

치열하게 읽고
다르게
경영하라

차례

개정판 서문

처음 이 책을 쓴 때가 2010년이었다. 당시에는 젊은 경영자로서 사업의 궁금증을 해소하기 위해 하루도 빠짐없이 책을 읽고, 실제 경영 현장에 적용해 보며 치열하게 고민하고 노력했다. 마치 거센 물살을 헤치듯, 당시의 나는 앞이 잘 보이지 않아도 몸으로 부딪치며 새로운 길을 찾고자 애썼다. 사업은 항상 계획대로 굴러가지 않았고, 크고 작은 실패와 시행착오를 겪는 순간마다 내 한계를 확인하면서도 또 다른 가능성에 대한 실마리를 찾곤 했다. 그러한 시기를 헤쳐나가는 동안, 책 속의 내용은 나에게 든든한 나침반이었다. "이 문제를 어떻게 풀어야 할까?"라는 고민이 생길 때마다 책과 함께했고, 여러 사례나 원칙들을 현실에 맞게 재해석하려고 애를 썼다.

그렇게 15년이 흐른 지금, 2025년에 이 책의 개정판을 준비하려 하니 묘한 감정에 사로잡힌다. 처음 이 책을 썼던 시절부터 지금까지, 나는 사업을 계속 이어오면서 수많은 변화를 체감했고, 몸소 겪었다. 시장 환경은 그 누구도 예상하지 못할 만큼 빠르게 진화했고, 그 과정에서 과거에 통하던 방식이 더는 유효하지 않기도 했다.

기술 발달의 속도는 상상을 초월했고, 새로운 플랫폼이 나타나거나 또 다른 소비 패턴이 등장할 때마다 경영자로서 당장 무언가 대응해야 한다는 압박감에 밤낮없이 고민하던 기억이 떠오른다. 기존의 사고방식을 고집하다가는 뒤처지기 쉽다는 것을 여러 차례 체감했고, 그만큼 시대 흐름을 읽는 통찰과 유연한 태도를 갖추는 것이 얼마나 중요한지도 절실히 깨달았다.

하지만 변하지 않은 것도 있다. 아무리 외부 환경이 변하고 첨단기술이 쏟아져 나와도, 경영자가 스스로에게 던지는 근본적인 질문은 크게 다르지 않다고 느낀다. "어떻게 하면 더 많은 고객에게 진정한 가치를 전달할 수 있을까?", "어떻게 하면 조직 구성원들이 보람과 성취감을 느끼며 함께 성장할 수 있을까?","어떤 순간에도 회사가 지속적으로 존재 의미를 찾게 할 수 있을까?"와 같은 질문들은 15년 전이나 지금이나 여전히 유효하다. 나도 이런 고민을 끊임없이 하며 때로는 과감한 결단을 내리고 보수적인 선택을 하면서, 크고 작은 풍파 속에서 길을 찾아왔다. 물론 그 과정에서 실패도 많았고, 어디서도 배울 수 없는 귀중한 교훈도 얻었다.

이 책을 다시 읽으면서, 그 시절의 나와 지금의 내가 어색하게 마주 보는 기분이 들었다. 어떤 부분은 지나치게 교과서적이거나 치기 어린 표현으로 가득 차 스스로도 손발이 오그라드는 듯했고, 어떤 부분은 지금 읽어도 여전히 가치가 살아 있어 놀라웠다. 특히 초심자의 열정과 결심이 가득 담긴 문장들을 하나하나 다시 음미하는 동안, 몇 년 사이 나태해진 내 모습이 선명하게 드러나기도 했다. 분명 과거의 내가 지금보다 경험도 적고 기술적 지식도 부족했지만, 그만큼 간절함과 열정은 더 컸기에 가슴 한편이 뜨거워지는 동시에 약간 부끄러워졌다.

그러나 이 덕분에 개정판 작업은 단순히 옛 텍스트를 다듬는 작업을 넘어 일종의 "자기반성"이자 "재점검"의 과정이 되었다. 잊고 지냈던, 혹은 의도적으로 외면했던 초심을 되찾으면서 지금 내게 진짜 필요한 것이 무엇인지를 차분히 돌아볼 수 있었다. 무엇이 변했고 변하지 않았는지 냉정히 짚어보니 사이에 쌓인 시행착오와 발전, 그리고 축적된 통찰이 조금 더 명확하게 보였다. 한편으로는 예전에 미처 다루지 못했던 주제나, 새롭게 부각된 이슈들도 많아서, 그 부분을 보완하고 추가하는 것도 중요하다고 느꼈다. 그렇게 이 책의 내용 전반을 갈무리하고, 새롭게 업데이트하는 과정에서 15년이라는 시간은 결코 짧지 않았다는 사실을 새삼 깨닫게 되었다.

그 시절과 지금을 잇는 교집합은 바로 "치열함"이 아닐까 한다. 2010년에 이 책을 쓰며 사방을 헤매듯 몰입했던 시간은 분명 대단히 치열했고, 오늘날의 급변하는 환경 역시 마찬가지로 경영자가 더 치열하게 고민하고 실천할 것을 요구한다. 과거의 나에게서 배워야 할 부분과, 지금의 내가 새롭게 깨달은 부분이 함께 어우러질 때, 비로소 다음 단계로 나아갈 힘이 생긴다고 믿는다. 이 개정판은 그런 의미에서 과거와 현재, 그리고 미래를 잇는 교량 같은 역할을 하기를 바란다. 과거의 치열함을 다시 꺼내 보며 앞으로 더욱 치열해질 미래에 대응하려는 결심을 다지는 계기가 되었으면 한다.

끝으로, 이 책을 읽을 독자들도 그 마음을 조금이나마 공유할 수 있기를 희망한다. 15년 전에는 한 젊은 경영자의 시행착오와 열정이 담겨 있었고, 이제는 좀 더 넓은 시야와 다양한 경험이 더해진 개정판이 탄생했다. 그 사이 세상은 크게 달라졌지만, 여전히 경영의 본질은 무엇이 변하고 변하지 않는지 스스로 묻는 데서 출발한다고 생각한다. 이 책을 읽는 모든 이가 예전의 나처럼 치열하게 지적 갈증을 해결하고자 한다면 그 자체로 개정판을 내는 의미는 충분하다고 믿는다. 열정과 노력이 어떻게 오늘의 나를 만들었는지, 독자들도 각자 사업이나 삶 속에서 같은 질문을 던져볼 수 있기를 바란다. 그리고 언젠가 이 책을 다시 꺼내 볼 때 독자들 또한 미래의 자신과 조우하며 비슷한 감정을 느끼게 된다면, 그것이야말로 내가 줄 수 있는 궁극적인 선물이 아닐까 싶다.

2025년 3월 안유석

구판 서문

로버트 W. 서비스의 시 한 편을 소개한다.

광야에서 길을 잃고 어린아이처럼 겁에 질려 있을 때 죽음이 그대의 눈동자를 그윽이 들여다보고 있을 때 도저히 견딜 수 없는 고통에 사로잡혀 있을 때 원칙대로라면 지체 없이 방아쇠를 당겨야 한다…. 그리고 죽어 버려야 한다.
하지만 용기를 가진 자는 할 수 있는 최선을 다해 싸우라고 말한다. 스스로를 소멸시키는 것은 금지되어 있다.
굶주림과 비탄에 잠겨, 아, 한 방에 날려 버리기란 쉬운 일이다.
힘든 것은 아침 식사로 지옥을 삼키는 일이나니.

그대는 게임에 지쳐 버렸다.
"자, 보아라, 얼마나 수치스러운가."

그대는 젊고 용감하고 총명하지만,

나는 그대가 푸대접을 받고 있는 것을 알고 있다.

있는 힘을 다해 일어나 싸워라.

하루의 싸움을 승리로 이끌어 주는 것은 오직 근면밖에 없으니,

겁쟁이가 되어서는 안 될 일.

용기를 내라. 그만두기는 쉬운 일이다.

힘든 것은 턱을 빳빳이 치켜드는 일이나니.

싸움에 졌을 때 눈물을 흘리기란 아주 쉬운 일이다 – 그리고 죽는 것도. 변절자가 되어 바닥을 기는 것도 어려운 일은 아니다.

하지만 아무런 희망이 보이지 않을 때조차 싸우고, 싸우고 또 싸워라. 그것이야말로 최상의 전리품.

설령 그대가 난파하는 배에서 탈출한다고 할지라도 모든 것은 부서져 사라지고 말 테니,

까짓것, 한 번 더해 보는 거다 – 죽기는 쉬운 일이 아닌가.

힘든 것은 계속해서 살아가는 일이나니.

사업은 중학교 시절부터 품었던 꿈이다. 삼총사였던 친구들과 삼국지를 읽으며 언젠가 사업으로 크게 성공하자고 다짐했다. 위 · 촉 · 오로 나뉘어 천하 통일을 꿈꾸던 옛 영웅들처럼, 우리도 성공을 향한 뜻을 세웠다. 친구들은 이제 어른이 되어, 한 명은 뉴욕의 헤지펀드에서 일하며 창업 준비 중이고, 또 한 친구는 이미 10년 넘게 사업을 하고 있다. 우리는 지금도 자주 만나 사업 아이디어를 주고받는다.

1999년 우연히 벤처 기업 임원으로 일하면서 시행착오를 겪었다. 벤처투자 붐의 혜택으로 거액의 투자를 받아 창업했지만, 1년 만에 자금을 탕진하고 말았다. 다시 1년 동안 준비한 사업도 성과 없이 끝나 절망스러웠다. 그러나 밑바닥을 경험하니 오히려 마음은 가벼워졌다. 모든 것을 처음부터 다시 시작하기로 결심하고 규칙적으로 운동해 체중을 10kg 감량했으며, 일주일에 한두 권씩 경영서를 읽고 서평을 블로그에 올렸다. 완전히 마음을 비우고 사업을 돌아보니 새로운 기회들이 보였고, 두 번의 큰 실패 후에도 다시 시작할 수 있었다. 그로부터 3년 뒤에는 먹고사는 문제가 해결되었다.

2003년부터는 경영 잡지를 함께 읽고 토론하는 스터디 모임에 참여했다. 혼자 읽을 때보다 현장의 생생한 정보와 여러 시각이 더해져 의미가 깊어졌다. 글로벌 기업의 직장인부터 방송사 · 컨설팅 회사 종사자까지 다양한 분야의 사람들이 자기 발전을 위해 시간을 쪼개 모였다. 직접 사업을 운영하면서 알고 있던 이론을 보완하고, 회사 직원 · 고객 · 공급업자 · 파트너 · 업계에서 알게 된 사장님들을 통해 계속 배웠다. 책을 읽고 블로그에 서평을 쓰는 일도 멈추지 않아 네이버 파워블로거로 선정되기도 했다.

사업을 하며 로버트 서비스의 시를 떠올릴 만큼 가슴 시린 순간이 여러 번 있었다. 그러나 그때마다 담담히 견디며 경험을 쌓았다. 이 책에서는 내 경험을 솔직하게 담고, 그동안 읽은 좋은 책들을 고군분투 중인 사업가와 직장인들에게 소개하고 싶었다.

사실 많은 직장인이 사업을 꿈꾼다. 근로 시간을 팔아 급여를 받는 걸 "노예 계약"이라 여기고 자유를 갈망하기도 한다. 하지만 가족의 생계를 책임지는 입장에서 단지 자유만을 위해 창업한다는 생각은 책임감이 없는 듯 보이기도 한다. 게다가 주변을 둘러보면 사업이 만만치 않아 빚에 허덕이는 사람도 적지 않다. 실제로 성공 확률도 그리 높지 않다.

나이가 들수록 조직에서 밀려날까 하는 불안감이 커진다. 상사의 변덕과 업무, 인간관계에 시달리는 날이면 탈출구를 꿈꾼다. 하지만 오랫동안 직장 생활만 해왔기에 사업의 세계는 낯설고, 나 자신과는 거리가 멀어 보이기도 한다.

사업은 극도로 힘든 길이 되기도, 원하는 모든 걸 이룰 수 있는 길이 되기도 한다. 먼저 이 길을 걸어본 사람으로서, 경영 이론을 제시하기보다 창업 이후 마주치게 될 고민과 직장 시절엔 상상 못 했던 새로운 상황을 이야기하고 싶었다. 또 어떻게 해야 성공 가능성을 높일 수 있을지, 주의할 점은 무엇인지 최대한 다루려 했다. 시중 책들에 종종 등장하는 사장의 "외로움"에 대한 한탄이 아니라, 실제로 유용한 경영 노하우를 구체적으로 전해보고자 한다.

8년 넘게 매년 50~100권의 경영서를 읽고 이를 사업에 적용하면서 많은 깨달음을 얻었다. 책을 읽으면 블로그에 서평을 기록하는데, 너무 좋아서 몇 년 간격으로 읽어 네 개의 서평이 있는 책도 있다. 시간이 흐르면서 같은 책을 다시 읽으면 그때의 경험과 맞물려 전혀 다른 통찰을 얻곤 했다. 현장에서 여러 경영 이론과 아이디어를 적용해 성공과 실패를 모두 경험했고, 성공한 기업가들의 전기를 읽으며 그들의 전략적 사고에 깊이 감탄했다. 업계 사장님들과의 대화를 통해서는 사업의 현실을 더욱 생생하게 체감했다. 현장에 있던 경영자로서 이제 사업 이야기를 시작해 보려 한다.

2010년 10월 안유석

1

사업 시작하기

사업의 시작:
혼돈과 우연 속에서 질서를 찾기

사람들이 충분한 준비 없이 우연히 사업의 세계에 들어온다. 그러나 사업은 예상치 못한 폭풍우와 같아서, 미리 대비하지 않으면 큰 어려움에 직면하기 쉽다. 닥쳐올 폭풍우가 어떤 종류인지, 대비책은 무엇인지, 다양한 상황에 대한 연습은 충분히 되어 있는지 등을 모른다면 정작 폭풍우가 닥쳤을 때 속수무책일 수밖에 없다.

사업을 하는 동안 수많은 문제가 폭풍우처럼 몰아칠 것이다. 사업은 위험을 다루는 작업이지만, 다루는 위험의 크기와 내용을 스스로 결정할 수 있다는 장점이 있다. 위험을 충분히 파악하고 자신이 감당할 수 있는 수준부터 도전해야 한다. 자본이 적게 투입되고 자신이 잘 아는 분야에서 먼저 시작하는 것이 좋다.

사람들이 사업을 시작하면서 이 점을 간과한다. 평생 직장 생활만 하다가 별다른 준비 없이 치킨집을 시작하면 실패할 확률이 매우 높다. 작은 치킨집 운영에도 상당한 노하우와 전문성이 필요하기 때문이다. 자신이 해왔던 일에서 사업 아이템을 찾는 것이 현명하다. 잘 아는 분야에서 사업을 시작해야 한다. 한 분야에서 잔뼈 굵은 사업가들도 다른 분야로 사업을 확장하면서 실패하는 경우가 많다.

어떤 사업에서든 성공하기 위해 핵심적으로 고려해야 할 요소가 있다. 핵심 성공 요인(Key Success Factor)은 사업 영역마다 존재하며, 사업마다 다르다. 한 분야에서 성공했다고 해서 다른 분야에서도 성공하리라는 보장은 없다. 모든 사업은 특별한 역량이 필요하며, 역량을 구축하는 데에는 "경로 의존성(Path Dependency)"이라는 특성이 존재한다. 경로 의존성이란, 한 번 특정한 경로를 선택하면 그 경로가 가진 초기 조건과 선택으로 인해 이후의 의사결정이나 선택의 폭이 점점 좁아지고, 다른 방향으로 전환하기가 어려워지는 현상을 의미한다. 즉, 처음에 어떤 방향으로 역량을 쌓기 시작했는지가 이후 역량 발전의 방향과 질을 크게 좌우하며, 결과적으로 사업의 성패에까지 중대한 영향을 끼친다는 것이다.

예를 들어, 한 기업이 초기에 내연기관 자동차 기술 개발에 주력하여 이에 대한 기술과 생산 역량을 수십 년에 걸쳐 축적했다고 하자. 이 기업은 내연기관 엔진 기술에 특화된 공장, 인력, 장비 등 대규모 자산과 기술 노하우를 구축했다. 그런데 시장의 흐름이 급속도로 전기차 중심으로 전환되면서 이 기업이 갑자기 새로운 전기차 기술 역량으로 전환하려고 하면 이미 기존에 구축된 내연기관 기반의 기술과 자산 때문에 빠른 전환이 어려워진다. 이는 기존에 구축한 기술 기반, 인력 구성, 인프라 등에서 쉽게 빠져나올 수 없도록 만드는 일종의 "잠금효과(lock-in effect)"를 만들어 내기 때문이다.

이처럼 경로 의존성은 한 번 특정 분야나 기술을 선택하면, 그 경로에 따라 장기적으로 역량 구축의 방향이 정해지고, 이를 나중에 전환하거나 수정하는 데에는 막대한 시간과 비용, 때로는 기회비용까지 수반되는 것이다. 따라서 어떤 사업이든 성공하기 위해서는 처음부터 자신이 추구할 사업에 적합한 특별한 역량을 신중하게 선정하고, 이를 장기적인 관점에서 지속적으로 확보하고 발전시키는 데 충분한 시간과 비용이 투입될 수밖에 없다는 사실을 반드시 명심해야 한다.

그렇다면 어떻게 사업을 시작해야 할까?

그렇다면 사업을 어떻게 시작해야 할까?

직장 생활을 하면서 자신의 강점을 활용하여 잘할 수 있는 분야에서 사업 아이템을 찾되, 충분한 시간을 갖고 사업 전략, 시장 분석 등을 준비하는 과정을 "지도 그리기"라고 한다. 이는 사업의 구성 요소를 처음부터 끝까지 살펴보면서 전반적으로 파악하고 준비하는 과정을 의미한다.

"지도 그리기" 방법은 커피 리퍼블릭 창업자인 사하 남매의 저서 "나의 첫 사업 계획서"에 잘 나와 있다. 이 책에는 사업 초기 설립 과정이 자세히 설명되어 있으며, 저자가 어떻게 "지도 그리기" 작업을 수행했는지 살펴볼 수 있다.

사업에 기술이 필요하다면 그 기술에 대해서도 알아야 한다. 반드시 엔지니어가 될 필요는 없지만, 기술의 주요 쟁점과 핵심 문제, 엔지니어를 고용해야 한다면 어디서 만날 수 있을지 정도는 알아야 한다. 엔지니어들을 어떻게 동기부여해야 하는지, 이직이 잦은 직종인 엔지니어를 채용하고 유지하는 게 어렵지 않을지 등 여러 문제를 생각하며 메모해야 한다. 사람들을 만나 지식을 얻고, 책도 살펴보고, 인터넷 검색도 하면서 해당 분야 사업 관련 지식을 전방위로 흡수해야 한다.

"지도 그리기" 과정을 통해 사업 계획서를 다듬는다. 좋은 "지도 그리기" 과정은 빠르게 성장하기 시작하는 새로운 시장, 지금까지 존재하지 않았지만 수요가 존재하는 새로운 시장, 이미 존재하는 경쟁 시장이지만 새로운 방식으로 수익을 창출할 가능성이 보이는 시장 등 시장 기회에 대한 통찰력을 발견하게 해 준다.

사업을 시작할 때 사장의 개인적인 경험과 통찰력은 매우 중요하다. 커피 리퍼블릭 커피 프랜차이즈 사장도 창업할 때 자신의 경험을 활용했다. 그는 미국에서 스타벅스를 경험하고 영국에서도 커피 전문점을 찾았으나 찾을 수 없었다. 당시 영국의 커피는 샌드위치 전문점에서 함께 파는 저급 커피가 대부분이었다. 그래서 고급 커피 전문점을 영국에 내겠다는 간단한 아이디어로 시작하여 엄청난 성공을 거두었다.

"지도 그리기" 과정과 사장의 경험에 의한 우연한 발견이 결합하여 훌륭한 아이템이 탄생한다. 직관에 의해 좋아 보였던 아이템도 이 과정에서 현실성이 없다고 판단되거나, 새로운 정보가 추가됨으로써 사업 아이디어가 진화하여 더 매력적인 사업 아이템으로 변화하는 경우도 많다.

"지도 그리기" 과정을 통해 사업 전략을 수립할 때 사업에서 필요한 역량은 직접 확보해야 한다. 어떤 분야든 성공을 위해서는 특별한 역량이 필요하며, 초기 사업에서는 사장이 직접 역량을 취득하는 것이 매우 중요하다. 물론 이후 고용할 인력이 보유해야 할 역량과 사장이 보유하는 역량에는 다소 차이가 있다. 사장이 보유해야 할 역량은 해당 사업에 필요한 역량이 무엇인지 파악하고, 그 역량을 획득하는 데 관련된 역량이다.

실제 사업에 착수하여 역량을 취득하는 데에는 상당한 투자가 필요할 수 있다. 그러나 그전 단계에서 사장이 직접 움직이면서 지식을 취득하고, 역량을 취득하기 위한 노하우를 확보하는 단계까지는 자금이 많이 소요되지 않는다. 이 부분을 얼마나 높은 수준으로 수행할 수 있는지에 따라 실제 실행 단계에서 발생할 많은 낭비를 줄이므로 아낌없이 돈을 투자해야 한다.

예를 들어, 와인바를 운영하려면 직접 소믈리에 자격증을 취득하는 것이 좋다. 소믈리에 자격증을 취득하여 소믈리에가 되려는 것이 아니라, 좋은 소믈리에를 판별할 식별력을 키우고, 소믈리에의 동기를 파악하며, 소믈리에와 네트워크를 형성하여 이후 채용하기 위해서다. 와인바에 대해 알고 있는 정보 중 자신이 모르는 것을 알기 위해 직접 소믈리에에 대한 공부를 하는 접근은 반드시 필요하다. 돈을 아끼지 않고 최고의 소믈리에를 교육하는 곳에서 배워야 한다. 만약 브랜드력 있는 와인바를 창업하고 싶다면 해외까지 나가서 배워 보라. 사장이 직접 해외에서 소믈리에 자격증을 취득했다면 그 자체로 고객에게 좋은 이야깃거리가 된다.

특히 사업 초창기에 사장이 확보한 개인적인 역량은 이후 사업이 실패하더라도 다시 시작할 버팀목이 된다. 언제든 처음으로 돌아가서 다시 시작할 수 있는 역량을 확실하게 키워야 한다.

고객가치제안 만들기

사업을 시작할 때 가장 중요한 것은 고객에게 어떤 가치를 제공할 것인지 명확히 정의하는 것이다. 사업 아이템을 결정하기 위해서는 시장 환경을 분석하고, 필요한 역량을 확보하는 과정이 필요하다. 그러나 최종적으로 가장 중요한 것은 고객이 제품이나 서비스를 통해 어떤 혜택을 받을 수 있는지를 구체적으로 정의하는 것이다. 경영학에서는 이를 고객가치제안(Customer Value Proposition)이라고 한다. 고객가치제안이란 고객에게 제공할 가치가 무엇인지, 고객이 우리의 제품이나 서비스를 왜 선택해야 하는지를 정리한 개념이다.

스타벅스의 사례를 보면, 그들의 고객가치제안은 단순히 커피를 판매하는 것이 아니라 품격 있는 공간에서 고품질의 강배전 에스프레소 기반 커피를 제공하는 것이다. 스타벅스는 단순한 음료 제공을 넘어, 고객이 머물고 싶은 공간을 창출하는 데 집중했다. 강배전 원두는 깊고 풍부한 맛을 내며, 균일한 품질을 유지할 수 있는 장점이 있다. 고객은 단순히 커피를 소비하는 것이 아니라, 이 공간에서 경험하는 서비스와 분위기에 가치를 둔다.

맥도날드는 다른 방식으로 고객가치제안을 설정했다. 그들은 전 세계 어디에서나 균일한 품질의 햄버거를 신속하고 저렴한 가격에 제공하는 것을 목표로 삼았다. 이는 고객이 익숙한 맛과 경험을 언제 어디서나 동일하게 누릴 수 있도록 보장하는 전략이다.

고객가치제안을 수립할 때는 크게 두 가지 관점에서 접근할 수 있다. 하나는 소비자의 시각에서 바라보는 것이고, 다른 하나는 공급자의 시각에서 접근하는 것이다. 소비자의 시각을 가지려면, 고객 관점에서 가치를 고려하는 민감한 소비자가 되어야 한다.

예를 들어, 당신이 어묵 가게를 운영한다고 가정해 보자. 소비자의 관점에서 볼 때, 어묵은 신선하고 맛있어야 하며, 국물이 시원해야 한다는 점이 중요할 것이다. 또한, 친절하고 신속한 서비스가 제공되면 더욱 만족할 것이다. 이러한 요소들은 기본적으로 소비자가 기대하는 가치이며, 이를 충족시키는 것이 고객가치제안의 핵심이 된다.

그러나 고객가치제안을 공급자의 시각에서 바라보면, 보다 구체적인 실행 방안을 고민해야 한다. 신선한 어묵을 매일 공급받기 위해 어떤 공급업체와 계약할 것인가? 만약 적절한 공급업체가 없다면 이를 어떻게 해결할 것인가? 예를 들어, 내부 직원이 신선한 원재료를 판별할 수 있도록 교육하고, 이를 통해 일관된 품질을 유지하는 방법을 고려할 수 있다. 또한, 고객이 어묵 국물의 깊은 맛을 경험할 수 있도록, 신선한 꽃게를 활용한 조리법을 개발하고 이를 지속해서 유지해야 한다.

공급자의 시각에서 고객가치제안을 설정하는 과정에서는, 고객이 직접 인식하지 못하는 요소들도 포함된다. 소비자는 단순히 "이 가게의 어묵이 신선하고 맛있다"고 느낄 뿐이지만, 그 뒤에는 공급망 관리, 조리 과정의 표준화, 지속적인 품질 유지 시스템 등이 작동하고 있다.

경우에 따라, 공급업체의 역량을 함께 키워야 하는 경우도 있다. 예를 들어, 커피 리퍼블릭이 커피 전문점 사업을 시작했을 당시, 고급 에스프레소 커피를 추출할 수 있는 적절한 기계가 영국 시장에는 존재하지 않았다. 창업자들은 공급업체를 설득해 고급 에스프레소 기계를 개발하도록 유도했으며, 이를 통해 사업의 핵심 요소를 구축할 수 있었다.

소비자는 종종 제품이나 서비스의 가치를 감각적으로 인식하지만, 공급자의 시각에서는 이를 구체적인 기술과 절차로 변환해야 한다. 이해하기 쉽게 예를 들자면, 마치 온라인 게임에서 사용자가 몬스터를 공격할 때 타격감이 좋아야 몰입도가 높아지는 것과 같은 원리이다. 이런 게임을 만들기 위해서 공급자는 타격 시 어떤 이펙트를 사용할 것인지, 타격 버튼을 누른 후 사운드와 애니메이션의 타이밍을 어떻게 설정할 것인지 등의 세부적인 기술적 요소를 정리해야 한다. 점프 버튼을 눌렀을 때 캐릭터가 적절한 반응을 보이게 하려면, 물리 엔진과 사용자 경험(UX) 디자인이 모두 고려되어야 하는 것이다.

초기 단계에서 고객가치제안은 단순한 아이디어에서 시작할 수 있다. 하지만, 강력한 고객가치제안을 수립하면 사업가에게 열정을 불러일으키고, 성공의 초석이 된다. 따라서 단순히 제품을 만드는 것이 아니라, 고객이 어떤 경험을 하게 될지를 깊이 고민하는 것이 중요하다.

사업을 계획할 때, 고객가치제안이 구체적이고 명확할수록 사업의 방향성이 명확해진다. 소비자의 관점에서 제품과 서비스를 어떻게 경험할지를 고려하고, 공급자의 관점에서 이를 지속해서 제공할 수 있는 시스템을 구축해야 한다. 이러한 균형 잡힌 접근을 통해, 차별화된 경쟁력을 갖춘 지속 가능한 사업 모델을 만들 수 있다.

수익 모델(BM)이 존재하는 사업인가?

사업을 시작할 때 고객에게 가치를 제공하는 것은 필수적이지만, 그것만으로는 충분하지 않다. 좋은 제품과 서비스를 제공하는 것만큼 중요한 것은 이 과정에서 어떻게 돈을 벌 것인가, 즉 수익 모델(BM)을 확보하는 것이다. 아무리 가치 있는 제품이나 서비스를 제공한다고 해도, 비용이 수익을 초과한다면 사업을 지속할 수 없다. 수익 모델은 단순히 매출을 창출하는 방식을 넘어, 사업이 지속 가능하도록 설계된 구조여야 한다.

수익 모델이란 어떤 제품이나 서비스를 어떻게 소비자에게 제공하고, 이를 어떻게 마케팅하며, 어떻게 돈을 벌 것인가에 대한 전략적 계획이다. 사람들이 사업을 시작할 때, 고객에게 이로운 제품을 제공하는 것이 가장 중요한 목표라고 생각하지만, 수익을 창출하지 못하는 사업은 결국 지속될 수 없다. 돈을 벌지 못하는 사업은 사회적 가치가 있을지라도 결국 자선사업에 머무를 뿐, 장기적으로 고객에게 지속적인 서비스를 제공할 수 없다.

에이드리언 슬라이워츠키의 《수익지대》에서는 다양한 수익 모델을 소개하며, 기업들이 어떻게 지속 가능한 방식으로 돈을 벌고 있는지를 분석한다. 세상에는 무수히 많은 방식으로 수익을 창출하는 모델이 존재하며, 이를 효과적으로 설계하는 것이 사업 성공의 핵심이다.

예를 들어, 구글 애즈의 광고 수익 모델은 검색 결과나 유튜브 같은 플랫폼에 광고 공간을 마련하고, 이를 원하는 광고주와 연결해 수익을 창출하는 방식이다. 이는 방송사들이 광고 시간을 판매해 광고주와 시청자를 연결하는 구조와 유사하다.

슬라이워츠키는 이를 스위치보드(Switchboard) 수익 모델이라 부르며, 다수의 구매자와 공급자를 연결해 가치를 창출하는 방식이라고 설명한다. 찰스 스왑의 사례도 비슷한 원리로 작동한다. 찰스 스왑은 다양한 뮤추얼펀드를 수수료 없이 구매할 수 있도록 하고, 청구서를 일원화하는 서비스를 제공함으로써 고객이 다양한 펀드를 비교하고 관리하는 데 드는 어려움을 해결했다. 반대로, 펀드 제공업체들은 찰스 스왑을 통해 자사의 상품을 더 효과적으로 홍보하고 고객을 확보할 수 있었다.

한편, 제품을 만들어 직접 판매하는 전통적인 수익 모델을 고려할 때, 단순히 판매량을 늘리는 것만이 해답이 아니다. 비용이 수익보다 크다면, 아무리 많이 팔아도 적자가 증가할 뿐이다. 사업을 설계할 때는 비용 구조를 명확히 이해하고, 고정비와 변동비를 분석해야 한다.

앞서 예를 들었던 어묵 가게에 대해서 이야기해 보자. 좋은 어묵 국물을 위해서는 신선한 꽃게를 수산시장에서 구매해야 한다. 이 국물을 매일 새로 끓이려면 새로운 꽃게와 원재료를 구매해야 하기에 트럭이 필요하다. 여기서 재료비와 함께 운송비와 인건비가 발생한다. 만약 전문적인 공급업체가 존재한다면, 일정 금액을 지불하고 원재료를 공급받는 방식도 고려할 수 있다. 두 가지 방식은 각각 비용 구조가 다르며, 결과적으로 사업의 수익성에도 영향을 미친다. 사업을 운영할 때는 원가 구조를 최적화하고, 고객에게 제공하는 가격보다 낮은 비용으로 제품을 생산할 수 있는 방법을 찾아야 한다.

수익 모델을 설계하는 과정에서 전략적인 선택이 필요하다. 예를 들어, 솔루션형(Solution-Based) 수익 모델은 사업자가 초기 투자 비용을 감수하지만, 이후 지속해서 수익을 창출하는 방식이다. 고객은 특정 업체의 솔루션을 사용하면 전환 비용이 발생하기 때문에 쉽게 다른 대안을 선택하지 못한다.

마이클 블룸버그의 사례를 보면, 그는 투자용 전문 단말기와 콘텐츠 공급업에 진출할 때, 초기 개발 비용을 스스로 감당했다. 첫 고객인 메릴린치에 단말기와 콘텐츠를 제공하는 솔루션을 개발할 때, 모든 비용을 블룸버그가 부담했지만, 이후 단말기당 사용료를 받는 모델을 구축하며 엄청난 성공을 거두었다. 솔루션형 비즈니스 모델은 초기에는 위험 부담이 크지만, 고객이 쉽게 이탈할 수 없는 구조를 만들어 장기적인 수익을 창출할 수 있도록 한다.

또한, 부분 유료화 모델도 성공적인 수익 모델 중 하나다. 온라인 게임 산업에서는 많은 기업이 이 모델을 채택하고 있다. 게임을 무료로 제공하면서 대규모 사용자를 확보한 뒤, 유료 아이템을 판매하는 방식이다. 사용자들은 기본적인 게임 플레이는 무료로 즐길 수 있지만, 캐릭터를 강화하거나 경쟁에서 우위를 점하기 위해 유료 아이템을 구매하게 된다.

이러한 모델은 단순히 게임 업계에만 적용되는 것이 아니다. 예를 들어, 소셜 미디어 플랫폼이나 클라우드 서비스에서도 기본 기능은 무료로 제공하되, 프리미엄 기능은 유료로 제공하는 방식으로 수익을 창출한다. 이는 대규모 사용자 기반을 형성하면서, 일부 사용자가 추가 비용을 지불하도록 유도하는 전략이다.

사업을 구상할 때, 고객가치제안이 소비자에게 매력적이어야 하는 것은 분명하다. 하지만 소비자 관점에서 매력적인 사업이 반드시 수익성이 보장되는 것은 아니다. 공급자의 시각에서 비용을 분석하고, 지속해서 수익을 창출할 수 있는 구조를 설계해야 한다.

결국, 사업이 성공하기 위해서는 단순히 고객이 원하는 가치를 제공하는 것뿐만 아니라, 그 가치를 제공하는 과정에서 안정적인 수익을 창출할 수 있는 구조를 구축하는 것이 필수적이다. 고객가치제안을 명확히 정의하고, 공급자의 시각에서 실행 가능성을 검토했다면, 이제는 수익 모델이 제대로 작동하는지 확인해야 한다.

고객가치제안과 수익 모델이 모두 갖춰졌다면, 이제 사업을 실행할 준비가 된 것이다. 하지만, 이것만으로 충분할까? 사업 환경은 끊임없이 변화하며, 새로운 경쟁자들이 등장할 가능성이 항상 존재한다. 따라서 수익 모델이 지속 가능할 수 있도록 정기적으로 점검하고, 변화하는 시장 환경에 맞춰 유연하게 조정하는 전략이 필요하다. 사업은 단순한 시작이 아니라, 끊임없이 조정하고 최적화해 나가는 과정이다.

경쟁 우위를 가지고 있는 사업인가?

사업을 시작할 때 중요한 질문 중 하나는 이 사업이 경쟁 우위를 가질 수 있는가이다. 시장에서 성공하기 위해서는 단순히 좋은 제품이나 서비스를 제공하는 것만으로는 부족하다. 경쟁자가 쉽게 진입할 수 없는 장벽을 만들어야 하며, 고객이 단순한 가격 경쟁만으로 업체를 바꾸지 않도록 해야 한다. 그렇지 않으면 시장이 포화 상태가 되고, 사업의 수익성은 점차 악화될 수밖에 없다.

나는 초창기에 소프트웨어 용역 개발 사업을 시작했다. 이 사업은 비교적 진입 장벽이 낮아, 누구나 소프트웨어 엔지니어를 고용하고 프로젝트를 수주하는 방식으로 운영할 수 있었다. 고객들은 프로젝트 계약 시점에서 엔지니어들의 이력서를 요구하고, 원하는 인력을 보유한 업체를 선택하는 방식이었다. 이는 결국 단순한 인력 공급 사업과 크게 다를 바 없었다.

처음에는 소프트웨어 개발 인력이 귀했기 때문에 수요가 많았고, 닷컴 붐으로 인해 프로젝트를 수주하는 것이 비교적 쉬웠다. 하지만 시간이 지나면서 많은 업체가 시장에 진입했고, 가격 경쟁이 심화하면서 사업 환경이 급격히 악화되었다. 고객들은 입찰을 통해 경쟁을 유도했고, 결국 가장 낮은 가격을 제시하는 업체가 프로젝트를 수주하는 구조가 형성되었다. 그 결과 수익성은 점점 감소했고, 소프트웨어 용역 개발 사업은 장기적으로 지속하기 어려운 모델이 되었다.

이러한 경험을 통해 나는 경쟁자가 쉽게 진입하지 못하도록 경쟁 우위를 확보하는 것이 사업의 필수 요소라는 점을 깨달았다. 이를 고민하던 중, 마이클 포터의 《경쟁론》에서 경쟁 우위를 결정하는 다섯 가지 요소를 접하게 되었다. 그는 기존 경쟁 강도, 대체재의 위협, 공급자의 협상력, 고객의 협상력, 신규 진입자의 위험이라는 다섯 가지 힘이 경쟁 우위를 강화하거나 약화시킬 수 있다고 설명했다.

그렇다면 경쟁 우위란 정확히 뭘까? 사업이 성공하면 반드시 경쟁자가 등장한다. 그러므로 경쟁자가 쉽게 따라 할 수 없는 장벽을 구축해야 한다. 이 장벽이 바로 경쟁 우위다. 경쟁 우위는 독창적인 기술이나 특별한 역량을 기반으로 구축될 수 있다. 하지만, 기술적 우위만으로는 지속적인 경쟁력을 보장하기 어렵다. 경쟁자들은 빠르게 기술을 따라잡거나, 유사한 공급업체와 계약하여 비슷한 품질의 서비스를 제공할 수 있기 때문이다.

예를 들어, 당신의 어묵이 신선하고 국물이 시원하여 고객들이 단골이 되었다고 하자. 처음에는 경쟁자들이 이유를 알지 못하지만, 시간이 지나면서 당신의 조리법과 원재료 선택을 분석하기 시작한다. 신선한 원재료를 공급하는 업체를 찾아내고, 유사한 방식으로 국물을 조리하며, 점점 당신의 가게와 비슷한 제품을 제공하려 한다. 공급업체조차 당신에게만 원재료를 공급하는 것이 아니라, 경쟁자들에게도 같은 품질의 원재료를 제공할 가능성이 높다. 결국, 당신의 초기 경쟁 우위는 업계의 표준이 되어버리고, 소비자는 굳이 당신의 가게를 찾아야 할 이유를 잃게 된다.

이처럼 기술적 우위나 특정한 노하우는 시간이 지나면서 경쟁자들에 의해 복제될 수 있다. 그렇다면 어떤 경쟁 우위가 장기적으로 지속될 수 있을까? 이에 대한 답을 찾기 위해 브루스 그린왈드의 "경쟁 우위 전략(Competition Demystified)"을 살펴보면, 그는 신규 진입 장벽이 높은 사업이 경쟁 우위를 가진다고 설명한다. 그는 경쟁 우위를 결정짓는 두 가지 주요 요소로 규모의 경제(Economy of Scale)와 고객 포획력(Customer Captivity)을 제시했다.

규모의 경제는 대규모 고정비 투자를 필요로 하며, 이를 많은 고객에게 분산시켜야 하는 사업에서 중요한 역할을 한다. 초기 진입 비용이 높으면 신규 경쟁자가 쉽게 시장에 들어올 수 없기 때문에 기존 기업의 경쟁력이 유지된다. 고객 포획력은 소비자들이 특정 브랜드나 서비스에 익숙해져 쉽게 전환하지 않는 특성을 의미한다.

코카콜라를 예로 들면, 코카콜라의 제조법 자체는 특별할 것이 없지만, 소비자들은 이미 그 맛에 익숙해져 있다. 또한, 코카콜라는 한 세대 이상 막대한 광고비를 투자하며 브랜드 이미지를 구축했고, 전 세계적으로 광범위한 유통망을 보유하고 있다. 이러한 요소들은 신규 경쟁자가 쉽게 시장에 진입하는 것을 어렵게 만들었다.

마이크로소프트의 윈도 역시 강력한 경쟁 우위를 가진 사례다.

운영체제 시장에서 윈도는 대규모 개발 비용이 발생하지만, 제품은 전 세계적으로 판매되면서 단가를 낮출 수 있는 구조를 가지고 있다. 한 번 윈도를 사용한 고객은 사용법에 익숙해지고, 수많은 응용 프로그램이 윈도 환경에서만 실행되기 때문에 쉽게 다른 운영체제로 전환하기 어렵다. 이처럼 규모의 경제와 고객 포획력은 경쟁자를 배제하는 강력한 경쟁 우위를 형성한다.

반면, 소프트웨어 용역 개발 사업은 경쟁 우위가 거의 없는 산업에 속한다. 누구나 회사를 설립하고 인력을 확보하면 사업을 시작할 수 있으며, 고객은 프로젝트마다 업체를 변경할 수 있다. 경쟁이 치열할수록 가격 압박이 심해지고, 결국 수익성이 악화될 수밖에 없다.

경쟁 우위가 없는 사업은 필연적으로 수익이 0 또는 마이너스가 될 때까지 경쟁이 격화되는 속성을 가지고 있다. 그렇기 때문에, 사업을 시작할 때는 반드시 경쟁 우위를 확보할 수 있는 시장을 선택하는 것이 중요하다. 경쟁 우위가 없는 사업을 선택하면, 지속적으로 신규 경쟁자가 등장하고, 가격 경쟁이 심화되며, 장기적으로 수익을 유지하기 어려워진다.

경쟁 우위는 공급자가 아닌 소비자의 습관과 학습에 의해 형성될 때 더욱 강력해진다. 예를 들어, 고객이 특정 제품이나 서비스에 익숙해지면, 다른 대안을 찾는 것이 번거롭고 어렵다고 느낀다. 또한, 높은 고정비 투자가 필요한 시장에서는 신규 경쟁자가 쉽게 진입하지 못하며, 기존 업체들이 유리한 위치를 점하게 된다.

글로벌 경쟁이 심한 산업에서는 소수의 대형 기업이 시장을 장악하는 경우가 많다. 항공기 제조업, 개인용 컴퓨터의 CPU, 운영체제 시장이 대표적인 사례다. 반면, 서비스업에서는 고객의 특성이 지역별로 다르기 때문에 다수의 기업이 공존할 수 있다.

결국, 경쟁 우위를 확보할 수 있는 사업을 선택하는 것이 사업의 지속 가능성을 결정짓는다. 경쟁 우위가 없는 사업을 선택하면, 계속해서 새로운 경쟁자가 등장하고, 가격 경쟁이 심화되면서 수익성이 점점 악화될 것이다. 장기적으로 성공하기 위해서는, 사업을 시작할 때부터 경쟁 우위를 어떻게 구축하고 유지할 것인지를 철저하게 고민해야 한다.

피터 티엘은 그의 저서 《제로투원》에서 경쟁을 피하고 독점을 지향해야만 회사가 장기적인 관점에서 움직일 수 있는 여유를 가질 수 있다고 말한다. 경쟁에서 벗어나 자신만의 독자적인 영역을 구축한 기업만이 혁신과 창조에 집중할 수 있고, 지속 가능한 성장의 기반을 마련할 수 있다는 것이다. 반면, 경쟁에 휘말린 나머지 회사들은 장기적 비전이나 혁신보다 당장의 생존과 근근히 먹고사는 문제에 매달릴 수밖에 없으며, 결국 장기적인 관점에서의 발전과 성장 가능성을 놓치게 된다. 이는 결국 단기적인 경쟁에만 치중하는 회사와 지속 가능한 독자적 경쟁력을 가진 회사 간의 격차가 시간이 지남에 따라 점점 더 벌어질 수밖에 없음을 시사한다.

현실에서 아이템 찾는 방법

사업을 시작할 때 가장 중요한 것은 고객에게 가치 있는 무언가를 제공하는 것이다. 그러나 단순히 좋은 아이디어를 떠올리는 것만으로는 충분하지 않다. 사업이 지속 가능하려면 공급자의 관점에서 역량을 확보할 수 있어야 하고, 수익 모델이 명확해야 하며, 일정한 경쟁 우위를 갖출 수 있어야 한다. 고객에게 가치를 제공하는 동시에, 이를 안정적으로 유지하고 수익을 창출할 수 있는 구조를 만들어야 한다. 그렇다면 현실적으로, 특히 직장인이 창업을 고려할 때 사업 아이템을 찾는 가장 효과적인 방법은 무엇일까?

하나의 방법은 취미 생활을 기반으로 아이템을 발굴하는 것이다. 평소에 관심을 가지고 시간을 투자한 분야에서 아이디어를 찾는 것은, 사업을 시작하는 데 유리한 출발점이 된다. 취미에 오랜 시간을 들이다 보면 자연스럽게 남들보다 깊은 지식을 갖춘 소비자가 되고, 이를 통해 전문적인 안목을 키울 수 있다. 무엇이 좋고 무엇이 부족한지에 대한 감각이 생기면서, 소비자 관점에서 더 나은 제품이나 서비스를 판별할 수 있는 능력이 향상된다. 실제로 사람들이 취미로 시작한 활동을 사업으로 발전시키고 있다. 자신이 잘 알고, 좋아하는 분야에서 아이템을 찾으면 시행착오를 줄일 수 있다는 장점이 있다.

하지만 이 방법에는 주의해야 할 점도 있다. 특정 취미나 관심사가 매력적인 시장 기회를 제공할 수도 있지만, 시장 규모가 예상보다 작을 수 있다는 점이다. 아무리 뛰어난 제품이나 서비스라도 소비자가 적다면 지속적인 성장을 기대하기 어렵다. 따라서 사업 아이템을 선정할 때는, 단순히 개인적인 관심사에 의존하는 것이 아니라, 실제로 시장에서 수요가 있는지 분석하는 과정이 필요하다.

또 다른 방법은 기회를 포착하는 능력을 기르는 것이다. 오늘날 사회는 빠르게 변화하고 있으며, 10년 전에는 존재하지 않았던 새로운 사업 기회들이 계속해서 등장하고 있다. 하지만 이러한 기회를 포착하는 사람과 그렇지 못한 사람의 차이는 단순한 운이 아니라, 기회를 바라보는 태도와 행동 방식에서 비롯된다.

실제로 성공한 사업은 우연한 기회를 잘 포착하고, 그 기회를 집요하게 발전시킨 경우가 많다. 기회를 발견하는 능력을 키우려면, 항상 주변을 관찰하고 변화에 민감하게 반응해야 한다. 기회는 특별한 순간에만 존재하는 것이 아니라, 일상에서 끊임없이 나타나고 있다. 하지만 사람들이 이를 인식하지 못하거나, 인식하더라도 행동으로 옮기지 않는다. 적극적으로 사업 기회를 탐색하고, 실천하려는 태도를 가지는 것이 중요하다.

레이 크록의 사례는 이를 잘 보여준다. 그는 원래 아이스크림 기계 세일즈맨이었다. 그런데 특정 지역의 레스토랑에서 아이스크림 기계를 예상보다 많이 구매하는 것을 보고, 이에 의문을 가졌다. 직접 해당 레스토랑을 방문해 보니, 그곳은 맥도날드 형제가 운영하는 햄버거 가게였다. 햄버거가 맛있고, 서비스가 신속해 소비자들에게 큰 인기를 끌고 있었다. 이를 본 레이 크록은 이 모델이 전국적으로 확장될 가능성이 있다고 판단했고, 맥도날드 형제에게 사업권을 사들여, 맥도날드를 세계적인 프랜차이즈로 키웠다.

스타벅스의 사례도 마찬가지다. 하워드 슐츠는 유럽 여행 중 노천카페에서 사람들이 커피를 마시며 여유를 즐기는 문화를 보고 깊은 인상을 받았다. 당시 미국에서 스타벅스는 단순히 원두를 판매하는 회사였을 뿐, 카페 비즈니스를 운영하고 있지 않았다. 하지만 하워드 슐츠는 이탈리아식 카페 문화를 미국에 도입하면 성공할 수 있을 것이라는 확신을 가졌다. 그는 스타벅스를 인수하고, 단순한 원두 판매점에서 커피 문화를 경험할 수 있는 공간으로 변모시켜 세계적인 브랜드로 성장시켰다.

이러한 사례들이 보여주는 공통점은 기회를 발견하는 태도이다. 단순히 좋은 아이디어를 떠올리는 것이 아니라, 일상에서 남들이 지나치는 작은 신호를 포착하고, 이를 사업으로 발전시킬 수 있는 기획력과 실행력이 필요하다.

리처드 와이즈먼의 《행운의 법칙》에서도 기회를 포착하는 능력과 태도에 대해 설명하고 있다. 그는 성공적인 사람들은 공통적으로 새로운 사람들과의 만남을 즐기고, 그 과정에서 기회를 발견하려는 열린 태도를 가지고 있다고 말한다. 또한, 그들은 자신에게 행운이 올 것이라고 기대하며, 불운을 겪더라도 이를 기회로 전환하는 긍정적인 사고방식을 갖추고 있다.

결국, 현실에서 사업 아이템을 찾는 가장 효과적인 방법은 기회를 발견하는 태도를 기르고, 이를 실천할 수 있는 행동력을 갖추는 것이다. 사람들이 창업을 꿈꾸지만, 실질적인 실행 단계로 나아가지 못하는 이유는 기회가 없어서가 아니라, 기회가 왔을 때 행동하지 않기 때문이다.

당신은 왜 현재의 위치에 머물러 있을까? 과거 어느 시점에서 특정한 사람을 만나거나, 특정한 기회를 포착했기 때문에 여기까지 왔을 가능성이 높다. 앞으로 새로운 기회를 발견하고 사업 아이템을 찾으려면, 우연한 만남과 경험을 소중히 여기고, 열린 마음으로 새로운 가능성을 탐색하는 것이 중요하다.

좋은 아이템은 책상에 앉아 고민한다고 떠오르는 것이 아니다. 세상을 관찰하고, 변화를 감지하며, 적극 행동하는 과정에서 자연스럽게 발견되는 것이다. 현실에서 성공적인 사업을 찾기 위해서는, 기회가 어떻게 만들어지는지 이해하고, 그 기회를 실현할 수 있도록 준비하는 태도가 필수적이다.

여기에서 한 걸음 더 나아가 구체적인 방법을 생각해볼 수 있다. 첫째, 사람들의 불편함이나 문제점을 예민하게 포착하는 습관을 길러야 한다. 대부분의 혁신적 아이템은 거대한 기술 혁신에서 나오기보다는, 일상 속에서 느끼는 작은 불편과 불만을 해소하는 과정에서 등장한다. 주변의 친구들, 가족, 동료들과의 대화 속에서 불편함을 자주 듣고 기록하며, 비판적인 태도로 문제를 정의해나가는 것이 유용하다.

둘째, 자신만의 전문성과 경험을 적극적으로 활용할 필요가 있다. 무작정 트렌드만 따라가거나, 다른 사람이 성공했다고 해서 그 아이템을 무조건 모방하는 방식으로는 장기적인 경쟁력을 확보하기 어렵다. 오히려 본인이 지금까지 쌓아온 경험, 지식, 전문성을 결합해 새로운 가치를 창출할 때 진입장벽이 높아지고, 차별화된 아이템을 발견할 가능성이 높아진다. 이를 위해서는 스스로의 강점과 약점을 정직하게 평가하고, 자신이 좋아하고 잘할 수 있는 영역에서 집중적으로 탐색하는 노력이 필요하다.

셋째, 자신과 전혀 다른 분야의 사람들과 교류하고 다양한 지식과 관점을 흡수하는 것도 중요하다. 비슷한 사고방식과 배경을 가진 사람들끼리만 이야기하다 보면 새로운 아이디어나 시각을 얻기 어렵다. 때로는 전혀 연관성이 없어 보이는 산업이나, 다른 전문성을 가진 사람과의 대화를 통해 독특한 융합적 아이디어가 탄생하는 경우가 많다. 이러한 이질적인 경험의 교류를 위해서는 의도적으로 다양한 행사나 네트워킹 모임에 참여하고, 새로운 사람들과의 관계를 넓히는 것이 필수적이다.

이러한 방법들을 현실에서 지속적으로 실천할 때, 단지 추상적으로 아이템을 찾으려는 것보다 훨씬 빠르게 성공 가능성이 높은 사업 아이템을 발견할 수 있게 될 것이다. 결국 사업 아이템을 찾는 일은 우연만으로 이루어지지 않는다. 의식적인 태도와 구체적인 실천, 그리고 끊임없는 탐색을 통해서만 가능하다.

2

전략

필수 불확실성의 원리

기업이 전략을 실행하는 과정에서 중요한 요소 중 하나는 필수 불확실성의 원리를 이해하는 것이다. 마이클 레이너의 《위대한 전략의 함정》에서는 기업의 운영이 시간을 기준으로 계층화된다고 설명한다. 조직 내에서 직급이 높아질수록 더 긴 시간 지평을 고려하며, 불확실성을 관리하는 역할을 맡게 된다.

최상위 경영진은 사업 포트폴리오를 조정하며, 전략적 불확실성을 최소화하면서 새로운 기회를 창출하는 역할을 수행한다. 각 사업부의 경영자는 특정한 전략을 실행하고, 개별 사업의 리스크를 줄이는 방안을 고민한다. 반면, 직무 관리자들은 단기적인 목표와 결과에 집중하여 불확실성을 조직적으로 관리하는 역할을 담당한다. 필수 불확실성의 원리는 단순히 대기업에만 적용되는 것이 아니라, 중소기업에서도 각자의 역할에 따라 다르게 적용될 수 있다.

예를 들어, 작은 커피 전문점을 운영한다고 가정해 보자. 매장 관리자는 매장의 실적과 고객 응대를 책임지고 있으며, 계약직 직원들의 채용과 교육을 담당한다. 원두와 식자재의 품질을 관리하고, 매장의 위생과 냉난방 상태 등을 점검하는 것도 그의 역할이다. 한편, 계약직 직원들은 고객 응대, 주문 처리, 커피 제조, 매장 청소 등의 업무를 수행한다.

그렇다면 사장의 역할은 무엇인가? 사장은 단순히 매장을 운영하는 것이 아니라, 현금 흐름을 분석하고, 주변 상권의 변화와 경쟁 구도를 살피며, 장기적인 사업 방향을 결정하는 역할을 한다. 만약 주변에 대형 커피 전문점이 새롭게 들어선다면, 철수 여부를 고려하거나, 경쟁력을 유지하기 위한 새로운 전략을 구상해야 한다. 또한, 매장 관리자가 퇴사할 경우, 새로운 관리자를 신속히 채용하고 업무 공백을 최소화할 수 있도록 인수인계 절차를 관리해야 한다.

이 원리를 오해하면, 경영진이 전략을 수립하고, 직원들은 단순히 실행하는 역할로 구분된다고 생각하기 쉽다. 하지만 필수 불확실성의 원리는 전략과 실행을 분리하는 것이 아니라, 조직 내에서 다루는 위험의 범위와 시간 축에 따라 역할이 나뉜다는 점을 강조하는 개념이다.

각자의 역할을 명확하게 구분하는 이유는 한 사람이 모든 일을 완벽하게 수행할 수 없기 때문이다. 경영진은 장기적인 사업 포트폴리오의 위험을 관리하며, 사업 관리자는 개별 사업의 자금과 제품 혁신, 실행 전략을 담당한다. 반면, 현장 직원들은 단기적인 목표에 집중하여, 고객과 직접 소통하면서 발생하는 문제를 실시간으로 해결한다.

사장이 사업의 위험을 효과적으로 관리하려면, 단일 사업의 운영에서 벗어나 더 넓은 시야를 가져야 한다. 초창기에는 사장이 직접 현장 운영을 관리할 수밖에 없지만, 사업이 성장할수록 사장은 보다 장기적인 전략과 위험 관리에 집중해야 한다.

마찬가지로, 사업 관리자는 단순히 개별 기능을 조율하는 것이 아니라 사업 전반을 운영하는 역할로 이동해야 한다. 세부적인 업무는 담당 직원들에게 위임하고, 사업의 큰 방향을 조정하며 리스크를 관리해야 한다. 이 원리에 따라 조직을 운영하면, 기업은 단일 사업에만 의존하는 위험을 줄이고, 여러 사업을 균형 있게 성장시킬 수 있는 구조를 만들 수 있다.

만약 기업이 하나의 사업에만 집중한다면, 사장은 그 사업 하나에 모든 자원을 투자해야 하고, 시장 변화에 따라 전체 사업이 흔들릴 가능성이 커진다. 따라서 사장은 장기적으로 복수의 사업을 관리하는 구조를 구축하여, 불확실성에 대비할 수 있도록 해야 한다.

이 원리를 적용하면 조직 내에서 각자의 역할과 책임이 명확해지고, 장기적인 관점에서 안정적인 성장을 이루는 데 도움이 된다. 필수 불확실성의 원리를 이해하고 실행하면, 경영진은 전략을 조정하고, 사업 관리자는 실행을 최적화하며, 직원들은 고객과의 접점에서 가치를 창출하는 역할을 맡게 된다.

궁극적으로, 사장은 필수 불확실성의 원리에 맞춰 조직을 구축하고, 지속해서 변화하는 환경에 대응할 수 있도록 조직을 조정하는 역할을 수행해야 한다. 기업이 성장하고 변화하는 과정에서, 불확실성을 효과적으로 관리하는 체계를 갖추는 것이 장기적인 성공의 핵심 요소가 될 것이다.

모두를 승리자로 만드는 필수 불확실성의 원리

조직을 필수 불확실성의 원리에 따라 구축하는 것은 전략과 실행을 분리하는 것이 아니다. 종종 "전략은 훌륭했지만 실행이 부족했다"거나 "전략은 평범했으나 실행이 뛰어났다"는 말을 듣는다. 하지만 좋은 전략이라면 실행에서 발생할 수 있는 어려움을 충분히 고려해야 하며, 실행이 제대로 이루어졌음에도 불구하고 결과가 좋지 않다면, 전략 자체가 나빴던 것이다. 실행을 잘못했기 때문에 전략이 실패했다고 보는 것은 현실을 단순하게 해석하는 오류다.

전략과 실행을 분리하는 이분법적인 사고방식은 경영진이 전략을 수립하고, 직원들은 이를 단순히 실행하는 역할로 규정하는 문제를 낳는다. 이러한 구조에서는 조직의 핵심 실행자들이 스스로 사고하고 움직일 수 없게 되며, 전략이 실패했을 때 직원들에게 책임이 전가되는 문제가 발생한다. 직원들은 경영진이 만든 전략을 단순히 수행하는 역할로만 한정되면서 조직 내에서 창의적인 실행력과 문제 해결 능력을 발휘할 기회를 잃고, 수동적인 존재로 전락하게 된다.

하지만 실제 조직이 원활하게 운영되기 위해서는 현장에서 일하는 직원들의 아이디어와 실행력이 필수적이다. 경영진이 아무리 훌륭한 전략을 수립하더라도, 직원들이 전략의 의도를 이해하고, 능동적으로 실행하며, 각자의 역할에서 의사 결정을 내릴 수 있어야 조직이 효과적으로 작동할 수 있다.

필수 불확실성의 원리를 조직에 적용하면, 전략과 실행의 분리로 인해 발생하는 문제를 최소화할 수 있다. 경영진은 조직이 어떤 사업 영역에 집중할지 결정하고, 경쟁 전략과 핵심 방향을 설정하는 역할을 수행한다. 사업 단위의 리더들은 자신이 맡은 사업에서 어떤 고객 가치를 제공할 것인지 고민하며, 필요한 역량을 확보하고 강화하는 일을 맡는다. 그리고 현장 직원들은 고객과 직접 소통하면서, 고객을 만족시키기 위한 의사 결정을 실시간으로 내리고 실행하는 역할을 한다.

이러한 조직 운영 방식은 나폴레옹의 군대 운영 방식에서 찾아볼 수 있다. 나폴레옹은 당시 다른 국가들과 달리, 독립적으로 판단하고 움직일 수 있는 장군들을 육성했다. 그는 전쟁의 전략적 맥락을 제시했지만, 개별 전투에서의 세부적인 전술적 결정은 각 장군이 현장 상황에 따라 빠르게 내릴 수 있도록 했다. 반면, 경쟁국들은 중앙집권적인 방식으로 군대를 운영했다. 작전 본부에서 모든 결정을 내리고, 병사들은 명령을 받을 때까지 기다려야 했다. 이로 인해 전쟁터에서의 반응 속도가 느려지고, 변수가 많아질수록 불리한 상황에 부닥칠 수밖에 없었다. 나폴레옹의 군대는 주요 전략적 목표를 유지하면서도, 개별 장군들의 신속한 판단과 실행력을 통해 승리를 거두었다.

이 원리는 글로벌 기업에서도 동일하게 적용된다. P&G는 1837년 창립 이후 150년이 넘는 역사를 지닌 글로벌 기업으로 성장했다. 그들은 시장의 변화 속에서도 지속해서 경쟁력을 유지하며, 필수 불확실성의 원리를 기반으로 조직을 운영했다.

P&G는 개별 브랜드 관리자들이 각 브랜드의 품질을 책임지고, 지역 시장 관리자들이 각 지역의 유통과 마케팅을 담당하는 구조를 갖추고 있다. 이러한 방식 덕분에, 각 브랜드는 독립적으로 성장할 수 있었으며, 기업의 전반적인 전략 방향과도 유기적으로 연결될 수 있었다.

이러한 운영 방식은 변화하는 시장 환경에서 조직이 더욱 유연하게 대응할 수 있도록 해준다. 단일 제품에 의존하는 기업은 장기적으로 생존하기 어렵다. 기술이 발전하고 소비자의 니즈가 변화하는 과정에서, 기업이 지속해서 경쟁력을 유지하려면, 필수 불확실성의 원리를 이해하고 조직 운영에 반영해야 한다.

필수 불확실성의 원리를 효과적으로 조직에 적용하려면, 각 구성원이 자신의 역할을 명확히 이해하고, 책임을 다할 수 있는 구조를 구축하는 것이 중요하다.

경영진은 장기적인 사업 전략을 설정하고, 주요한 투자 결정을 내리는 역할을 한다. 동시에 사업 리더들은 사업을 운영하는 과정에서 발생하는 리스크를 관리하고, 실행 전략을 조정하는 역할을 맡는다. 마지막으로 현장 직원들은 최전선에서 고객과의 접점을 관리하며, 제품과 서비스의 가치를 실현하는 역할을 한다. 이러한 역할 구분이 명확할수록, 조직 내 각 구성원이 능동적으로 의사 결정을 내릴 수 있고, 결과적으로 조직 전체가 유기적으로 작동할 수 있다.

결국, 모두를 승리자로 만들 수 있는 조직은 전략과 실행을 따로 떼어놓지 않는다. 불확실성을 인정하고, 각자가 맡은 역할에서 실질적인 의사 결정을 내릴 수 있도록 하는 환경을 조성할 때, 조직은 빠르게 변화하는 시장에서도 지속적인 성장을 이루어낼 수 있다. 필수 불확실성의 원리를 기반으로 조직을 운영하는 기업만이 변화 속에서도 민첩하게 대응할 수 있는 경쟁력을 갖추게 된다.

컨텍스트 중심 기업과 전략 기획 중심 기업

기업이 운영되는 방식은 크게 두 가지로 나뉠 수 있다. 하나는 컨텍스트 중심 기업이고, 다른 하나는 전략 기획 중심 기업이다. 컨텍스트 중심 기업은 경영진이 거시적인 전략의 방향을 설정하고, 구체적인 사업 운영에 대한 책임을 개별 사업 본부장이 맡는 구조다. 경영진은 어떤 사업 부문에 진출할지, 현재의 사업 포트폴리오에서 어느 부분에 투자하고 어느 부분에서 투자를 줄일지를 결정한다. 또한, 특정 사업을 철수하거나 매각할지, 새로운 사업을 인수하거나 혁신을 통해 성장시킬지와 같은 전략적 의사 결정을 내리는 역할을 수행한다.

반면, 사업 본부장은 독립적인 판단을 내리며 특정 시장과 고객에 집중한다. 사업의 성과와 실패에 대한 책임도 본부장이 직접 부담한다. 컨텍스트 중심 기업은 여러 개의 사업을 운영하는 기업에서 나타나기 쉬운데, 이는 개별 사업의 성장이 완만할 때 더욱 두드러진다. 만약 특정 사업이 급격히 성장하는 시기라면, 기업은 자연스럽게 그 사업에 집중하게 되고, 전략 기획 중심 기업으로 운영될 가능성이 커진다. 하지만 여러 사업을 동시에 운영하고 있는 컨텍스트 중심 기업에서는 개별 사업 부문의 실패가 전체 기업의 실패로 이어지지 않는다. 이는 각 사업 부문의 리스크를 개별적으로 관리하고, 한 사업의 실패가 다른 사업에 영향을 주지 않도록 자원을 배분하기 때문이다.

예를 들어, 여러 의류 브랜드를 보유한 기업이 있다면, 각 브랜드는 독립적으로 운영된다. 한 브랜드의 매출이 저조하면 해당 브랜드의 예산이 줄어들고, 반대로 성공적인 브랜드는 추가적인 예산을 받아 성장할 수 있다. 이러한 구조에서는 특정 브랜드가 실패하더라도 기업 전체가 타격을 받지 않는다. 컨텍스트 중심 기업은 이러한 방식으로 각 사업 부문의 성과에 따라 자원을 유동적으로 배분하고, 실패를 관리할 수 있는 구조를 갖추게 된다.

이러한 방식으로 운영되는 기업은 개별 사업 부문을 책임질 유능한 리더를 지속해서 발굴하고 양성하는 것이 중요한 과제가 된다. 그러나 컨텍스트 중심 기업은 개별 리더의 능력에 지나치게 의존하지 않는 특징이 있다. 손익 책임을 지는 관리자들이 복수로 존재하며, 이들은 기업의 운영 시스템에 익숙하기 때문에 다른 사업 부문으로 이동하여 새로운 사업을 관리하는 것이 가능하다. 결과적으로, 특정 사업이 부진하더라도 기업 전체적으로는 리스크를 분산할 수 있으며, 필요하다면 해당 사업을 폐쇄하거나 매각하는 등의 조치를 통해 전체적인 기업 운영을 안정적으로 유지할 수 있다.

반면, 전략 기획 중심 기업은 경영진이 직접 전략을 수립하고, 조직 전체가 그 전략을 일사불란하게 실행하는 구조를 가진다. 이 경우

경영진의 결정에 따라 기능별 부서가 움직이게 되며, 개별 부서들은 경영진이 세운 계획을 철저히 따라야 한다. 전략 기획 중심 기업은 일반적으로 단일 사업을 운영하는 기업에서 나타나기 쉬우며, 특히 빠르게 성장하는 산업에서는 이러한 구조가 더욱 명확하게 나타난다. 그러나 이러한 기업은 특정 기능에서 실패가 발생할 경우, 그 여파가 기업 전체에 미치는 위험이 크다는 단점이 있다. 따라서 경영진은 기업의 주요 기능 전반에 대한 세밀한 관리가 필요하며, 이는 기업 운영의 복잡성을 증가시키는 요인이 되기도 한다.

전략 기획 중심 기업은 강력한 리더가 기반으로 조직을 운영하는 경우가 많다. 이러한 기업에서는 의사 결정 권한이 소수 경영진에게 집중되며, 그들의 결정이 기업의 성패를 좌우하는 경우가 많다. 따라서 기업이 성장하면서 리더십이 교체되거나, 시장 환경이 급변할 경우 대응이 어려울 수 있다. 또한, 전략 기획 중심 기업은 특정 사업에 모든 역량을 집중하기 때문에 시장 변화에 대한 적응력이 상대적으로 낮을 수 있는 특징이 있다.

그렇다면 컨텍스트 중심 기업과 전략 기획 중심 기업은 어떤 차이를 가지고 있을까? 이는 기업의 성장에 따라 변화한다. 초기에 단일 사업에 집중했던 기업이 시장 변화에 따라 새로운 사업 기회를 모색하게 되면, 점진적으로 컨텍스트 중심 기업의 구조를 도입하게 된다. 컨텍스트 중심 기업은 사업을 다양한 리스크 단위로 나누어 관리할 수 있기 때문에, 환경 변화에 더욱 유연하게 대응할 수 있다. 따라서 중소기업은 일반적으로 단일 사업에 집중한 전략 기획 중심 기업으로 시작하지만, 지속적인 성장을 위해서는 컨텍스트 중심 기업으로 전환하는 노력이 필요하다.

기업이 지속 가능성을 확보하고 장기적인 성장을 이루기 위해서는 환경 변화에 적응하는 능력이 필수적이다. 변화가 빠른 시대일수록 전략 기획 중심 기업은 시장 변화에 취약해질 가능성이 높으며, 다양한 사업 포트폴리오를 운영하는 컨텍스트 중심 기업이 보다 유리한 입지를 차지할 수 있다. 기업이 단일 사업 모델에 집중할 것인지, 아니면 다양한 사업을 운영하면서 리스크를 분산할 것인지는 각 기업이 처한 환경과 전략적 목표에 따라 달라진다. 하지만 기업이 지속적으로 성장하고 생존하기 위해서는 단일한 전략에 집착하기보다는 변화하는 환경에 맞추어 기업 구조를 유연하게 조정하는 것이 필요하다.

시대의 변곡점을 전략적 옵션 창출 시기로 삼아라

기업이 급변하는 환경 속에서 생존하고 성장하기 위해서는, 시대의 변곡점을 전략적 옵션을 창출하는 기회로 삼아야 한다. 이러한 변곡점에서 기업이 어떤 결정을 내리는지는 단순한 선택의 문제가 아니라, 생존과 도태를 가르는 중요한 요소가 된다.

인텔의 창립자이자 회장이었던 앤드류 그로브는 《승자의 법칙》에서 전략적 변곡점에서의 의사 결정이 얼마나 중요한지를 강조했다. 원제는 "Only the Paranoid Survive", 즉 "오직 편집광만이 살아남는다"라는 의미로 번역될 수 있다. 제목만 보면 지나치게 극단적이라는 인상을 줄 수도 있지만, 여기서 "편집광"이라는 표현은 단순한 과민반응이 아니라 끊임없이 변화에 신경을 기울이고, 경쟁자와 시장의 움직임에 민감하게 반응해야 한다는 의미로 사용되었다. 특히, 새로운 파괴적 기술이 등장하여 산업 환경이 급변하는 시기를 전략적 변곡점이라 부르며, 이 시기에는 비전과 전략을 편집광적으로 고민해야 한다고 강조했다.

인텔은 1985~86년 메모리 시장에서 위기를 맞았다. 원래 인텔은 메모리 반도체 분야에서 강자로 군림했으며, 이는 기업의 정체성 그 자체였다. 그러나 일본 기업들이 저렴한 가격으로 고품질 메모리를 생산하면서 인텔은 경쟁력을 잃어갔다. 당시 중간관리자들은 자연스럽게 마이크로프로세서 사업으로 자원을 이동시키며 수익성을 관리했지만, 메모리 사업은 점점 규모만 커지고 수익성은 악화되는 상황이었다. 조직 내부에서도 혼란이 지속되었고, 사업 방향을 두고 의견이 분분했다. 결국, 앤드류 그로브는 변곡점에서 과감한 결정을 내렸다. 메모리 사업에서 사실상 철수하고, 마이크로프로세서 사업에 집중하는 전략을 공식화했다. 이는 인텔의 기업 정체성을 완전히 바꾼 결정이었다. 그리고 이 선택은 인텔을 개인용 컴퓨터 시장에서 강력한 마이크로프로세서 기업으로 자리 잡게 만들었다.

이처럼 산업 환경이 급변하는 시점, 즉 변곡점에서는 기존의 전략을 고수하는 것이 오히려 위험을 초래할 수 있다. 1999년 말과 2000년대 초, 닷컴 붐이 일어나면서 많은 기업이 새로운 기회를 찾았고, 최근에는 아이폰과 스마트폰 시장이 급격히 성장하면서 산업 지형이 변화하고 있다. 이러한 시점에서 기업이 어떻게 대응하느냐에 따라 미래가 결정된다.

전략 기획 중심 기업에서는 리더가 강한 카리스마를 가지고 조직을 한 방향으로 강하게 이끌려는 경향이 있다. 이는 장단점을 동시에 가져오는데, 유연성이 중요한 변곡점에서도 리더가 강한 추진력을 가지고 있다면 조직 내에서 다양한 목소리가 나오기 어려워질 수 있다는 것이다. 이런 미래가 불확실한 상황일수록 모든 조직이

한 방향으로 달려가 실패하지 않도록 조심해야 한다. 과거와 같은 방식으로 일사불란하게 움직이는 것이 오히려 조직을 위기에 빠뜨릴 수 있다.

변곡점에서는 다양한 위험 요소를 고려하고, 여러 시나리오에 대비하는 것이 필요하다. 마이클 레이너는《위대한 전략의 함정》에서 전략적 옵션을 창출하여 다양한 시나리오에 대응하라고 강조했다. 전략적 불확실성을 인식한 기업은 단순히 하나의 목표에만 집중하지 않는다. 대신, 불확실한 상황에서 활용할 수 있는 다양한 옵션을 만들어 놓고, 상황에 따라 적절히 선택할 수 있도록 준비한다. 미래를 정확히 예측할 수는 없지만, 다양한 대안 중 하나가 현실이 될 가능성이 높다는 점을 인지하고 대비하는 것이 중요하다.

전략적 옵션을 효과적으로 관리하려면, 어떤 옵션을 취할 것인지, 얼마나 투자할 것인지, 그리고 시간이 지나면서 옵션을 어떻게 조정할 것인지 명확한 계획이 필요하다. 성공적인 기업은 불확실성을 단순히 위험 요소로 보는 것이 아니라, 이를 기회로 활용할 수 있는 옵션을 창출하는 과정으로 받아들인다.

소니의 베타맥스 사례는 전략적 옵션을 고려하지 않았을 때 발생할 수 있는 실패를 보여준다. 소니는 VHS와의 경쟁에서 자사의 베타맥스를 품질적으로 더 뛰어난 포맷으로 업그레이드하는 전략을 택했다. 그러나 이 과정에서 포맷 호환성을 고려하지 않았고, 미국 내 비디오 대여점 시장의 폭발적인 성장과 네트워크 효과를 예상하지 못했다. VHS는 개방형 표준을 채택하여 다양한 제조사들이 참여할 수 있도록 했지만, 소니는 폐쇄적인 표준을 유지하며 자사의 기술력만을 강조했다. 결과적으로 소비자들은 선택의 폭이 넓고 가격이 저렴한 VHS를 선호하게 되었고, 소니의 베타맥스는 시장에서 밀려났다.

이러한 사례를 통해 우리가 얻어야 할 교훈은 단순히 소니가 미래를 예측하지 못했다는 것이 아니라, 다양한 옵션을 관리하지 못했다는 점이다. 미래는 누구도 정확히 예측할 수 없으며, 기업은 다양한 시나리오에 대비한 전략적 옵션을 보유해야 한다.

이러한 패턴은 오늘날의 스마트폰 시장에서도 쉽게 발견할 수 있다. 애플의 아이폰과 안드로이드폰 간의 경쟁은 과거의 VHS와 베타맥스의 전쟁을 연상시킨다. 애플은 폐쇄적인 표준을 유지하면서도 높은 품질과 강력한 통합 시스템을 제공한다. 반면, 안드로이드는 개방형 표준을 채택하여 다양한 제조사들이 자유롭게 참여할 수 있도록 했다. 이러한 차이는 미래의 스마트폰 시장이 어떻게 전개될지 예측하기 어렵게 만든다.

마이크로소프트는 전략적 옵션을 창출하여 변곡점에서 성공적으로 살아남은 대표적인 사례다. 1980년대, 애플이 그래픽 사용자 인터페이스(GUI)를 도입한 매킨토시를 출시하자, 마이크로소프트는 윈도를 개발하여 대응했다. 그러나 마이크로소프트는 단순히 윈도에만 의존하지 않았다. IBM과 협력하여 OS/2를 공동 개발하고, 매킨토시에서 실행될 수 있는 MS 오피스를 출시하는 등 다양한 옵션을 마련해 두었다. 미래가 어떤 방향으로 전개되든 마이크로소프트가 생존할 수 있도록 여러 가능성을 열어둔 것이다.

이후 인터넷 시대가 도래했을 때도 마이크로소프트는 전방위적인 투자와 인수를 통해 다양한 시장에 대비했다. 1994년부터 2005년까지 마이크로소프트는 200건 이상의 인수 및 투자를 감행하며, 온라인, 게임, 모바일, 미디어 등 다양한 분야에서 위험을 분산했다. 이는 전략적 변곡점에서 기업이 어떻게 대응해야 하는지를 보여주는 대표적인 사례다.

오늘날 AI 분야에서도 빅테크 기업들은 미래의 불확실성에 대비하기 위해 다양한 옵션을 마련하고 있다. 구글은 자체 딥러닝 프레임워크인 텐서플로를 개방해 외부 개발자들의 참여를 유도하면서, 동시에 클라우드 인프라와 TPU를 통해 독자 생태계를 확장하고 있다. 아마존은 AWS에 AI 기능을 더해 기업 고객을 흡수하고, 음성비서 알렉사와 연동되는 서비스 생태계를 넓히면서 시장 지배력을 높이려 한다. 마이크로소프트는 오픈AI와 협력하여 클라우드와 오피스, 검색 분야에 적용할 수 있는 신기술을 확보하고, 자체 연구소와 스타트업 인수를 통해 다양한 AI 플랫폼을 실험한다.

메타는 대규모 언어 모델을 공개하며 연구 커뮤니티를 적극적으로 끌어들이고, 하드웨어 측면에서는 메타버스 관련 기술 투자를 통해 또 다른 축을 키우고 있다. 애플은 독자 칩셋과 소프트웨어 생태계를 결합해 강력한 사일로를 구축하면서도 개인 정보 보호와 보안 측면을 강조해 차별화를 시도한다. 모두가 이미 자리 잡은 플랫폼에 안주하지 않고, 서로 다른 AI 서비스와 제품을 무수히 실험함으로써 향후 변곡점에서 살아남기 위한 전략적 옵션을 늘리고 있는 셈이다.

결국 빅테크들의 AI 전략 역시 베타맥스와 VHS, 아이폰과 안드로이드, 그리고 마이크로소프트의 역사적 행보와 마찬가지로 서로 다른 표준과 생태계, 개방과 폐쇄의 경계를 끊임없이 흔들어대며 전개되고 있다. 지금은 어느 쪽이 주도권을 쥘지 가늠하기 어렵지만, 다양한 방향의 시나리오에 대비해 끊임없이 옵션을 마련하는 기업이 미래의 기회를 거머쥘 가능성이 높아 보인다.

변곡점에서 살아남기 위해서는 과거의 성공 방식을 답습하는 것이 아니라, 새로운 환경에 적응하고, 전략적 옵션을 마련하여 다양한 시나리오에 대비하는 것이 필수적이다. 기업이 한 가지 방향에만 집중하기보다는, 미래의 변화 속에서 유연하게 대처할 수 있도록 여러 가능성을 열어두는 전략적 사고가 요구된다.

전략의 요체는 목표와 우선순위를 정하는 것

기존의 제품이나 전략을 분석할 수 있다고 해도, 새로운 제품이나 사업을 창출하는 능력은 전혀 다른 차원의 능력이다. 전략을 이해하고 다양한 정보를 분석하는 것이 중요한 것은 사실이지만, 실제로 전장에서 승리를 이끌어낼 수 있는 전략을 창출하는 것은 또 다른 문제다. 이러한 능력을 제7의 감각, 전략적 직관이라 하며, 이는 단순한 분석력 이상의 통찰력과 결단력을 요구한다.

윌리엄 더건은 《제7의 감각》에서 전략적 직관의 개념을 다루고 있다. 그는 새로운 사업을 창출하는 기업가, 예술적 혁신을 이루는 예술가, 전장에서 위대한 승리를 거둔 장군들의 사례를 분석하며, 그들이 가진 전략적 직관이 무엇인지 설명한다. 이 개념의 근간은 클라우제비츠의 《전쟁론》에서 가져왔으며, 클라우제비츠는 역사적 사례, 냉철함, 섬광 같은 통찰력, 결단력이라는 네 가지 요소를 통해 전략적 직관을 정의했다.

나폴레옹은 역사적 사례를 습득하는 데 뛰어난 능력을 갖췄던 인물이었다. 그는 열정적인 독서가로서, 다양한 전쟁과 전투의 사례를 책을 통해 접했다. 그는 과거의 전투 경험을 머릿속에 축적해 두고, 이를 실전에서 응용했다. 냉철함이란 있는 그대로의 현실을 직시하는 능력을 의미하며, 이는 동양 철학에서 말하는 평상심과 유사하다. 사람들은 자신의 욕망과 감정 때문에 상황을 객관적으로 바라보지 못하지만, 전략적 직관을 가진 사람들은 감정을 배제하고 현실을 있는 그대로 받아들이는 능력을 갖추고 있다. 섬광 같은 통찰력은 불현듯 떠오르는 창의적인 아이디어로, 기존의 문제를 새로운 시각으로 바라보게 하는 역할을 한다. 그리고 마지막 요소인 결단력은 그러한 아이디어를 실행으로 옮기는 용기를 의미한다.

전략적 직관을 클라우제비츠의 이론과 대비해 조미니의 전략 이론과 비교할 수도 있다. 조미니는 전략을 현재 위치(A)에서 목표 위치(B)로 이동하는 과정으로 정의했다. 그는 A에서 B로 가기 위해 체계적인 계획을 세우고 이를 실행하는 방식을 강조했으며, 이러한 사고방식은 오늘날의 GAP 분석과 유사하다. GAP 분석은 현재 상황을 분석하고, 목표 지점을 정의한 후, 목표에 도달하기 위한 계획을 수립하는 방식으로 진행된다. 조미니의 이론은 군사 전략에서 중요한 지침이 되었지만, 왜 특정한 목표(B)를 설정해야 하는지, 그리고 새로운 목표를 어떻게 창출할 것인지에 대한 설명은 부족하다.

마이클 포터의 전략 이론도 조미니의 전략 방식과 유사하다. 마이클 포터는 기업의 전략 분석에 지대한 영향을 끼쳤지만, 그의 이론은 현재의 산업과 시장 환경을 분석하는 데 초점이 맞춰져 있을 뿐, 새로운 전략을 창출하는 과정에 대해서는 구체적인 설명이 부족하다. 즉, 포터의 전략 이론을 아무리 잘 이해해도, 완전히 새로운 제품이나 서비스, 혁신적인 사업 모델을 만들어내는 데는 한계가 있을 수밖에 없다는 뜻이다. 반면, 클라우제비츠의 전략적 직관론은 과거의 역사적 사례를 바탕으로, 냉철한 분석과 직관을 결합하여 새로운 가능성을 찾아내는 데 초점을 맞춘다.

전략적 직관이 중요한 이유는 단순히 현재의 분석을 넘어, 새로운 선택지와 혁신적인 옵션을 창출하는 것이기 때문이다. 전략적 직관을 가진 사람은 방대한 역사적 경험을 축적하고 이를 필요할 때 활용한다. 전문가 직관과 전략적 직관의 차이점은 이 지점에서 명확해진다. 전문가들은 특정 분야에서 경험을 쌓고, 해당 분야에서 빠르고 정확한 의사 결정을 내릴 수 있다. 일례로 의사들은 정해진 커리큘럼을 통해 의료 지식을 습득하고, 변호사들은 법전과 판례를 학습하며 경험을 축적한다. 그러나 이들은 특정한 분야에 국한된 사고방식을 가지게 된다. 반면, 전략적 직관을 가진 사람은 특정 분야를 넘어 다양한 경험과 방대한 지식을 연결하여 새로운 것을 창조하는 능력을 가진다.

스티브 잡스는 전략적 직관을 활용하여 애플을 성공으로 이끈 대표적인 사례다. 그는 대학 시절 아름다운 서체에 매료되어 캘리그래피를 연구했으며, 이 경험을 맥의 아름다운 폰트 디자인에 적용했다. 또한, 그는 사용자 인터페이스와 디자인에 대한 감각을 활용하여 애플의 제품을 차별화했다. 아이팟을 성공시킨 후, 콘텐츠 제공업체들을 끌어들여 음악 산업의 비즈니스 모델을 혁신했고, 이 경험을 바탕으로 아이폰의 앱 시장을 창출했다. 스티브 잡스는 역사적 사례를 기억 속에 저장하고 있다가, 필요할 때 새로운 혁신과 이를 연결하는 능력을 보여주었다.

빌 게이츠도 전략적 직관을 바탕으로 소프트웨어 산업에서 독보적인 위치를 차지했다. 초기 마이크로소프트는 베이직(BASIC) 언어를 다양한 컴퓨터 플랫폼에 맞게 수정하며, 소프트웨어의 표준 플랫폼 전략을 구축했다. 그는 표준 플랫폼이 강력한 힘을 가진다는 점을 이해하고, 이를 바탕으로 DOS를 개인용 컴퓨터 운영체제의 표준으로 만들었으며, 이후에는 윈도로 같은 전략을 반복 적용했다. 빌 게이츠의 성공은 단순한 시장 분석이 아니라, 과거의 경험을 바탕으로 미래를 내다보는 전략적 직관이 핵심 요소였음을 보여준다.

루 거스너는 위기에 처한 IBM을 구해낸 인물이다. 그는 IBM의 고객으로서 아메리칸 익스프레스 카드사에서 일했던 경험을 바탕으로 IBM의 잠재력을 재발견했다. 당시 IBM은 여러 독립적인 사업 부문으로 분리될 위기에 처해 있었지만, 그는 IBM이 고객에게 통합 IT 서비스를 제공하면 강력한 기업이 될 것이라는 전략적 비전을 세웠다. 이 결정이 없었다면, IBM은 오늘날과 같은 글로벌 IT 기업으로 살아남지 못했을지도 모른다.

전략적 직관은 예술에서도 발견된다. 피카소는 다양한 미술 장르를 연구하고 기존의 화풍을 학습하며, 이를 바탕으로 자신만의 독창적인 스타일을 창조했다. 그는 기존의 규칙을 따르는 대신, 10년마다 새로운 변화를 시도하며 독보적인 예술 장르를 개척했다.

성공적인 사업가가 되기 위해서는 많은 기업가의 사례를 연구하고 역사적 사례를 학습하는 것이 중요하다. 특히, 샘 월튼의 《불황 없는 소비를 창조하라》, 하워드 슐츠의 《스타벅스, 커피 한잔에 담긴 성공 신화》, 레이 크록의 《맥도날드 이야기》, 월트 디즈니의 《디즈니 스토리》 등의 기업가 전기를 읽으면, 전략적 직관을 키우는 데 큰 도움이 된다.

이러한 기업가들의 이야기는 단순한 흥미로운 사례가 아니라, 우리의 기억 속에 저장되었다가 전략적 직관이 필요한 순간에 새로운 통찰력을 제공하는 귀중한 자산이 된다. 전략적 직관은 단순한 분석력과 논리를 넘어, 과거의 경험과 지식을 유기적으로 연결하여 창조적인 혁신을 만들어내는 능력이다. 이를 개발하기 위해서는 다양한 경험을 습득하고, 역사적 사례를 학습하며, 새로운 문제를 창의적으로 해결하려는 태도가 필요하다.

회사의 전략, 운영, 인력 프로세스를 구축하라

회사의 전략을 수립하고 운영을 체계화하며 인력을 관리하는 과정은 어떻게 진행해야 할까? 이를 효과적으로 실행하기 위해서는 전략적 절차를 명확히 설정하고, 운영 리듬을 정립하며, 인력 프로세스를 체계적으로 관리해야 한다.

래리 보시디의 《실행에 집중하라》에서는 전략 프로세스 설계와 운영에 대한 유용한 아이디어를 제시하고 있다. GE와 같은 글로벌 기업들은 운영 리듬이라는 개념을 기반으로 회사 운영의 흐름을 관리하는 체계를 구축하고 있다. 이는 단순한 계획이 아니라, 기업 운영을 위한 일종의 사회적 소프트웨어라고 볼 수 있다. 이러한 운영 리듬은 전략, 운영, 인력 프로세스를 정기적인 미팅과 검토 과정을 통해 다루며, 기업의 규모와 관계없이 적용할 수 있다.

기업이 지속적으로 성장하고 변화에 대응하기 위해서는 전략 검토, 사업 계획 수립, 예산 편성과 같은 일상적인 업무를 체계적으로 수행해야 한다. 매년 전략을 세우고, 사업 계획을 수립하며, 연간 예산을 마련하는 것은 기업 운영의 핵심 요소다. 이와 함께 새로운 사업 진출을 준비하고, 장기적인 사업 방향을 검토하는 과정도 필요하다. 이를 위해 각 기업은 자신에게 적합한 운영 리듬을 설정하여 전략적 사고와 실행을 정기적으로 점검할 수 있도록 해야 한다.

효과적인 운영 리듬을 구축하려면, 전략 리뷰, 운영 리뷰, 평가 세션 등의 전략 및 운영 프로세스를 도입하는 것이 유용하다.

먼저, 전략 리뷰는 연간 사업 계획과 예산을 수립하는 과정에서 중요한 역할을 한다. 이는 크게 1차, 2차, 월간 리뷰로 나뉜다. 1차 전략 리뷰에서는 향후 3개년의 매출과 비용 계획을 수립하고, 경쟁 환경과 사업의 전제조건을 검토한다. 또한, 새로운 사업 진출 가능성과 혁신 프로젝트의 방향성을 논의하며, 이 과정에서 작성된 매출 및 비용 추정치는 이후 단계에서 기초 자료로 활용된다. 이 전략 리뷰는 대개 7월에서 8월 사이에 진행되며, 기업의 중장기적 방향성을 설정하는 데 중요한 기준이 된다.

이후 2차 전략 리뷰에서는 보다 구체적인 내년도 사업 계획을 수립하며, 운영 예산과 연결하여 실행 가능한 예산 계획을 마련한다. 이 과정은 보통 11월에 진행되며, 연간 예산의 실현 가능성을 평가하고 최종적으로 확정하는 단계다.

월간 전략 리뷰는 연간 전략 수립 과정에서 논의된 주요 아젠다와 비교하여, 매월 변화하는 환경에 대응하는 방식으로 전략을 점검하는 과정이다. 이는 지속적인 전략적 방향 조정을 가능하게 하며, 실행 과정에서 예상치 못한 변수에 유연하게 대처하는 데 도움을 준다.

한편, 운영 리뷰는 월간 리뷰와 분기 리뷰로 분류할 수 있다. 월간 운영 리뷰는 매월 초에 진행되며, 전월의 실적을 검토하고 주요 운영 이슈를 점검하는 자리다. 사업팀장과 경영진이 함께 참여하여 실적을 분석하고 개선 방향을 논의한다. 이를 통해 단기적인 운영 성과를 관리하고, 필요에 따라 신속한 조처를 할 수 있다.

이와 더불어, 분기 운영 리뷰는 보다 장기적인 관점에서 운영 성과를 평가하는 과정이다. 매 분기가 시작될 때, 전 분기의 결산 결과를 검토하고 다음 분기의 예산안을 승인한다. 또한, 시장 상황과 사업 환경의 변화에 맞춰 연간 예산을 수정하는 역할도 수행한다. 이는 보통 분기 시작 후 2~3주 차에 진행되며, 사업의 유연성을 유지하면서도 예산을 현실적으로 운영할 수 있도록 돕는다.

마지막으로, 인사 평가 세션은 연말에 이루어지며, 직원들의 성과 평가, 인력 배치, 그리고 내년도 보상 계약 체결을 진행하는 과정이다. 이는 대개 12월 1일부터 12월 15일 사이에 진행되며, 조직 내 인력 관리 및 보상 체계를 정리하는 중요한 역할을 한다.

이러한 운영 리듬을 정립하면, 조직은 연간 전략을 수립하는 과정에서 일관된 방향성을 유지할 수 있으며, 변화하는 환경에 맞춰 유연하게 대응할 수 있는 체계를 갖출 수 있다. 기업의 규모와 특성에 따라 이러한 프로세스를 조정하고 맞춤화할 필요가 있지만, 기본적인 운영 리듬을 설정하는 것은 전략적 실행력을 높이는 데 필수적이다.

회사의 전략, 운영, 인력 프로세스를 체계적으로 구축하는 것은 단순한 절차의 문제가 아니라, 기업의 지속적인 성장과 변화를 가능하게 하는 핵심적인 운영 방식이다. 이를 효과적으로 실천하기 위해서는, 단기적인 성과뿐만 아니라 장기적인 방향성을 고려하며,

지속해서 전략을 점검하고 실행 과정을 관리하는 문화가 정착되어야 한다.

HR 부서를 기업 전략과 운영의 핵심 기관으로 활용하라

경영자들은 기업 경영에서 가장 중요한 요소로 사람을 꼽는다. 하지만 실제로 기업 내에서 인사(HR) 부서는 단순히 채용을 담당하고 직원들의 복리후생을 관리하는 기능적 역할에 머무르는 경우가 많다. 반면, GE와 같은 글로벌 기업들은 HR 부서를 전략적 의사결정의 핵심 기관으로 활용하고 있다. GE에서는 주요 전략적 결정을 내리는 과정에서 HR 담당자들이 적극 참여하며, 조직의 인재 관리와 평가 시스템을 기업의 전략적 방향과 긴밀하게 연계한다.

기업의 전략이 변화하면, 이에 맞춰 조직이 필요로 하는 인재의 역량 모델과 평가 기준도 변해야 한다. HR 부서는 단순한 인사 관리 기능을 넘어, 이러한 전략적 변화를 조직 전반에 효과적으로 전파하는 역할을 수행해야 한다.

제프 이멜트가 GE의 CEO로 취임했을 때, 그는 회사의 전략과 인재 평가 기준을 대대적으로 개편했다. 그는 드리밍 세션이라는 토론 프로그램을 통해 GE의 미래 비전을 수립하고, 기존의 성장 전략을 새롭게 재정립했다. 과거 GE는 M&A와 생산성 향상을 통한 성장을 추구했지만, 이멜트는 자체적인 기술과 혁신을 통해 지속 가능한 성장을 이루겠다는 방향을 설정했다. 그 결과, 개도국 인프라 개발, 기후 변화 대응을 위한 대체 에너지 사업, 신기술과 신시장을 창출하는 비즈니스로 성장하겠다는 비전이 수립되었다.

이러한 전략적 변화에 따라, GE는 인재 평가 기준을 전면 개편했다. 과거에는 생산성과 M&A에 능한 인재가 중용되었다면, 이제는 마케팅과 기술에 대한 깊은 이해를 가진 리더가 중요한 역할을 맡게 되었다. 이를 위해 제프 이멜트는 성장 리더십(Growth Leadership)이라는 개념을 도입하고, 성장 리더에게 요구되는 네 가지 핵심 역량을 정의했다.

첫째, 시장 중심적인 사고를 갖춘 리더이다. 이는 단순한 내부 효율성이 아니라 외부 시장의 변화에 대한 깊은 이해와 고객 중심의 사고를 가진 인재를 중시한다는 의미이다.

둘째, 전략을 실행으로 전환하는 결단력 있는 리더인데, 이는 효과적인 커뮤니케이션을 통해 조직을 이끌고, 일의 우선순위를 명확히 설정할 수 있는 능력이 중요한 요소로 두드러졌기 때문이다.

셋째, 창의적인 사고를 장려하고, 도전 정신을 가진 리더이다. 조직 내에서 아이디어를 발굴하고, 실패를 두려워하지 않는 문화를 조성하는 것이 핵심이다.

넷째, 마지막으로는 포용력과 팀워크를 갖춘 리더가 강조된다. 단순히 개별적인 능력만이 아니라, 조직 전체를 활성화하고 변화를 주도할 수 있는 깊이 있는 전문성이 필수적이기 때문이다.

GE는 이러한 변화된 리더십 모델을 바탕으로, 기존의 인재 평가 방식을 혁신했다. 과거에 GE에서 높은 평가를 받았던 인재들이 생산성과 M&A에 능한 사람이었다면, 이제는 특정 기술과 시장에 정통한 엔지니어와 마케터가 중요하게 평가받는 환경이 조성되었다. 사업 리더들의 역량도 전문성 중심으로 변화했다.

이러한 전략적 인재 관리의 중요성은 다른 기업에서도 확인할 수 있다. 홈디포의 CEO였던 밥 나델리는 GE의 CEO 경쟁에서 밀린 후, 홈디포로 자리를 옮겼다. 그는 홈디포의 위기 상황을 극복하기 위해 가장 먼저 GE에서 함께 일했던 HR 임원을 스카우트하여 HR 부사장으로 임명했다. 기업의 전략적 변화를 성공적으로 이끌기 위해서는 무엇보다 적절한 인재 관리 시스템을 구축하는 것이 필수적이라는 점을 잘 알고 있었던 것이다.

기업이 전략을 변화시키고 이를 효과적으로 실행하기 위해서는, 결국 이를 실행할 사람이 가장 중요하다. HR 부서는 단순한 인사 행정 업무를 넘어, 기업 경영의 핵심 기능을 수행하는 기관이 되어야 한다. HR이 경영진과 긴밀히 협력하며, 직원들이 새로운 전략적 방향성을 체감하고 이를 실천할 수 있도록 평가 및 보상 시스템을 정비하는 것이 필수적이다.

예를 들어, 기업이 6시그마(6 Sigma; 기업 또는 조직 내의 다양한 문제를 구체적으로 정의하고 현재 수준을 계량화해 평가한다. 이를 개선하고 유지 관리하는 경영 기법을 뜻한다)를 도입한다고 가정해 보자. 만약 기업의 최고경영진이 6시그마를 중요한 경영 혁신 도구로 활용하려 한다면, HR 부서는 이에 맞춰 평가 기준을 조정해야 한다. 즉, 6시그마를 적극 실천하는 직원이 높은 평가를 받을 수 있도록 평가 기준을 변화시키고, 이에 기여한 직원들이 구체적으로 어떤 보상을 받을 수 있는지를 명확하게 제시해야 한다.

국내 기업들은 아직 HR 부서를 전략적으로 활용하는 데 한계를 보이고 있다. 흔히 전략이 변화했음에도, 직원들은 여전히 과거의 방식으로 평가받는 경우가 많다. 조직의 전략적 변화는 직원들이 체감할 수 있어야 하지만, 평가 기준이 기존 방식 그대로 유지된다면 직원들은 변화의 방향을 이해하기 어렵다.

HR이 효과적으로 작동하지 않으면, 관리자들이 전달하는 메시지와 실제 평가 기준이 다르거나, 전략 변화가 있었음에도 평가 방식이 그대로 유지되는 상황이 발생할 수 있다. 또한, 너무 많은 요소를 평가 기준에 포함시키면 조직의 우선순위가 무엇인지 명확하게 전달되지 않아 직원들의 주의력이 분산되는 문제가 발생할 수 있다.

따라서 기업은 성과 평가를 기업 경영의 핵심 도구로 활용하고, HR 부서를 전략 실행을 위한 핵심 기관으로 인식해야 한다. HR 부서는 기업의 전략과 실행을 연결하는 중심축 역할을 해야 하며, 직원들이 새로운 전략 방향성을 업무 속에서 자연스럽게 실천할 수 있도록 평가 및 보상 체계를 정비해야 한다.

기업이 지속적으로 성장하고 변화하는 환경에 적응하기 위해서는 HR이 단순한 지원 부서를 넘어, 전략적 변화의 중심에 서야 한다. 이를 위해 HR 부서는 경영진과 긴밀히 협력하여 전략적 방향에 맞는 인재를 육성하고, 평가 및 보상 시스템을 정비하며, 직원들이 변화된 환경에 효과적으로 적응할 수 있도록 지원하는 역할을 수행해야 한다. HR이 기업 전략과 운영의 핵심 기관으로 기능할 때, 조직은 더욱 탄탄한 경쟁력을 갖추고 지속적인 성장을 이루어갈 수 있다.

경쟁 우위 창출에 대한 고찰

앞서 사업에서는 경쟁 우위가 필수적이라 말했듯, 오랜 기간 높은 수익을 유지하는 기업은 필연적으로 경쟁 우위를 가지고 있다. 어떤 사업이 높은 수익을 내는 순간, 수많은 경쟁자가 그 시장에 뛰어들며 경쟁이 치열해진다. 마치 벌떼가 꿀을 찾아 모이듯, 수익성이 보장된 시장은 경쟁이 격화될 수밖에 없다. 하지만 일부 기업들은 그러한 환경에서도 장기적으로 경쟁력을 유지하며 지속적인 성장을 이룬다.

《경제적 해자》에서 펫 도시는 장기적으로 높은 수익을 창출하는 기업들이 가진 특징을 분석하며, 이들이 어떻게 경기침체와 기술 변화, 사회적 트렌드의 변화에도 견고한 경쟁력을 유지하는지를 설명한다. 그에 따르면, 기업이 지속적인 경쟁 우위를 확보할 수 있는 주요 원천은 네 가지로 나뉜다. 무형자산, 고객 전환 비용, 네트워크 효과, 원가 우위가 그것이다.

무형자산은 기업이 가진 브랜드 가치나 법적 보호를 의미한다. 강력한 브랜드를 보유한 기업은 같은 제품이라도 높은 가격에 판매할 수 있다. 또한, 특정 산업에서는 법적 인가가 필수적인 경우가 있는데, 이러한 규제가 존재하는 시장에서는 새로운 경쟁자의 진입이 자연스럽게 제한되므로, 기존 기업이 우위를 유지할 가능성이 높다.

고객 전환 비용은 고객이 경쟁사의 제품이나 서비스로 이동하는 것을 어렵게 만드는 요소다. 고객이 특정 기업의 제품이나 서비스에 익숙해지면, 이를 다른 제품으로 대체하는 데 상당한 시간과 비용이 필요할 수 있다. 예를 들어, 소프트웨어 제품의 경우, 한 회사의 소프트웨어를 사용하다가 다른 제품으로 바꿀 때, 새로운 사용법을 익혀야 하는 학습 비용이 발생한다. 또한, 고객의 습관이나 선호도 역시 강력한 전환 장벽이 될 수 있다. 특정한 브랜드의 커피를 오랫동안 마셔온 소비자는 다른 브랜드로 쉽게 이동하지 않는다.

네트워크 효과는 정보 공유와 사용자 간의 연결이 중요한 사업에서 특히 강력한 경쟁 우위를 제공한다. 사용자가 많아질수록 서비스의 가치가 증가하는 비즈니스 모델에서는, 초기의 고객 기반을 확보한 기업이 시간이 지날수록 더욱 강한 경쟁력을 갖게 된다. 반면, 새롭게 시장에 진입하는 기업들은 초기 고객 확보에 어려움을 겪으며 불리한 위치에서 출발할 수밖에 없다. 이러한 네트워크 효과는 시간이 지날수록 기존 기업의 경쟁 우위를 더욱 공고히 한다.

원가 우위는 저비용 프로세스, 유리한 지리적 위치, 독점적인 자원의 소유 등을 통해 확보된다. 원가 경쟁력을 가진 기업은 같은 제품을 더 낮은 비용으로 생산할 수 있으며, 이는 가격 경쟁에서 유리한 위치를 차지하는 데 중요한 역할을 한다. 다만, 프로세스를 기반으로 한 원가 우위는 경쟁자들이 쉽게 모방할 수 있다는 점에서 한계가 있다.

기업의 원가 경쟁력에는 규모의 경제가 중요한 영향을 미친다. 작은 시장에서 독점적 지위를 차지한 기업은, 상대적으로 큰 시장에서 경쟁하는 기업보다 더 강력한 경쟁력을 가질 수 있다. 작은 시장에서 이미 확고한 입지를 다진 기업은 새로운 경쟁자가 진입하기 어렵게 만든다. 반면, 시장이 크면 언제든 더 큰 경쟁자가 등장할 가능성이 있다.

예를 들어, 유통망 구축에는 막대한 초기 투자 비용이 필요하다. 이러한 고정비를 부담할 수 있는 기업은 개별 제품의 판매 가격에 이를 분산시켜 경쟁력을 유지할 수 있다. 반면, 신규 진입자는 같은 유통망을 구축하는 데 높은 비용이 발생하며, 기존 고객을 하나하나 빼앗아야 하는 어려움을 겪는다. 특히, 유통망이 갖춰진 시장에서 상품 단가가 낮고 다수의 고객이 존재한다면, 새로운 기업이 시장에 침투하는 것이 더욱 어려워진다.

경쟁 우위를 확보하는 전략적 선택은 기업 운영의 핵심 요소다. 사업을 운영할 때는 경쟁 우위를 지속해서 축적할 수 있는 방향으로 의사 결정을 내려야 한다. 브랜드 가치를 높이기 위해 꾸준히 광고와 PR에 투자하는 것이 필요하며, 제품과 서비스의 차별화를 통해 소비자에게 강력한 인식을 심어주는 것도 중요하다.

제품과 서비스가 전환 장벽을 형성할 수 있도록 설계하는 것도 경쟁 우위를 강화하는 핵심 요소다. 고객 경험을 개선하고, 익숙함과 편리함을 제공함으로써 고객이 경쟁 제품으로 쉽게 이동하지 못하도록 만드는 전략이 필요하다. 기업이 고객을 교육하고, 이를 통해 고객의 생산성을 향상시키는 방식도 효과적인 전환 장벽이 될 수 있다.

초기의 월마트가 경쟁 우위를 고려한 전략을 펼친 사례는 이를 잘 보여준다. 월마트가 미국에 점포를 확장할 당시, K마트는 이미 대도시를 중심으로 주요 시장을 장악하고 있었다. 이에 월마트는 K마트와의 직접적인 경쟁을 피하고, 상대적으로 경쟁이 덜한 소도시에 대규모 점포를 개설하는 전략을 선택했다. 사람들은 처음에는 시골 지역에서 대형 마트가 성공할 수 있을지 의문을 가졌지만, 월마트는 지역 내 수요를 독점적으로 흡수하며 시장을 장악했다. 결과적으로, 월마트가 들어선 지역에서는 경쟁 점포가 쉽게 들어설 수 없는 구조가 형성되었고, 월마트는 이러한 전략을 지속해서 확장해 나갔다.

경쟁 우위를 확보하기 위한 전략적 선택은 단순히 좋은 제품을 만드는 것만으로는 충분하지 않다. 같은 사업을 운영하더라도 어떤 방식으로 경쟁 우위를 창출할 것인지에 대한 명확한 전략이 필요하다. 기업은 단순히 시장에서 생존하는 것이 아니라, 지속해서 경쟁력을 강화하고 차별화된 가치를 제공할 수 있도록 사업 운영의 초점을 맞추어야 한다.

가치와 가격의 동태성을 주목하라

고객이 제품이나 서비스를 가치 있다고 인식하는 이유는 단순하지 않다. 이는 단지 제품의 본질적인 특성 때문이 아니라, 기업이 고객에게 가치를 학습시키는 과정에서 형성된다. 고객이 어떤 제품의 가치를 이해하는 방식은 시간이 지나면서 변화하며, 이는 산업과 시장의 흐름에도 영향을 미친다.

혁신은 공급자에게서 먼저 시작되지만, 시간이 지나면서 고객의 인식 속에서 가치로 자리 잡는다. 즉, 고객이 중요하게 여기는 가치는 공급자의 기술력과 상호작용하며, 지속해서 변화한다. 이게 무슨 말일까? 소비자가 가격과 가치를 비교할 수 있는 환경이 조성되면, 시장에서의 경쟁이 더욱 심화된다. 선택지가 많아질수록 소비자는 자신의 우선순위에 맞춰 제품을 선택할 수 있는 기준을 갖게 된다.

그 예로, 초기 휴대폰 시장에서는 무선 음성통화의 품질이 가장 중요한 가치였다. 통신 사업자들은 더 넓은 지역에서 더 나은 통화 품질을 제공하기 위해 망 구축 경쟁을 벌였다. 당시 소비자들은 언제 어디서든 전화가 잘 터지는가를 최우선 가치로 여겼다. 그러나 통화 품질이 일정 수준 이상으로 유지되면서, 소비자의 관심은 추가적인 기능으로 이동했다.

휴대폰 카메라의 화소 수, 동영상 촬영 가능 여부, 벨 소리의 화음 개수 등이 경쟁 요소로 부각되었다. 다양한 가격대의 제품이 출시되면서, 소비자들은 성능과 가격을 비교하며 구매 결정을 내리는 방식으로 변화했다. 이후 단순한 통화 기능이나 카메라 성능이 아니라 인터넷 사용, 앱 생태계, 소프트웨어 업데이트 지원, 사용자의 데이터 연동성과 같은 요소들이 중요한 선택 기준이 되었다. 즉, 초기 시장에서는 기본적인 기능과 안정성이 핵심 가치였다면, 시간이 흐를수록 디자인, 편의성, 그리고 추가적인 기능이 중요한 차별 요소가 된다. 이 과정에서 기업들은 더 높은 가치를 제공하는 동시에 가격 경쟁에서 우위를 점하기 위해 다양한 전략을 시도한다.

현재의 스마트폰 시장에서 경쟁은 단지 하드웨어 성능이나 개별적 기능을 넘어 생태계 경쟁으로 발전했다. 대표적인 예로 애플의 경우, 단순히 아이폰 자체의 성능이나 디자인뿐 아니라, 아이클라우드, 앱스토어, 애플뮤직, 애플페이 등 여러 서비스와 제품을 긴밀히 연결하여 사용자 경험의 가치를 극대화하고 있다. 이는 소비자들이 스마트폰이라는 단일 제품을 선택하는 것이 아니라, 각종 기기와 서비스가 통합된 애플의 생태계를 선택하게 만드는 요인이다. 애플의 경쟁자들 역시 자사의 제품을 중심으로 다양한 서비스를 결합하여 생태계 구축을 시도한다. 예를 들어 삼성은 갤럭시 스마트폰을 중심으로 갤럭시 워치, 갤럭시 버즈와 같은 웨어러블 기기와 삼성페이, 스마트싱스와 같은 IoT 서비스를 결합하여 독자적인 생태계를 강화하고 있다. 구글 또한 안드로이드 운영체제를 기반으로 다양한 제조사들과 협력하면서도 구글 자체 서비스와 앱 생태계를 중심으로 소비자를 끌어들이는 전략을 펼치고 있다.

이러한 생태계 경쟁은 고객 충성도를 높일 뿐만 아니라, 경쟁사로의 전환 비용을 증가시킨다. 소비자는 자신이 선택한 생태계 내에서 여러 제품과 서비스를 연결하고 데이터를 공유하며 더 편리하고 일관된 사용자 경험을 얻기 때문에, 다른 생태계로 이동하는 것이 점점 어려워진다. 따라서 현재 스마트폰 경쟁은 단순한 기기의 경쟁을 넘어 고객의 삶 전반을 아우르는 서비스와 데이터 연동의 질적 경쟁으로 확장되고 있다.

기업들이 시장에서 지속 가능한 경쟁 우위를 유지하려면 개별 제품의 성능과 가격 경쟁력뿐만 아니라, 생태계 전반에 걸쳐 사용자 경험과 데이터 연계의 가치를 높이는 것이 필수적이다.

기업이 경쟁에서 살아남기 위해서는, 단순히 좋은 제품을 개발하는 것만으로는 부족하다. 소비자가 가치와 가격을 어떻게 인식하는지, 그리고 그것이 시간이 지나면서 어떻게 변화하는지를 지속적으로 분석해야 한다. 기업이 고객에게 제공하는 가치가 시간이 지나면서 어떻게 변할 것인지 예측하지 못하면, 경쟁에서 도태될 가능성이 높다.

경쟁자는 항상 존재하며, 기업이 제공하는 가치와 가격이 소비자들에게 어떻게 비교되는지에 따라 시장에서의 위치가 결정된다. 소비자가 어떤 요소를 비교 대상으로 삼는지 파악하고, 현재 자사의 제품이 소비자들의 선택 기준에서 어떤 위치를 차지하는지 지속적으로 평가하는 것이 필수적이다.

가격과 가치의 변화는 단순한 경제적 논리가 아니라, 소비자의 경험과 학습 과정에서 이루어진다. 소비자는 시간이 지날수록 제품에 대한 기대치를 높이며, 새로운 기능과 서비스를 요구한다. 기업이 이러한 흐름을 미리 파악하고, 미래의 소비자 요구를 예측하여 제품을 개발할 수 있다면, 장기적으로 경쟁력을 유지할 수 있다.

따라서 기업이 주목해야 할 것은 단순한 현재의 시장 환경이 아니라, 미래에 소비자가 어떤 가치를 중요하게 여길 것인지 예측하고 대응하는 능력이다. 변화하는 시장 환경 속에서 기업은 소비자의 가치 인식을 지속적으로 분석하고, 이에 맞춰 제품과 서비스 전략을 조정해야 한다. 소비자가 가격과 가치를 비교하는 방식은 끊임없이 변화하며, 기업은 그 변화 속에서 기회를 발견해야 한다.

가격 전략에 대한 고찰

기업이 시장에서 경쟁하는 방식은 다양하지만, 결국 가격 전략이 중요한 역할을 한다. 시장이 성숙할수록 고객들은 가격만을 고려하여 구매 결정을 내리게 되고, 이는 기업이 혁신을 통해 새로운 가치를 창출하더라도 쉽게 그 가치를 소비자들에게 전달하기 어려운 상황을 만든다. 이러한 문제를 극복하기 위해서는 단순한 가격 경쟁에서 벗어나, 가격 전략을 통해 고객의 인식을 변화시키고 차별화된 가치를 전달해야 한다.

2010년 5월 하버드 비즈니스 리뷰에 실린 《고객들이 가격에만 집착하는 것을 막는 방법》이라는 기사에서는 이러한 문제를 해결할 수 있는 네 가지 가격 전략을 제시했다.

첫 번째 전략은 제품의 장점을 부각하는 가격 전략을 채택하는 것이다. 고객이 가격이 아닌 제품의 가치에 집중하도록 유도하여, 기업의 혁신에 대한 가치를 올바르게 평가하도록 만드는 방식이다. 예를 들어, 한 타이어 업체는 내구성이 뛰어난 타이어를 개발했지만, 소비자들은 여전히 가장 저렴한 제품을 찾는 데 집중했다. 이에

굿이어는 타이어의 내구도에 따라 차별화된 가격을 책정함으로써, 내구성이 중요한 요소라는 점을 고객들에게 인식시켰다. 높은 내구성을 가진 타이어에는 더 높은 가격을 부과하면서, 고객이 단순히 가격이 저렴한 제품을 찾는 것이 아니라, 타이어의 내구성이 구매 의사결정의 중요한 기준이 되도록 유도했다.

비슷한 방식으로, GE의 제트엔진은 운항 거리에 따라 가격을 책정하여, 항공사들이 엔진의 운항 효율성을 중요하게 고려하도록 만들었다. 이 전략을 통해 GE는 단순히 엔진을 판매하는 것이 아니라, 엔진의 성능과 유지 비용을 중요한 요소로 부각시키며 지속적인 혁신 투자의 가치를 인정받을 수 있었다.

두 번째 전략은 의도적으로 높은 가격을 설정하여 고객이 제품의 가치에 주목하도록 하는 것이다. 소비자들은 가격이 일반적인 수준보다 높을 경우, 해당 제품이 어떤 차별점을 가지고 있는지 관심을 가지게 된다. 예를 들어, 시장에서 대부분의 GPS 제품이 200달러일 때, 특정 제품이 300달러라면 소비자들은 "이 제품은 어떤 특별한 점이 있는가?"라는 질문을 하게 된다.

한 엘리베이터 제조업체는 새로운 혁신을 통해 기존 제품보다 성능이 뛰어난 제품을 개발했지만, 시장에서 고객들은 여전히 가격 중심으로 제품을 비교하고 있었다. 이에 기존의 제품과 함께 새로운 제품을 시장에 도입하면서, 신제품의 가격을 기존 제품보다 훨씬 높게 책정했다. 초기에는 판매량이 적었지만, 시간이 지나면서 고객들은 새로운 제품에 대한 인식을 가지게 되었고, 결국 해당 제품이 시장에서 자리를 잡을 수 있었다.

소프트웨어 시장에서도 이 전략이 활용될 수 있다. 예를 들어, 특정 기업이 기존 제품에 여러 가지 새로운 기능을 추가한 프리미엄 버전을 출시했지만, 고객들이 기존 제품에만 관심을 가진다면 어떻게 해야 할까? 이 경우, 기존 제품을 계속 유지하면서 새로운 제품에는 의도적으로 높은 가격을 책정할 수 있다. 고객들은 새로운 제품이 기존 제품보다 가격이 높은 이유에 대해 관심을 가지게 되고, 이를 검토하는 과정에서 제품의 새로운 기능과 가치를 인식하게 된다. 비록 초기에는 판매량이 적더라도, 장기적으로 시장에서 제품의 입지를 다지는 데 도움이 된다.

세 번째 전략은 가격을 분할하여 특정한 부분의 가치를 부각하는 것이다. 같은 가격을 책정하더라도, 가격을 어떻게 제시하는지에 따라 소비자들이 제품을 인식하는 방식이 달라질 수 있다. 과거 초고속 인터넷 서비스가 월 3만 원에 제공될 때, 사업자는 추가적인 부가 서비스를 개발해도 소비자들의 관심을 끌기가 어려웠다. 이에 인터넷 전화와 IPTV 서비스를 추가하면서 가격 구조를 재설정했다. 기존의 초고속 인터넷 서비스를 3만 원으로 유지하되, 인터넷 전화 기본요금을 1,000원, IPTV 사용료를 9,000원으로 설정하여 전체 패키지 가격을 4만 원으로 제시했다.

이렇게 하면 소비자들은 전체 서비스의 가격이 4만 원이라는 점보다, 개별 서비스가 상대적으로 저렴하게 추가된다는 점에 집중하게 된다. 특히, 인터넷 전화나 IPTV 단독 사용이 불가능하도록 설정하면, 고객은 추가적인 서비스가 가격 대비 효율적이라는 인식을 가지게 된다.

네 번째 전략은 단일화된 가격 정책을 적용하여 고객이 가격보다 제품의 본질적인 가치에 집중하도록 유도하는 것이다. 애플의 아이튠스에서는 모든 음악을 같은 가격인(1.29달러)로 설정함으로써, 고객들이 가격을 고민하는 것이 아니라, 자신이 듣고 싶은 음악을 선택하는 데 집중하도록 했다. 가격이 동일하게 설정되어 있기 때문에, 소비자는 가격을 비교하는 대신 자신의 취향에 따라 구매 결정을 내린다.

비슷한 사례로, 스와치는 패션 시계를 출시할 때 시계 가격을 통일함으로써, 소비자들이 가격이 아닌 스타일과 디자인을 중심으로 제품을 선택하도록 유도했다. 이 전략을 통해, 소비자들은 가격보다는 제품 자체의 개성과 차별성에 더 집중하게 되었다.

결국, 가격 전략은 단순히 시장에서 경쟁력을 유지하는 도구가 아니라, 소비자들의 인식을 변화시키고, 제품의 가치를 강조하며, 기업이 원하는 방향으로 시장을 유도하는 강력한 수단이다. 기업이 가격 정책을 어떻게 설정하느냐에 따라 소비자들은 같은 제품이라도 다르게 인식하고, 구매 의사결정을 내리는 과정이 달라진다.

따라서 기업이 가격을 설정할 때는 단순히 경쟁업체보다 저렴한 가격을 책정하는 것이 아니라, 가격이 소비자에게 어떤 의미를 전달할 수 있는지, 그리고 가격 구조가 제품의 가치와 어떻게 연결될 수 있는지를 깊이 고민해야 한다. 가격은 단순한 숫자가 아니라, 소비자의 행동을 유도하고, 시장의 흐름을 결정하는 중요한 요소이기 때문이다.

행동 경제학에서 다루는 가격 전략

행동 경제학은 이성적이고 이상적인 경제적 인간을 전제하는 전통 경제학과 달리, 실제 인간의 행동을 연구하여 사람들이 어떻게 의사 결정을 내리고 그 결과가 어떻게 나타나는지를 분석하는 학문이다. 전통 경제학은 사람들이 합리적인 판단을 통해 최적의 선택을 한다고 가정하지만, 실제 인간의 행동은 그렇지 않다. 사람들은 종종 사회적, 인지적, 감정적 편향에 의해 비합리적인 결정을 내리며, 이러한 현상을 연구하는 것이 행동 경제학의 핵심이다.

아담 스미스 이후 경제학은 다양한 이론적 발전을 이루었지만, 현실 경제와의 괴리는 여전히 존재했다. 그 이유는 사람이 항상 합리적으로 의사 결정을 하지 않는다는 점 때문이다. 이에 대해 다니엘 카너먼은 사람들이 경제적 선택을 할 때 감정과 직관이 어떻게 영향을 미치는지를 연구했으며, 이러한 연구를 통해 2002년 노벨 경제학상을 받았다. 행동 경제학의 원리를 잘 활용하면, 기업이 가격 전략을 수립하는 데 유용한 아이디어를 얻을 수 있다.

행동 경제학자인 댄 애리얼리는 《상식 밖의 경제학》에서 흥미로운 가격 전략을 제시했다. 한 잡지사가 웹사이트에서 구독 광고를 진행했을 때 설정한 가격 옵션이다.

온라인 구독권: 1975년 이후의 모든 잡지 내용을 온라인에서 볼 수 있는 권한 – 연간 75달러

오프라인 구독권: 1년간 오프라인 잡지를 받아볼 수 있는 권한 – 연간 135달러

온라인 + 오프라인 구독권: 온라인과 오프라인 구독을 모두 포함 – 연간 135달러

이 가격 정책을 보면, 두 번째 옵션인 오프라인 구독권(135달러)은 전혀 의미가 없는 것처럼 보인다. 같은 가격에 온라인 구독까지 포함된 세 번째 옵션이 있는데, 굳이 오프라인 구독만을 선택할 이유가 없기 때문이다. 얼핏 보면 마케팅 부서의 실수처럼 보일 수도 있다.

그러나 애리얼리는 실험을 통해 이 가격 구조가 소비자의 선택에 미치는 영향을 분석했다. 만약 두 번째 옵션(오프라인 구독권)이 존재하지 않는다면, 실험 참가자의 3분의 2가 가장 저렴한 첫 번째 옵션(온라인 구독권)을 선택했다. 그러나 의미 없어 보이는 두 번째 옵션을 추가한 경우, 3분의 2가 가장 비싼 세 번째 옵션(온라인 + 오프라인 구독권)을 선택하는 것으로 나타났다.

이 전략의 핵심은 사람들이 가격을 비교하는 방식을 이용하는 것이다. 사람들은 제품의 가치와 가격을 절대적인 기준으로 평가하는 것이 아니라, 서로 비교하면서 선택한다. 만약 가성비 좋은 제품

과 가성비 낮은 제품만 존재하면 선택이 어렵지만, 중간 수준의 가성비를 가진 옵션을 추가하면 비교가 쉬워지고, 상대적으로 가치가 높아 보이는 제품을 선택하게 되는 경향이 있다.

이런 원리는 레스토랑의 메뉴 구성에서도 활용된다. 예를 들어, 어떤 식당이 5만 원짜리 정식을 가장 많이 팔고 싶다고 가정하자. 이 경우, 식당은 7만 원짜리 또는 10만 원짜리 고가 메뉴를 추가해 놓는다. 이렇게 하면, 고객들은 단순히 5만 원이 저렴하다고 생각하는 것이 아니라, 7만 원짜리와 비교했을 때 가성비가 좋은 선택이라고 인식하게 된다.

결국, 가격 전략을 설계할 때 중요한 것은 단순히 가격을 낮추는 것이 아니라, 소비자가 가격과 가치를 비교하는 방식을 고려하여 구매 결정을 유도하는 것이다. 행동 경제학을 활용하면, 소비자가 어떤 방식으로 가격을 평가하는지를 이해하고, 이를 바탕으로 보다 효과적인 가격 구조를 설계할 수 있다.

위기에 빠진 회사에 부임하여 경영자가 되었을 때

위기에 빠진 회사를 맡게 된 경영자에게 가장 중요한 역량은 리포지셔닝(Repositioning) 능력이다. 이는 단순한 경영 기술을 넘어, 변화하는 시장 환경 속에서 기업의 위치를 재정의하고, 핵심 아이디어를 재구성하는 역량을 의미한다. 램 차란은 《노하우로 승리하라》에서 성공하는 리더의 핵심 역량 중 첫 번째 요소로 포지셔닝과 리포지셔닝 능력을 강조했다.

리포지셔닝은 고객의 욕구를 충족하고, 기업이 지속해서 수익을 창출할 수 있도록 하는 핵심 전략을 찾아내는 과정이다. 특히, 산업 환경이 급변하거나, 신기술이 등장하거나, 강력한 경쟁자가 시장에 진입하는 경우 기존 전략만으로는 더는 경쟁력을 유지하기 어려워진다. 이때 필요한 것이 바로 리포지셔닝이다.

변화는 모든 기업이 필연적으로 직면하는 요소다. 기업이 성장하고, 시장이 변화하면 기존의 사업 모델이나 경쟁 전략을 재조정해야 하는 순간이 온다. 리더는 이러한 변화에 대응하기 위해 기업의 핵심 역량을 재정의하고, 조직의 리더십 특성을 조정해야 할 수도 있다. 예를 들어, GE의 제프 이멜트는 기존의 M&A 중심 성장 전략에서 벗어나, 유기적 성장 전략을 채택하면서 마케팅과 기술에 강한 리더들을 중용했다. 이에 따라 그는 기존의 핵심 인력을 교체하거나 재배치하고, 새로운 역량을 보유한 외부 인재를 유입하며 조직을 변화시켰다. 변화한 전략에 따라 평가 방식도 조정되어, 기존에는 중요하게 평가되지 않았던 인재들이 새롭게 인정받게 되었다.

리포지셔닝을 성공적으로 수행하려면 사업 포트폴리오를 재구성하거나, 혁신을 통해 새로운 시장을 개척하는 능력도 필요하다. 때로는 기존 시장을 포기하고 새로운 사업 모델을 구축해야 하며, 과거와는 다른 방향으로 조직을 이끌어야 한다. 이러한 변화 관리 역량이 있는 리더만이 위기에 빠진 기업을 구할 수 있다.

리포지셔닝 능력이 부족한 리더는 자사의 제품과 서비스가 시장에서 어떤 의미인지 제대로 이해하지 못하는 경우가 많다. 공급자의 시각이 부족하고, 소비자의 니즈를 깊이 분석하지 못하면 적절한 전략을 세울 수 없다. 이런 리더가 위기에 빠진 조직을 맡게 되면, 방향을 설정하지 못한 채 내부 조직에 의존하게 된다. 다행히 조직 내에 뛰어난 인재가 있어 올바른 전략을 제안한다면 회생의 가능성이 있지만, 리더 스스로가 이를 판단할 능력이 없다면 기업의 위기는 더욱 심화된다.

리더가 처음 조직을 맡게 되면, 조직 내 모든 구성원이 새로운 리더의 첫 조치를 예의주시한다. 초기 단계에서 강력한 리포지셔닝 전략을 실행하지 못하면, 조직 내의 긴장감이 풀리고 변화의 동력이 약해진다. 기업이 위기 상황이라면, 조직 구성원들은 위기의식을 공유하며 리더의 방향성을 기다리지만, 명확한 전략이 없거나 실행이 지연되면 내부적으로 혼란이 가중된다.

위기에 빠진 조직을 맡은 리더는 빠르고 효과적인 변화를 이끌어야 한다. 이는 단순한 조직 운영이 아니라, 불타는 배를 탈출하는 것과 같은 긴박한 상황에서 결단을 내려야 하는 문제다. 만약 신속한 리포지셔닝 전략이 부재하거나, 의사 결정이 늦어진다면 기업의 위기는 점차 심화된다. 직원들은 무력감을 느끼며 동기부여가 저하되고, 조직은 점점 침체된다.

따라서, 위기에 빠진 기업을 경영해야 한다면, 부임 후 해결책을 찾기에는 이미 늦다. 경영자는 부임하기 전부터 해당 조직의 문제를 자세히 분석하고, 어떻게 리포지셔닝을 실행할지에 대한 구체적인 계획을 세운 후 조직을 맡아야 한다. 경영진이 자신이 맡게 될 산업과 기업의 본질을 정확히 이해하고 있지 못하면, 효과적인 전략을 실행하기 어렵다.

이사회에서 위기에 빠진 기업의 새로운 CEO를 선임할 때도 마찬가지다. 새로운 CEO가 해당 산업에 대한 깊은 지식을 가지고 있는지, 기업을 회생시킬 수 있는 명확한 전략을 가졌는지를 자세히 검토해야 한다. 단순한 리더십 경험만으로는 위기에서 회사를 구해낼 수 없다. 위기를 해결하기 위해서는, 리더가 업계를 정확히 이해하고, 조직의 강점과 약점을 객관적으로 분석하며, 실행 가능한 리포지셔닝 전략을 갖고 있어야 한다.

결국, 위기의 조직을 맡게 된 리더는 단순한 관리자가 아니라, 변화를 이끌어야 하는 혁신가가 되어야 한다. 기존의 성공 방식이 더는 통하지 않는다면, 기업의 근본적인 방향을 재설정하고 조직을 재정비해야 한다. 강력한 리포지셔닝 전략을 바탕으로 기업의 정체성을 새롭게 정의하고, 변화를 이끌어야만 조직을 위기에서 구해낼 수 있다. 리더가 변화의 필요성을 제대로 인식하고, 신속하고 과감히 조처를 하는 것이 기업의 생존을 좌우하는 결정적인 요소가 된다.

3

운영

예산 수립의 중요성

사업 전략을 수립한 후 예산을 설정하지 않는 경영자는, 전쟁에서 전략을 수립했지만 병참을 고려하지 않은 지휘관과 같다. 아무리 훌륭한 전략을 세운다 하더라도, 사업의 현실은 결국 자원의 투입과 운영에 대한 의사 결정을 필요로 한다. 만약 예산을 명확하게 수립하지 않는다면, 매일 즉흥적으로 결정을 내려야 하며, 이 과정에서 재정적 비효율과 불안정성이 발생할 수밖에 없다.

성장하는 사업은 적절한 시기에 투자하지 않으면 성장 기회를 놓칠 수 있다. 하지만 예산이 없는 상태에서 즉흥적으로 투자를 결정하면, 사업의 전체적인 현금 흐름을 고려하지 못한 채 단기적인 판단에 의존하게 된다. 또한, 각종 운영 경비가 예상보다 빠르게 증가하면서 수익성을 악화시킬 위험도 크다. 기업의 비용 구조는 직관적으로 파악하기 어려운 경우가 많기 때문에, 예산 시스템이 없으면 필수적인 지출조차 적절한 시점에 하지 못할 가능성이 높아진다.

직원의 복리후생비나 사내 문화 조성을 위한 비용도 예산이 없으면 감정적인 결정에 의해 쉽게 좌우될 수 있다. 매출 실적이 일시적으로 부진하다고 해서 복리후생비를 급격히 줄이는 것은 직원들의 사기에 부정적인 영향을 미칠 수 있다. 반면, 예산 시스템이 제대로 구축되어 있다면, 비용 절감을 할 때도 전체적인 비용 구조를 고려하며 체계적으로 접근할 수 있다.

인력 계획 또한 예산 수립이 필수적인 영역이다. 신규 직원을 채용할 때 발생하는 비용이 사업 전체에 미치는 영향을 명확히 이해해야 한다. 예산 수립 과정에서는 어떤 비용이 핵심적인 투자이며, 어떤 비용이 통제해야 할 지출인지 파악할 수 있다. 이를 통해 성장하는 시장 세그먼트에 얼마나 자금을 투입할 것인지, 투자 대비 수익률을 고려하여 자원을 어떻게 배분할 것인지 계획할 수 있다.

그럼 예산 수립이란 정확히 무엇일까? 예산은 단순히 연간 사업 계획을 세울 때만 수립하는 것이 아니다. 월간, 분기별 운영 리뷰에서 실적을 점검하며 지속적으로 수정하고 조정해야 하는 핵심 도구다. 예산은 결산과 연결되어야 한다. 매월, 분기별, 연간 결산과 예산 계획을 비교하며 지속적인 피드백을 반영해야 하며, 이를 통해 사업 운영의 효율성을 높여야 한다.

즉, 사업을 운영하면서, 분기마다 운영 리뷰를 진행하고, 변화하는 사업 환경에 맞춰 예산을 재조정하는 것이 필수적이다. 예상했던 특정 시장 세그먼트의 매출 성장이 기대보다 낮다면, 초기 계획보다 투자 규모를 축소하거나, 일정 기간 투자를 유보하는 전략을 선택할 수도 있다. 이렇게 분기 단위로 투자 결정을 검토하면, 예상치 못한 시장 변화 속에서도 안정적인 현금 흐름을 유지할 수 있는 것이다.

그렇다면 예산은 어떻게 수립하는 것일까? 이 과정에서는 월별 매출 예상치를 제품이나 시장 세그먼트별로 분석하고, 이에 따른 매출 원가를 추산해야 한다. 광고비, 인건비, 외주비, 연구개발(R&D) 비용 등의 운영 비용을 설정하고, 예상되는 순이익을 계산하는 과정이 필요하다. 모든 비용을 매출 대비 백분율로 분석하여 어떤 비용이 수익성에 가장 큰 영향을 미치는지 평가해야 한다. 인력 비용도 기업의 지속적인 성장과 연결되는 중요한 요소이므로, 정규직 1인당 평균 비용을 분석하여 적절한 인건비 수준을 예산에 반영해야 한다.

여기서 인건비를 통해 생산성을 분석할 수 있다. 생산성이 높은 기업은 전체 비용에서 인건비의 비중이 상대적으로 낮고, 마케팅, 연구개발, 아웃소싱 등의 비용을 효과적으로 활용한다. 반면, 생산성이 낮은 기업은 전체 비용 중 인건비 비중이 지나치게 높아지는 경우가 많다.

경쟁 우위를 확보하기 위한 브랜드, 기술, 연구개발(R&D) 등의 투자도 예산 수립 과정에서 중요한 부분이다. 브랜드 구축과 기술력 강화는 단기간에 이루어지지 않기 때문에, 꾸준한 투자가 필요하다. 예산을 수립하고 이에 맞춰 광고비와 연구개발비를 계획하면, 실행 단계에서 돈을 효과적으로 사용할 방법을 고민하게 되고, 이는 결국 성과로 이어진다. 하지만 예산이 없으면, 고객가치를 높이기 위한 투자 계획이 있어도 실제로 실행하지 못하는 경우가 많다.

이렇게 예산을 수립하게 되면 월별, 분기별로 매출 계획과 지출 계획을 조정할 수 있다. 매출 계획은 보수적으로 잡고, 분기별 계절적인 요인을 고려하여 현금 흐름을 기반으로 지출을 조정해야 한다. 예를 들어, 공공기관을 대상으로 영업하는 기업이라면, 연초에는 공공기관의 예산 집행이 거의 이루어지지 않으므로, 자금 유입이 적을 가능성이 크다. 따라서 연초에는 필수적인 지출만 진행하고, 큰 규모의 지출을 최대한 통제해야 한다. 반면, 명절 시즌에 선물용 제품을 판매하는 기업이라면, 매출이 특정 시기에 집중될 가능성이 높다. 이 경우, 주요 자금 투자를 매출이 발생하는 시점 이후로 조정하는 것이 현금 흐름 관리에 유리하다.

특정 사업은 여름에 매출이 높고, 다른 사업은 겨울에 매출이 집중되는 등 계절적 요소도 중요하다. 연간 매출 주기를 고려한 예산 수립이 필요하며, 수주형 산업의 경우 수주 잔고를 분석하여 몇 개월 후 혹은 몇 년 후의 현금 흐름을 예측하고 이에 맞춰 투자와 운영 비용을 조정해야 한다.

이와 같이 예산을 활용하면 자금 운용의 효율성을 극대화할 수 있다. 예상되는 수입과 현금 흐름을 기반으로 지출 계획을 조정하면, 운전자본 필요량을 줄이고, 남는 자본을 다른 사업에 투자하거나 주주에게 배당하는 것도 가능해진다. 대기업들은 체계적인 예산 시스템과 결산 절차를 갖추고 있지만, 많은 중소기업들은 제대로 된 예산 계획 없이 운영되는 경우가 많다. 심지어 1인 기업이라도 사업을 체계적으로 운영하기 위해서는 예산을 수립해야 한다.

예산이라는 단어를 들으면 대기업이나 공기업의 관료적인 통제 시스템을 떠올리며 거부감을 느끼는 사람도 있다. 예산을 관리부서가 자의적으로 사용하는 통제 도구로 인식할 수도 있다. 하지만 예산이 없으면 사업 운영에서 현금 흐름이 막히거나, 계획적인 지출을 하지 못하는 경우가 빈번하게 발생한다. 기업 운영에서는 자원이 항상 한정되어 있기 때문에, 예산은 자원을 효과적으로 배분하고, 사업을 안정적으로 성장시키기 위한 핵심적인 도구라는 사실을 인지하고 이를 효과적으로 배분하고 운영하는 것이 경영의 핵심이다.

세그먼트: 기업 성장의 묘약

기업이 성장하기 위해서는 단순히 매출을 늘리는 것만으로는 부족하다. 사업을 세분화하고, 각 세그먼트를 독립적으로 관리하며 성장 전략을 차별화하는 것이 필수적이다. 기존 사업을 단순한 하나의 단위로 바라보기보다는, 이를 여러 개의 세그먼트로 나누어 분석하면 각 세그먼트의 성장 가능성을 명확히 파악할 수 있으며, 이를 통해 기업의 전반적인 성장 전략을 보다 효과적으로 수립할 수 있다.

리처드 코치는 《전략을 재점검하라》에서 전략 수립과 실행의 핵심은 세그먼트 분석에 있다고 설명한다. 그는 단일한 사업처럼 보이는 기업도 실상 여러 개의 세그먼트로 구성되어 있으며, 각 세그먼트별 매출과 원가를 분석하여 성장 가능성을 진단해야 한다고 강조한다. 이를 위해, 산업 매력도 분석, 시장 성장률, 상대적 시장 점유율, 세그먼트별 매출 이익률, 세그먼트별 자본 수익률 등의 요소를 분석하는 것이 필요하다.

비슷한 제품을 제공하는 사업이라도 경쟁자가 다르거나, 동일한 경쟁자를 상대하더라도 시장 점유율이 다를 경우 세그먼트를 구분할 필요가 있다. 예를 들어, 제품 판매와 유지보수를 함께 제공하는 사업이라면, 제품 판매와 유지보수 서비스를 각각 독립적인 세그먼트로 나눠야 한다. 제품을 판매하는 것과 고객에게 지속적인 유지보수 서비스를 제공하는 것은 서로 다른 비즈니스 모델을 갖고 있기 때문이다.

서비스 중심의 사업이라면, 제공하는 서비스별로 세그먼트를 나누어 분석해야 한다. 예를 들어, 커피 판매업은 매장을 방문하는 고객과 테이크아웃 고객을 별도로 구분할 수 있다. 더 나아가, 테이크아웃 고객을 개인 소비자와 기업에서 대량으로 행사 용도로 구매하는 고객으로 세분화할 수도 있다. 같은 커피 판매업이라도, 매장 내 소비와 외부 행사용 공급은 매출 구조, 마진율, 고객 특성이 다를 수밖에 없다.

이러한 세그먼트 분석은 모든 산업에 적용될 수 있다. 단일 사업처럼 보이는 기업도, 각각의 세그먼트를 정의하고 이를 독립적으로 분석하면 사업의 구조를 더욱 명확하게 파악할 수 있다. 이렇게 세분화된 세그먼트별 분석을 기반으로, 각 세그먼트의 성장 가능성을 평가하고 전략적 의사 결정을 내리면, 기업의 전반적인 경쟁력을 한층 강화할 수 있다.

궁극적으로, 기업이 지속적으로 성장하기 위해서는 하나의 사업 단위 내에서도 여러 개의 세그먼트를 파악하고, 이를 효과적으로 관리하며 각각의 성장 전략을 최적화하는 것이 필요하다. 동일한 산업 내에서도 각 세그먼트가 가지는 특성과 시장 내 경쟁 구도를 세밀하게 분석하면, 보다 정교한 전략을 수립할 수 있으며, 이를 통해 기업의 성장 속도를 더욱 가속화할 수 있다.

세그먼트별 사업 계획 수립과 운영

사업을 효과적으로 운영하려면 세그먼트별로 매출을 분석하고, 각 세그먼트에 맞는 전략을 수립하는 것이 필수적이다. 세그먼트별 매출을 개별적으로 계획하고 예산을 별도로 책정하면, 보다 정교한 사업 운영이 가능해진다. 기업의 주요 운영 단위를 세그먼트로 나누면, 각 세그먼트의 월별, 분기별, 연간 매출 흐름을 체계적으로 관리할 수 있고, 투자 자금과 운영 계획도 보다 명확하게 설정할 수 있다.

하지만 세그먼트가 지나치게 많아지면 관리 비용이 증가하므로, 각 사업 관리자가 직접 책임질 수 있는 수준의 세그먼트를 운영하는 것이 적절하다. 매출 세그먼트를 설정할 때는 단순한 분류 작업이 되어서는 안 된다. 의미 있는 세그먼트 분류는 사업 운영과 전략 수립에 실질적인 통찰을 제공해야 한다. 예를 들어, 커피 전문점을 운영한다고 가정해 보자. 매장의 영업 시간이 하루 10시간이고, 주중과 주말의 고객 행동 패턴이 다르다고 할 때, 단순히 "주중 매출"과 "주말 매출"로 세그먼트를 나눈다고 해서 의미 있는 사업 전략이 도출되는 것은 아니다.

주중에는 평균적으로 한 테이블에서 2시간 동안 머물고, 테이블 점유율이 80%이며, 테이블당 평균 매출이 1만 원이라고 하자. 반면, 주말에는 고객이 한 테이블에서 평균 4시간 동안 머물고, 테이블 점유율이 30%이며, 테이블당 평균 매출이 동일하게 1만 원이라고 가정해 보자. 이 경우, 매출을 단순히 주중과 주말로 구분하는 것보다는, 매출 증대를 위한 실질적인 전략을 세울 수 있는 방식으로 세그먼트를 설정하는 것이 필요하다.

예를 들어, 매출을 증가시키기 위해서는 테이블당 평균 매출을 증가시키거나, 테이블 점유율을 높이거나, 고객의 재방문율을 높이는 전략을 수립해야 한다. 단순히 주중과 주말로 나누는 것이 아니라, 고객 유형을 분석하여, 새로운 매출원을 찾는 것이 더 효과적일 수 있다.

매출 세그먼트를 설정할 때 가장 중요한 것은 고객을 어떻게 바라볼 것인가이다. 고객을 어떻게 세분화하고, 어떤 고객에게 어떤 가치를 제공할지를 명확히 정의해야 한다. 예를 들어, 커피 전문점이 기존의 매장 매출 외에도 새로운 매출원을 찾기로 결정했다고 가정해 보자. 기존 고객이 아닌 인근 사무실을 대상으로 한 커피 배달 서비스를 도입하는 것이 하나의 전략이 될 수 있다.

사전에 주문을 하면 30분 안에 갓 추출한 드립 커피를 사무실로 배달해 주는 시스템을 도입하고, 기존 인력 구조로 충분히 운영 가능하다고 판단했다면, 새로운 세그먼트를 추가할 수 있다.

이 경우, 세그먼트는 매장 매출과 배달 매출로 나눌 수 있다. 기존 매장 매출은 큰 변화 없이 지속될 것이며, 인테리어 개선을 통해 고객 경험을 향상시켜, 10%의 가격 인상을 적용한다고 가정할 수도 있다. 이 경우, 고객 경험이 개선되어 가격 인상을 상쇄할 수 있다는 가정 하에, 연간 매출 증가 효과를 기대할 수 있다.

그러나 인테리어 투자로 인해 추가 비용이 발생하므로, 가격 인상에 따른 고객 감소 가능성도 고려해야 한다. 가격 인상을 적용했을 때 고객 방문율이 유지될 것이라는 확신이 없다면, 가격 인상을 적용하기 전에 충분한 시장 조사를 해야 한다.

배달 매출의 경우, 주변 사무실에 홍보 전단을 배포하고, 거래처를 확보하면서 새로운 수익원을 창출하는 것이 목표가 될 수 있다. 초기 3개월간은 홍보 비용을 매월 50만 원씩 책정하고, 점진적으로 매출을 증가시키는 목표를 설정하는 것이다. 실행 과정에서 매출이 예상만큼 증가하지 않는다면, 운영 리뷰를 통해 해당 사업의 지속 여부를 결정하는 방식으로 운영하면 된다.

또한, 기존 고객들에게 부가적인 매출을 창출할 방법도 고민할 수 있다. 커피 원두, 머그잔, 텀블러와 같은 부가 상품을 판매하는 것이다. 이 경우, 세그먼트는 매장 매출, 배달 매출, 부가 제품 판매로 나누어 관리할 수 있다.

이처럼 세그먼트를 효과적으로 나누면, 각 사업 팀이 구체적인 실행 계획을 수립하고, 어디에 자원을 투입할지 명확하게 설정할 수 있다. 사업을 세그먼트별로 관리하면 세그먼트별 매출 실적과 주요 활동이 데이터로 축적된다. 이를 바탕으로 어떤 세그먼트의 성장률이 높고, 어떤 세그먼트의 성장이 둔화되는지를 분석할 수 있다.

만약 특정 세그먼트가 급속히 성장하고 있음에도 기업 전체의 성장 속도가 느리다면, 이러한 기회를 놓칠 가능성이 높다. 세그먼트별 데이터를 분석하면, 어떤 영역에 추가적인 투자를 해야 하는지, 그리고 그 투자가 적절한 수익률(Return on Investment)을 가져올지를 판단하는 데 큰 도움이 된다.

세그먼트를 활용한 사업 운영은 단기적인 접근이 아니라 장기적으로 데이터를 축적하며 지속적으로 관리해야 하는 과정이다. 세그먼트별 매출과 비용, 마케팅 활동 등을 지속적으로 기록하고 분석하면, 장기적인 성장 전략을 수립하는 데 중요한 통찰을 얻을 수 있다.

실제로 기업이 세그먼트 단위로 사업을 관리하면, 어떤 세그먼트는 축소되거나 성장 둔화의 징후를 보이는 반면, 어떤 세그먼트는 50% 이상 성장하는 등 급격한 성장 가능성을 보이기도 한다. 이를 기반으로 적절한 투자를 진행하면, 기업 전체 실적을 꾸준히 성장시킬 수 있다.

세그먼트로 사업을 운영하는 것은 많은 기업이 채택하고 있는 성장의 핵심 전략이다. 기업이 지속해서 성장하기 위해서는 단순히 전체 매출을 증가시키는 것이 아니라, 세그먼트를 세분화하여 각 영역을 최적화하는 것이 필수적이다.

결국, 사업을 운영할 때 어떤 세그먼트를 설정하고, 각 세그먼트별 성장 전략을 어떻게 수립하느냐에 따라 기업의 미래가 결정된다. 세그먼트를 기반으로 사업을 관리하는 것은 기업의 지속적인 성장을 위한 강력한 도구이며, 이를 체계적으로 활용하면 더욱 경쟁력 있는 기업으로 성장할 수 있다.

교세라로부터 배우는 아메바 조직

기업은 사람들이 모여 함께 일하는 공간이며, 조직이 커지면 자연스럽게 기능별로 나누어지게 된다. 영업, 개발, 생산, 고객지원 등 각 부서는 특정한 기능을 수행하는 역할을 맡는다. 기능 중심 조직은 조직을 직원들이 수행하는 역할을 기준으로 구성한 구조로, 예를 들면 소프트웨어 솔루션 판매업체에서는 연구소, 개발팀, 영업팀, 고객지원팀, 경영지원팀 등이 각기 독립된 기능 조직으로 운영된다.

이러한 기능 조직에서는 같은 기능을 수행하는 직원들이 한 팀으로 묶이고, 그 분야에 경험이 풍부한 사람이 팀장이 된다. 기능 조직의 특성상, 최종적으로 매출과 비용을 고려하면서 자원을 배분할 수 있는 위치에 있는 사람은 CEO가 되는 경우가 많다. 예를 들어, 개발팀의 인력을 어느 정도 유지할지, 영업팀의 규모를 어떻게 조정할지, 소프트웨어 R&D를 위해 얼마를 투자할지 등의 의사 결정은 대부분 CEO가 책임지는 구조다.

이러한 구조에서는 기능팀의 관리자들이 사업 전체의 비용 구조에 대한 인식이 부족할 수 있다. 관리자는 자신의 권한이 조직의 규모와 직결된다고 생각하기 때문에, 자연스럽게 인력을 늘리려는 경향이 생긴다. 예를 들어, 엔지니어 200명이 소속된 연구소의 소장이 영업팀 인력 3명을 관리하는 영업팀장보다 조직 내에서 더 큰 발언권을 갖게 되는 것은 당연한 일이다.

기능 조직에서는 부서 간 갈등이 빈번하게 발생하는데, 특히 영업팀과 개발팀 간의 마찰이 대표적인 사례다. 영업팀은 많은 제품을 판매하여 실적을 올리는 것이 목표이므로, 고객의 요구 사항을 최대한 수용하는 방향으로 계약을 체결하려 한다. 반면, 개발팀은 고객의 요구가 기술적으로 가능할지, 추가적인 업무 부담이 얼마나 될지 고려해야 한다. 영업팀이 계약을 성사시킬 때마다 개발팀의 부담이 증가하지만, 그에 대한 보상이 제대로 이루어지지 않는다면 개발팀의 불만이 쌓이게 된다. 결국, 영업팀은 실적을 올려 보상을 받지만, 개발팀은 실질적인 업무 부담을 지면서도 보상이 따르지 않는다는 불만을 가지게 된다.

이러한 기능 조직 간 갈등을 해결하기 위해 다양한 업무 절차와 조율 기제가 도입되기도 하지만, 이러한 방식이 반드시 효과적인 것은 아니다. 조직의 규모가 커질수록 조율이 더욱 어려워지고, 복잡한 인센티브 시스템과 관리 구조로 인해 비효율이 발생할 가능성이 높다. 결국, 기능 조직이 갖는 근본적인 한계를 극복하기 위해서는 조직 운영 방식을 근본적으로 변화시킬 필요가 있다.

교세라의 창업자인 이나모리 가즈오는 기능 중심 조직의 비효율 문제를 해결하기 위해 조직 운영 방식에 대한 새로운 접근법을 고민했다. 그는 조직이 커지더라도 각 사업 단위가 자율적으로 움직일 수 있도록 사업 단위별로 손익 책임을 지는 아메바 조직을 도입했다.

아메바 조직은 각 사업 단위가 독립적인 손익 책임을 지면서 운영되는 시스템이다. 기능 조직과 달리, 손익팀이 개별적으로 매출과 비용을 관리하며, 자체적으로 수익성을 유지할 수 있도록 설계된 구조다. 아메바 조직이 도입되면, 각 단위 조직이 독립적으로 운영되기 때문에 기능 조직 간의 갈등이 자연스럽게 해소된다.

기능 조직에서는 최종적인 손익 책임이 CEO에게 집중되지만, 아메바 조직에서는 각 손익팀이 개별적으로 매출과 비용을 책임지기 때문에 조직 운영이 보다 효율적이고 자율적이다. 또한, 기능 조직에서는 팀장이 조직의 규모를 확장하려는 동기가 발생하지만, 아메바 조직에서는 각 손익팀이 직접 이익을 창출해야 하므로, 단순히 인력을 늘리는 것이 아니라 수익성을 고려한 조직 운영을 하게 된다.

예를 들어, 소프트웨어 솔루션 기업이 세 가지 제품을 운영한다고 가정해 보자. 이 경우, 기존의 기능 조직 방식에서는 모든 제품이 하나의 개발팀과 하나의 영업팀을 공유하는 구조를 가지게 된다. 반면, 아메바 조직을 도입하면 제품마다 독립적인 손익팀이 구성되며, 각 손익팀이 자체적으로 매출과 비용을 책임진다. 즉, 하나의 손익팀 안에 개발자, 영업 담당자, 고객지원 인력이 함께 존재하며, 팀 단위로 독립적인 운영을 하게 되는 것이다.

이러한 구조에서는 손익팀이 자체적으로 성과를 관리하고, 조직 내부에서 비효율적인 갈등이 줄어든다. 기능 조직에서는 개발팀과 영업팀이 서로 다른 목표를 가지고 일하지만, 손익팀에서는 각 구성원이 같은 목표를 공유하며, 매출을 증대하고 비용을 절감하는 방향으로 협력하게 된다.

아메바 조직이 효과적으로 운영되려면, 각 손익팀의 재무 성과를 추적할 수 있는 관리 회계 시스템이 필요하다. 교세라는 이러한 손익 관리 시스템을 구축하여 각 팀이 실시간으로 자신의 성과를 분석하고, 이를 바탕으로 독립적으로 의사 결정을 내릴 수 있도록 했다.

교세라는 손익팀 중심으로 조직을 운영하면서, 기업 내부에서도 시장 원리가 적용되는 구조를 만들었다. 즉, 손익팀 간에도 내부적으로 거래를 할 수 있도록 하여, 회사의 각 부문이 독립적인 사업체처럼 운영되도록 유도했다.

아메바 조직이 도입되면, 의사 결정 속도가 빨라지고 조직 운영이 더욱 유연해진다. 조직의 규모가 커질수록 운영이 복잡하지만, 아메바 조직에서는 각 손익팀이 자체적으로 운영되므로 복잡성을 효과적으로 관리할 수 있다. 또한, 직원들에게 동기부여가 더욱 쉬워진다. 손익팀의 성과가 팀원들에게 직접적인 영향을 미치므로, 직원들은 자신의 업무가 조직의 성공과 직결된다는 점을 보다 명확하게 인식할 수 있다.

결국, 아메바 조직은 기능 조직의 한계를 극복하고, 기업이 변화하는 환경 속에서도 유연하고 민첩하게 대응할 수 있도록 도와주는 운영 방식이다. 단순히 기업의 규모를 키우는 것이 아니라, 각 사업 단위가 독립적으로 성장할 수 있도록 구조를 설계하는 것이 중요하다. 기업이 지속적으로 성장하기 위해서는 기능 조직의 비효율성을 극복하고, 손익 중심의 운영 체계를 도입하여 조직을 유기적으로 운영해야 한다. 이를 통해 각 조직이 독립적으로 수익을 창출하며,

변화하는 시장 환경에 보다 효과적으로 대응할 수 있는 역량을 갖추게 된다.

예산을 수립할 때 주의할 점: 적게 약속하고 많이 달성하라

기업이 예산을 수립할 때, 가장 중요한 것은 현실적인 목표를 설정하고 이를 철저히 실행하는 문화를 만드는 것이다. 기업의 전략과 예산은 밀접하게 연결되어 있으며, 실행력이 뒷받침되지 않는 목표 설정은 조직 전체를 위험에 빠뜨릴 수 있다.

잭 웰치는 GE의 CEO로 재직할 당시, 스트레치 골(Stretch Goal)이라는 개념을 강조했다. 스트레치 골은 단순한 점진적 목표가 아니라, 기존의 사고방식을 벗어나 획기적인 방식으로 성과를 창출하도록 유도하는 목표 설정 방법이다. 많은 리더들은 직원들에게 높은 목표를 요구하고, 이를 통해 성과를 극대화하려 한다. 그러나 현실에서는 이러한 접근 방식이 항상 효과적인 것은 아니다. 과도하게 비현실적인 목표 설정은 조직 내부에서 강한 저항을 불러일으키며, 직원들은 이를 단순히 "더 많은 일을 요구하는 압박"으로 받아들일 수 있다.

스트레치 골을 설정하기 전에 반드시 "약속한 것을 완수하는 문화"가 조직 내에 자리 잡아야 한다. 강력한 실행력을 바탕으로 조직이 움직일 수 있을 때, 스트레치 골은 의미를 가진다. 조직의 기본적인 체력은 바로 "약속한 것을 실행하는 능력"이며, 이 원칙이 정착되지 않은 상태에서 무리한 목표를 설정하면 조직의 신뢰가 무너진다.

많은 관리자들이 직원들에게 "최선을 다해 보겠다"는 말을 듣는다. 하지만 이는 실제로 무엇을 약속하는 것인지 불명확한 답변이다. "확실히 약속할 수는 없지만, 열심히 해보겠다"는 말은 경영자 관점에서 가장 답답한 대답 중 하나다. 투자를 결정하고, 자원을 배분하는 입장에서 불확실한 약속만으로는 전략적인 의사 결정을 내릴 수 없다.

기업 문화에서 사소한 약속이라도 정확히 지키는 습관을 정착시키는 것이 중요하다. 실행의 중요성을 강조하면 조직은 자연스럽게 보수적으로 변하게 된다. 즉, 100을 할 수 있어도 80을 약속하는 문화가 정착되며, 이렇게 설정된 목표는 보다 안정적으로 달성될 가능성이 높아진다. 보수적인 목표 설정은 부정적인 것이 아니라, 조직 전체가 안정적으로 운영되기 위해 반드시 필요한 원칙이다.

특히, 기업 운영에서 한 부서의 약속이 지켜지지 않으면, 연쇄적인 피해가 발생한다. 신제품을 출시하는 프로젝트를 예로 들어보자. 개발팀이 신제품 출시 일정을 약속하면, 이 일정에 맞춰 마케팅팀은 광고 계약을 체결하고, 유통팀은 재고를 확보하며, 고객과의 사전 계약도 진행될 수 있다. 하지만 만약 개발 일정이 지연된다면, 모든 부서에 큰 혼란이 발생하며, 이는 단순한 일정 지연이 아니라 회사 전체의 손실로 이어질 수 있다.

매출 목표 설정도 마찬가지다. 예산 수립과 연결되는 매출 목표는 기업의 투자 계획과 직결되며, 높은 매출 목표를 설정하면 이에 맞춰 공격적인 투자가 진행된다. 그러나 만약 매출 목표 달성이 실패하면, 자금 유입이 예상보다 줄어들면서 현금 흐름이 악화되고, 기업은 극심한 재정적 압박을 받게 된다.

현실적인 매출 목표를 수립하지 않으면, 원래는 흑자를 유지하며 점진적으로 성장할 수 있었던 사업이 비효율적인 투자로 인해 적자로 전환될 위험이 크다. 예산 수립 시, 낙관적인 전망보다는 보수적인 접근이 필수적이며, 매출 목표를 현실적으로 설정해야 한다.

초보 경영자들이 흔히 하는 실수 중 하나는 "좋은 직원을 채용하면 매출이 자연스럽게 증가할 것"이라는 막연한 기대를 갖는 것이다. 그러나 현실은 그렇지 않다. 매출은 단순히 인력이 증가한다고 올라가는 것이 아니라, 철저한 시장 분석과 경쟁력 있는 제품, 그리고 명확한 판매 전략이 뒷받침될 때 달성할 수 있다.

기업을 운영할 때, 무리한 목표를 설정하고 이를 기반으로 예산을 수립하는 것보다, 현실적인 목표를 설정하고 이를 철저히 실행하는 것이 더 중요하다. 잭 웰치가 강조한 스트레치 골은 강한 실행력을 갖춘 조직에서 효과를 발휘하지만, 실행력이 부족한 조직에서는 오히려 조직 내 혼란을 초래할 가능성이 높다.

강한 조직은 약속한 바를 지키는 문화를 기반으로 운영되며, 이러한 실행 문화가 정착된 상태에서 스트레치 골을 적용해야 한다. 조직 내에서 무리한 목표를 설정하는 것이 아니라, 달성 가능한 목표를 설정하고 이를 초과 달성하는 문화를 정착시키는 것이 더 중요하다.

리더는 조직의 실행력을 강화하는 것이 우선이며, 그다음 단계에서 도전적인 목표를 설정하는 것이 효과적이다. 기업 운영에서는 크게 약속하고 지키지 못하는 것보다, 적게 약속하고 많이 달성하는 것이 훨씬 더 신뢰를 얻을 수 있는 방법이다. 특히 경영자는 조직 내 실행 문화를 강화하고, 목표 달성에 대한 책임감을 강조해야 하며, 직접 실천하는 모습을 보이며 조직의 신뢰를 구축해야 한다.

비즈니스 리더에게 중요한 덕목은 과장된 목표를 설정하는 것이 아니라, 현실적인 목표를 세우고 이를 철저히 실행하는 것이다. 현실적인 목표 설정을 통해 기업의 안정성을 유지하고, 점진적인 성장 전략을 실행하는 것이 장기적으로 기업을 성공으로 이끄는 핵심이다. 결국, 조직이 신뢰를 기반으로 운영될 때, 비로소 스트레치 골도 의미를 가지며, 도전적인 목표를 달성할 수 있는 기반이 마련된다.

예산 수립 시 매출 예측을 손쉽게 하는 방법

기업의 매출 계획을 수립할 때, 가장 흔히 발생하는 문제는 비현실적인 목표 설정과 상향식 목표 조정 과정에서 발생하는 비효율성이다. 사업팀장은 현실적으로 달성 가능한 매출 성장률을 예측하지만, 경영자는 회사 전체의 목표 달성을 위해 더 높은 목표를 요구한다. 이 과정에서 목표는 현실과 무관하게 점점 상향 조정되며, 결국 달성이 어려운 매출 계획이 만들어진다. 사업팀장은 이러한 압박 속에서 다시 팀원들에게 목표를 수정하도록 요구하고, 영업팀은 평가 기준이 되기 때문에 달성 가능성이 낮은 목표를 설정할 수밖에 없는 악순환이 반복된다.

이러한 방식으로 수립된 매출 계획은 "적게 약속하고 많이 달성하는" 원칙을 실천하기 어렵게 만든다. 경영진이 설정한 목표가 현실적인 데이터가 아니라 단순한 기대치에 기반해 상향 조정되면, 회사의 지출 계획도 이에 따라 과도하게 책정될 가능성이 높다. 이를 방지하기 위해서는 보다 객관적이고 논리적인 방식으로 매출을 예측하는 접근법이 필요하다.

현실적인 매출 예측을 위해서는 사업을 명확한 세그먼트로 구분하고, 각 세그먼트별로 신규 고객 획득과 기존 고객의 재구매 패턴을 분석해야 한다. 기업의 일상적인 운영 활동은 재구매 고객을 유지하는 활동과 신규 고객을 유치하는 활동으로 나뉘어야 하며, 이를 기반으로 매출 예측이 이루어져야 한다.

예를 들어, 보안 관리 소프트웨어를 연간 구독 모델로 제공하는 기업이 있다고 가정해 보자. 이 회사는 공공 부문과 민간 부문으로 주요 고객 세그먼트를 나누고 있으며, 모든 고객은 1년 단위로 재계약하도록 되어 있다. 이 경우, 연간 매출을 단순한 성장률 예측으로 접근하는 것이 아니라, 신규 고객 매출과 재구매 고객 매출을 별도로 분석하는 것이 필요하다.

이 회사의 최근 매출 데이터를 살펴보면, 공공 부문의 경우 2023년에 총 10억 원의 매출을 기록했다. 이 중 신규 고객이 차지하는 매출은 7억 원이었으며, 기존 고객의 재구매로 발생한 매출은 3억 원이었다. 이듬해인 2024년에는 매출이 전년 대비 20% 증가하여 12억 원을 기록했는데, 신규 고객 매출은 8억 원, 재구매 매출은 4억 원으로 나타났다.

민간 부문에서는 2023년 총 매출이 20억 원으로, 신규 고객이 16억 원, 재구매 고객이 4억 원을 각각 차지했다. 2024년에는 전년 대비 25% 증가한 25억 원의 매출을 달성했고, 신규 고객으로부터 발생한 매출은 20억 원, 재구매 고객으로부터는 5억 원이 발생했다.

이 데이터를 기반으로 2025년의 매출 목표를 설정할 때, 단순히 전년도의 전체 매출 성장률인 약 23.3%(2023년 30억 원에서 2024

년 37억 원으로의 증가)를 그대로 적용해 약 45억 6천만 원의 매출 목표를 세우는 것은 현실과 다소 동떨어진 예측이 될 가능성이 높다. 이렇게 전체적인 성장률만으로 매출 목표를 잡으면 시장 환경이나 고객의 특성을 충분히 반영하지 못하게 된다.

보다 현실적이고 정확한 예측을 위해서는 공공과 민간 각 부문에서 나타난 신규 고객 매출과 재구매 고객 매출을 별도로 분석하는 접근이 필요하다. 예를 들어 공공 부문의 경우, 2024년에 나타난 재구매율은 전체 매출 대비 약 33.3%로 나타났으며, 이를 유지한다고 가정할 때 2025년 예상 재구매 매출은 약 4억 원(2024년 매출 12억 원의 33.3%)이 된다. 또한 신규 고객 매출이 전년도와 비슷한 수준인 8억 원으로 유지될 경우, 공공 부문의 총 예상 매출은 약 12억 원으로 전년과 동일한 수준이 될 것으로 보인다.

민간 부문의 경우, 2024년 재구매율은 전체 매출의 20%였으며, 이를 유지한다고 가정할 때 예상되는 2025년 재구매 매출은 약 5억 원이다. 또한 신규 고객 매출 역시 2024년 수준인 20억 원을 유지한다고 가정하면 민간 부문의 총 예상 매출은 약 25억 원으로 역시 전년과 동일한 수준을 보일 것으로 예상된다.

이러한 분석을 통해 공공 부문과 민간 부문의 매출을 합산하여 2025년의 현실적인 전체 매출 목표를 설정한다면 약 37억 원으로 전년과 비슷한 수준이 될 것이다. 이는 전년도 성장률만 보고 단순히 목표를 높게 잡은 45억 6천만 원보다 시장의 상황을 더 정확히 반영한 수치라고 할 수 있다. 즉, 단순한 전년 대비 성장률을 기반으로 한 예측보다는 각 부문에서의 신규 고객 유치 가능성과 기존 고객의 재구매율을 꼼꼼히 따져본 뒤 현실적인 목표를 설정하는 것이 더욱 논리적이며 효과적인 전략이다. 빠르게 성장하는 시장에서는 신규 고객 확보 목표를 적극적으로 높여 잡을 수도 있겠지만, 그렇지 않은 경우 무리한 목표 설정보다는 기존 고객 관리나 서비스 향상을 통해 재구매 비율을 높이는 접근을 택하는 것이 보다 현실적이고 합리적인 방법이라 할 수 있다.

특히, 신규 고객 유치를 위한 투자 계획을 수립할 때도 데이터 기반의 접근이 필요하다. 예를 들어, 이 소프트웨어 회사가 신규 고객 유치를 위해 매출액의 5%를 인터넷 키워드 광고에 투자했다고 가정하자. 만약 인터넷 사용자 수가 증가하지 않고, 시장이 정체 상태라면, 같은 광고비를 투입하더라도 신규 고객 획득 수는 증가하지 않을 가능성이 높다. 따라서 자사의 신규 고객 유입 경로를 분석하고, 이를 기반으로 보다 현실적인 신규 매출 예측을 수행해야 한다.

재구매율을 유지하는 것도 중요한 요소다. 기존 고객 유지 활동이 적절하게 이루어져야, 재구매율이 떨어지지 않고 안정적인 매출 성장을 기대할 수 있다. 예를 들어, 고객이 서비스를 사용하면서 불만사항이 접수될 때 이를 신속하게 해결하는 프로세스가 마련되어 있는지, 고객 만족도를 높이기 위해 필요한 서비스 개선 활동이 이루어지고 있는지 점검해야 한다.

신규 매출과 재구매 매출을 구분하여 매출 예측을 수행하면, 매출 예측이 보다 현실적으로 수립될 뿐만 아니라, 기업의 운영 전략도 더욱 명확해진다. 신규 고객 획득이 어려운 경우, 기존 고객의 재구매율을 높이는 것이 더 효과적인 성장 전략이 될 수 있다.

재구매율이 높은 사업 모델은 장기적으로 더욱 안정적인 매출 성장을 보장한다. 반면, 신규 고객 매출에 의존하는 사업은 매출 증가가 불안정하며, 지속적인 마케팅 비용이 요구된다. 따라서 매출 구조에서 재구매 고객 비율을 증가시키는 방향으로 사업 모델을 조정하는 것이 장기적인 성장 전략으로 유리할 수 있다.

결국, 매출 예측을 단순한 성장률 계산이 아니라, 신규 고객과 재구매 고객의 비중을 고려한 논리적 접근법으로 수행하면, 경영자와 사업팀장 간의 목표 조율 과정에서도 보다 현실적인 대화가 가능해진다. 불확실한 직관을 기반으로 목표를 조정하는 것이 아니라, 실제 데이터와 시장 분석을 바탕으로 현실적인 매출 목표를 설정하고, 이를 기반으로 예산을 수립하는 것이 바람직한 경영 방식이다.

사업운영에서 혁신과 기존 사업의 자금 배분 결정

사업이 지속적으로 성장하고 변화하는 시장에서 경쟁력을 유지하려면 기존 사업을 안정적으로 운영하는 동시에, 새로운 사업 기회를 탐색하고 투자하는 전략적 균형을 유지해야 한다. 하지만 혁신을 추진하는 과정에서 가장 중요한 요소는 자금의 적절한 배분과 현실적인 사업 계획 수립이다.

램 차란의 《노하우로 승리하라》에서는 GE의 제프 이멜트가 2000년 GE의 CEO로 취임한 후, 어떻게 회사를 이끌었는지를 설명한다. 제프 이멜트는 GE의 미래 성장 동력을 찾기 위해 "드리밍 세션(Dreaming Session)"을 열었고, 크로톤빌 연수원에 고객사 임원, 업계 리더, 그리고 세계적인 석학들을 초청하여 향후 10년 동안 GE가 어떤 사업을 중심으로 성장해야 하는지를 논의했다.

이 과정에서 개도국의 인프라 구축, 환경 문제 해결을 위한 저탄소 배출 사업, 에너지 산업의 발전 가능성이 GE의 새로운 성장 기회로 떠올랐다. 이에 따라 GE는 기존의 인수합병(M&A) 중심의 성장 전략에서 벗어나, 기술을 직접 개발하고 유기적인 성장을 통해 매년 8%의 성장을 목표로 하는 전략을 세웠다.

GE와 같은 대기업이 연간 8%의 성장을 달성하려면, 매년 약 100억 달러(약 13조 원)에 달하는 추가 매출을 창출해야 하며, 이는 매년 포춘 500대 기업을 하나씩 새롭게 만들어 내는 것과 같은 수준의 도전적인 목표였다. 그러나 이는 단순한 이상적인 목표가 아니라, 드리밍 세션을 통해 철저하게 분석된 신흥 시장과 기술적 비전을 바탕으로 현실적인 계획을 수립한 결과였다.

제프 이멜트는 이 목표를 달성하기 위해 GE의 신용등급 AAA를 유지하면서도, 자본 수익률 20%, 영업이익률 20%를 달성하는 동시에 매출액 이상의 현금 흐름을 창출해야 한다는 원칙을 세웠다. 새로운 사업을 추진하는 과정에서 기존 주주들에게 지속적인 배당과 이익을 제공하는 두 자릿수 연간 주당 수익률 성장 목표는 일시적으로 포기할 필요가 있었다. 하지만 그는 이를 이사회, 애널리스트, 그리고 주주들에게 투명하게 설명하며 협력을 구했고, 결국 GE는 목표했던 8% 성장을 달성하며 다시 두 자릿수 주당 수익률을 회복할 수 있었다.

GE와 같은 대기업조차 새로운 사업을 추진할 때는 철저한 현금 흐름 관리와 현실적인 자금 계획이 필수적이다. 특히, 규모가 작은 기업이라면 더욱더 신중한 접근이 필요하다.

새로운 사업을 통해 성장을 계획할 때는, 그 사업에 필요한 자금이 어디서 조달될 것인지에 대한 계획이 명확해야 한다. 단순히 외부 자금 조달에 대한 막연한 기대만으로 사업을 시작해서는 안 된다. 기업 운영에서 가장 위험한 것은 현금 흐름의 부족이며, 이는 사업이 예상보다 더디게 성장할 경우 기존의 수익성 있는 사업에도 타격을 줄 수 있다. 실제로 많은 초기 기업들이 매출 성장 가능성이 충분함에도, 현금 부족으로 인해 도산하는 경우가 많다.

성공적인 기업 운영을 위해서는 기존 사업의 현금 흐름을 안정적으로 유지하면서, 신규 사업을 위한 자금 조달 계획을 철저하게 수립해야 한다. 신규 사업이 성장할 때까지 일정 기간 기존 사업의 이익이 이를 뒷받침해야 하는 경우가 많으며, 이 과정에서 무리한 투자는 기업 전체의 재무 건전성을 해칠 위험이 있다.

결국, 혁신과 성장은 신중한 재무 전략과 자금 배분을 통해 실현될 수 있다. 새로운 사업 기회를 포착하는 것도 중요하지만, 그 기회를 실행으로 옮기기 위해 필요한 자원과 자금 계획을 철저히 검토하는 것이야말로 성공적인 사업 운영의 핵심이다.

사업운영의 핵심 원리: 진솔한 대화

사업을 성공적으로 운영하기 위해 가장 중요한 원리는 솔직한 대화다. 조직 내에서는 의견과 사람을 분리하고, 내 생각이 틀릴 수도 있음을 인정하며, 다양한 관점을 수용하는 태도가 필요하다. 열린 토론과 대화를 통해 더 나은 방법을 찾고, 이를 회사의 최상층부터 하층까지 뿌리내리는 것이 필수적이다.

기업의 문화를 실적 중심으로 운영하는 것도 중요하지만, 현실을 직시하고, 이를 기반으로 계획을 세우고 강력하게 실행하는 문화가 자리 잡아야 한다. 이를 위해서는 조직 내에서 리더가 먼저 솔직한 현실을 받아들이고, 직원들이 운영 회의에서 있는 그대로의 상황을 이야기할 수 있도록 장려하는 것이 필수적이다.

"적게 약속하고 많이 달성하라"는 원칙을 실행하기 위해서는, 조직 내에 현실주의가 정착되어야 한다. 리더는 직원들이 현실적인 문제를 솔직하게 이야기할 수 있도록 분위기를 조성해야 하며, 직원들의 의견을 들을 때 감정적으로 반응하기보다는 충분히 경청하고 신중하게 판단해야 한다.

경영자의 머릿속에 있는 전략과 직원들이 실제로 인식하는 전략 사이에는 종종 큰 괴리가 존재한다. 아무리 원대한 전략이라도 직원들이 공감하지 않으면, 이는 단순한 공상에 불과하다. 조직 구성원 모두가 전략이 실현 가능하다고 믿고, 현실성이 있다고 느낄 때만이 실행할 수 있다.

기업의 운영 과정에서 전략 수립과 토론, 적절한 인력 배치와 평가, 그리고 현실적인 세부 운영 계획을 실행하기 위해서는 솔직한 대화라는 도구가 반드시 필요하다. 기업의 조직 문화는 단순히 공식적인 시스템이 아니라, 사람들이 어떻게 소통하고, 문제를 어떻게 해결해 나가는가에 따라 결정된다. 따라서 전략 리뷰, 운영 리뷰, 인사평가, 분기별 실적 평가와 같은 중요한 미팅에서 허심탄회한 대화가 이루어질 수 있도록 환경을 조성하는 것이 필수적이다.

리더는 직원들이 사장과 편하게 이야기할 수 있는 환경을 마련해야 한다. 직원들이 자신의 의견을 솔직하게 이야기할 수 있도록 만들려면, 경영자가 먼저 귀를 기울이는 태도를 보여야 한다. 대화가 제대로 이루어지기 위해서는 대화하는 방법부터 배워야 한다. 마음을 열고, 진심으로 경청해야 하며, 상대방에게 상처를 주지 않을 것이라는 믿음을 심어주어야 한다.

한 번이라도 경영자가 직원의 의견을 듣다가 면박을 주거나, 직원이 대화로 인해 불이익을 받는다면 조직 내에서는 진실을 이야기하는 것이 위험한 행동이라는 인식이 자리 잡게 된다. 그러면 이후에는 아무도 솔직한 의견을 내지 않으며, 조직은 점점 현실과 동떨어진 결정만을 하게 될 것이다.

진정으로 효과적인 대화를 하기 위해서는, 직원들의 이야기를 들은 후 즉흥적으로 답변하기보다는 그들이 이야기하는 배경을 깊이 생각해 보아야 한다. 그 속에서 통찰력을 발견하고, 근본적인 해결책을 숙고해야 한다.

직원들에게 질문을 던짐으로써, 그들이 스스로 해결책을 발견할 수 있도록 유도하는 것도 중요하다. 조직 내에서 진실이 자유롭게 돌아다니는 환경을 만드는 것은 사장과 조직 내 리더들의 책임이다. 경영진과 리더들은 직원들에게 먼저 다가가 관심을 기울이고, 그들과 자연스럽게 이야기할 수 있는 자리를 마련해야 한다.

직원들이 하는 일에 진심으로 관심을 가지고 맞장구치고, 질문을 던지며, 격려하고 응원해야 한다. 또한, 더 깊이 고민할 수 있도록 적절한 질문을 던지고, 스스로 해결책을 찾을 수 있도록 지원하는 것이 중요하다. 궁극적으로, 기업의 운영은 단순한 명령과 지시가 아니라, 조직 전체가 함께 고민하고 성장하는 과정이어야 한다. 그러한 환경을 만들기 위해서는, 무엇보다도 진솔한 대화가 핵심이 되어야 한다.

4

혁신

뛰어난 혁신가란 누구인가?

기업 경영에서 혁신이란 단순히 새로운 것으로 탈바꿈하는 개념이 아니라, 기업이 고객에게 가치 있는 제품과 서비스를 개발하여 지속적인 성장 동력을 확보하는 과정을 의미한다. 창업 초기부터 가장 먼저 고민해야 하는 것도 혁신이며, 기업이 지속적으로 성장하려면 끊임없는 혁신이 필요하다. 따라서 경영자는 직접 뛰어난 혁신가가 되거나, 뛰어난 혁신가를 찾아서 조직 내에 영입해야 한다.

혁신가는 단순히 창의적인 아이디어를 내는 사람이 아니다. 기업의 성장을 이끄는 새로운 제품과 서비스를 개발하고, 이를 통해 지속적으로 수익을 창출하는 경제적인 사업 모델을 만들어내는 사람이다. 뛰어난 혁신가는 몇 가지 중요한 역량을 갖추고 있어야 한다.

가장 중요한 것은 고객 가치에 대한 깊은 이해다. 혁신가는 자신이 개발하는 제품과 서비스가 고객에게 어떤 가치를 제공하는지 명확히 설명할 수 있어야 하며, 단순한 기술적 발전이 아니라 소비자의 니즈를 충족하는 솔루션을 제공하는 것이 핵심임을 이해해야 한다. 스스로 고객의 대변자로서 소비자의 시각을 갖추고 있으면서도, 공급자의 시각 또한 동시에 유지해야 한다. 즉, 고객이 원하는 가치를 제공하기 위해 기업이 확보해야 할 자산, 필요한 능력, 최적의 프로세스를 통찰할 수 있어야 하며, 이를 실현하기 위한 비용 구조를 이해하고 있어야 한다. 또한, 다양한 전문가들과 협력하며, 고객이 원하는 가치를 그들의 언어로 설명할 수 있는 역량이 필수적이다.

혁신가는 수익 모델에 대한 깊은 이해도 필요하다. 고객에게 좋은 제품과 서비스를 제공하는 것만으로는 지속 가능한 사업을 만들 수 없다. 혁신가는 기존의 단순한 판매 모델 외에도 다양한 수익 창출 방식을 알고 있어야 하며, 이를 기반으로 지속적인 성장을 유도해야 한다.

애플은 아이폰을 판매하는 것뿐만 아니라, 앱스토어라는 생태계를 구축하여 애플리케이션이 판매될 때마다 일정한 수익을 창출하는 모델을 설계했다. 또한, 애플의 뮤직스토어에서는 음반업체들이 음악을 판매할 때마다 일정한 수수료를 수익으로 가져간다. 이를 통해 고객에게 다양한 음악과 애플리케이션을 사용할 수 있는 가치를 제공하면서도, 지속적인 수익을 확보하는 구조를 만들었다.

비디오 게임 시장에서도 유사한 전략이 활용된다. 닌텐도, 소니, 마이크로소프트는 게임 콘솔을 낮은 가격에 판매하면서, 소프트웨어 판매를 통해 수익을 창출한다. 게임 개발자들은 판매된 카피당 일정한 수익을 플랫폼 제공자와 나누며, 플랫폼 기업들은 이를 통해 생태계를 강화한다.

마이크로소프트는 윈도를 전 세계 개인용 컴퓨터의 표준운영체제로 자리 잡게 했으며, 이를 기반으로 개발자들이 윈도 기반의 소프트웨어를 제작하도록 유도하며 수익을 창출했다. 즉, 하나의 사업 내에서도 다양한 방식으로 수익을 창출할 수 있는 구조를 설계하는 것이 혁신가의 핵심 역량 중 하나다.

혁신가는 또한 경쟁 우위의 개념을 정확히 이해하고 있어야 한다. 뛰어난 제품과 서비스, 효과적인 수익 모델이 있더라도 쉽게 모방당할 수 있다면 사업을 지속적으로 유지하기 어렵다. 경쟁 우위는 공급 측면과 수요 측면에서 모두 고려해야 하며, 규모의 경제를 통한 경쟁 우위 확보 전략 또한 필수적으로 이해해야 한다.

소프트웨어 시장에서 고객이 제품을 익히는 데 많은 시간이 걸리는 경우, 자연스럽게 전환 장벽(Switching Cost)이 생긴다. 고객이 새로운 소프트웨어를 배우는 데 드는 시간이 부담으로 작용하기 때문에, 다른 제품으로 이동하는 것이 쉽지 않다.

브랜드 역시 강력한 경쟁 우위를 형성하는 요소다. 지속적인 광고와 마케팅을 통해 소비자들에게 인지도를 높이고, 선호도를 형성하면 경쟁업체가 쉽게 따라잡을 수 없는 시장 지배력을 갖추게 된다. 반면, 제조업에서는 뒤늦게 진입한 경쟁자가 더 우수한 기술과 낮은 원가로 시장을 장악하는 경우도 있다. 기존 업체가 오래된 기술을 바탕으로 제품을 생산하는 반면, 새로운 업체는 최신 장비와 혁신적인 제조 공정을 활용할 수 있기 때문이다.

혁신가는 새로운 아이디어를 지속적으로 접할 수 있는 네트워크를 구축하고 있어야 한다. 스스로 창의적인 아이디어를 내는 능력도 중요하지만, 끊임없이 변하는 기술과 소비자 트렌드를 빠르게 학습하고 적용할 수 있는 능력이 더 중요하다. 이를 위해 업계 전문가, 소비자, 연구 기관 등과의 관계를 형성하고, 아이디어가 자연스럽게 흐를 수 있는 환경을 조성해야 한다.

또한, 혁신가는 비즈니스 전반에 대한 이해가 필수적이다. 혁신은 단순한 기술 개발이 아니라 새로운 사업을 만드는 과정이기 때문이다. 이를 위해서는 전략, 인사, 운영 등 조직 전반을 관리할 수 있는 역량이 필요하며, 혁신적인 아이디어를 실제로 실행에 옮길 수 있는 능력이 필수적이다. 뛰어난 혁신가는 자신의 부족한 역량을 파악하고, 이를 보완할 수 있는 전문가와 협력할 줄 아는 능력을 갖추고 있다.

따라서 혁신가는 파괴적 혁신(Disruptive Innovation)의 개념을 직관적으로 이해하고 있어야 한다. 기존 산업이 기술 발전으로 인해 어떻게 변화하는지를 파악하고, 새로운 혁신을 주도할 수 있는 기회를 포착해야 한다. 산업이 지나치게 성숙하면 오버슈팅(Over-Shooting) 현상이 발생할 수 있으며, 이때 혁신가는 기존의 방식이 아닌 완전히 새로운 접근 방식을 통해 시장을 변화시킬 수 있는 전략을 수립해야 한다.

마지막으로, 혁신가는 뛰어난 학습 능력과 불굴의 의지를 갖추고 있어야 한다. 새로운 아이디어를 연구하고 실행하면서 실패를 경험할 수도 있지만, 이를 통해 지속적으로 학습하고 성장할 수 있는 태도가 필수적이다. 혁신가는 성공과 실패를 반복하면서 시장과 사업에 대한 직관을 점점 더 발전시키며, 결국에는 시장을 변화시키는 주체가 된다.

혁신가는 단순히 새로운 아이디어를 내는 사람이 아니라, 이를 사업으로 연결하고 경제적 가치를 창출하는 사람이다. 기술은 그 자체로는 아무런 가치가 없으며, 좋은 비즈니스 모델과 결합될 때 비로소 시장에서 의미를 가진다. 헨리 체스브로가 《오픈 이노베이션》에서 주장했듯이, 기술을 비즈니스 모델과 연결할 수 있는 능력이야말로 혁신가의 핵심 역량이다.

또한, 혁신가는 자신에게 부족한 역량을 채울 수 있는 팀을 구성하는 리더십을 갖추어야 한다. 스스로 모든 것을 해결하려 하기보다는, 필요한 인재를 찾아 협력하고, 조직 내에서 최적의 역할 분배를 할 수 있는 능력이 더욱 중요하다. 무엇보다도, 고객의 관점에서 가치를 창출하는 것이 무엇인지 깊이 고민하며, 소비자와 공급자의 관점을 동시에 고려하는 것이 혁신의 핵심이다.

혁신가는 모순되는 목표를 동시에 추구한다

진정한 혁신은 기존의 상식과 통념을 뛰어넘어 A 또는 B라는 이분법적 사고에서 벗어나, A와 B를 동시에 추구하는 사고방식에서 시작된다. 혁신적인 아이디어는 표면적으로 모순되어 보이는 목표를 동시에 달성하려 할 때 탄생한다.

20세기 초반, 자동차는 부유층만이 소유할 수 있는 사치품이었다. 하지만 헨리 포드는 기존의 통념에 도전하며 질문을 던졌다. "보통 사람도 급여로 자동차를 살 수 있을 정도로 저렴한 자동차를 만들 수 없을까?" 자동차는 고급 소비재이며, 생산비가 높아질 수밖에 없다는 당시의 사고방식을 거부했다. 그는 대량 생산 방식을 혁신적으로 도입하여 개당 원가를 획기적으로 낮추었고, 이를 통해 자동차의 가격을 지속적으로 인하할 수 있었다. 결국 포드는 중산층도 탈 수 있는 저렴한 자동차를 만들어내며, 자동차 산업의 대중화를 이끌었다.

사진 산업에서도 비슷한 사례를 찾을 수 있다. 초기 사진 인화 기술은 복잡한 절차가 필요했으며, 전문가의 전유물이었다. 그러나 코닥은 이를 뒤집고, "저렴하고 누구나 쉽게 사용할 수 있는 카메라와 인화 방법은 없을까?"라는 질문을 던졌다. 그 결과, 코닥은 1달러짜리 카메라를 판매하고, 사용자가 카메라를 본사로 보내면 인화된 사진과 함께 새로운 필름이 장착된 카메라를 다시 보내주는 서비스를 제공했다. 이 혁신적인 아이디어는 일반인들이 저렴한 비용으로 가족과의 추억을 사진에 담을 수 있도록 하며, 사진 산업을 대중화하는 데 결정적인 역할을 했다.

혁신을 이루는 과정에서 중요한 것은 고착된 사고방식에서 벗어나 모순되는 목표를 동시에 해결하려는 접근법을 취하는 것이다. 기존의 논리로는 양립할 수 없는 것처럼 보이는 목표들을 동시에 달성하려고 시도할 때, 기존과는 완전히 다른 혁신적인 아이디어가 탄생할 수 있다.

오늘날 기업들은 기존의 패러다임을 깨고, 모순된 목표를 동시에 충족시키는 새로운 해결책을 찾아야 한다. 어떤 문제가 쉽게 해결되지 않는다면, 전통적인 해결 방식의 한계를 넘어서는 새로운 접근이 필요하다. 창의적인 사고는, 기존의 통념을 뒤흔드는 모순적인 질문에서 시작된다.

파괴적 혁신 이론

경영학에서 파괴적 혁신(Disruptive Innovation) 이론은 하버드 경영대학원의 클레이튼 크리스텐슨 교수가 제시한 개념으로, 성공한 기업이 어떻게 작은 신생 기업에게 밀려나 시장에서 도태되는가를 설명하는 강력한 이론이다. 크리스텐슨은《성공기업의 딜레마》, 《성장과 혁신》, 《미래기업의 조건》에서 파괴적 혁신의 개념을 설명하며, 왜 기존의 강력한 기업들이 신생 기업의 도전에 무너지는지를 분석했다.

파괴적 혁신은 기존 시장에서 점진적인 성능 향상을 추구하는 "존속적 혁신(Sustaining Innovation)"과 대비되는 개념이다. 존속적 혁신은 이미 자리 잡은 시장에서 고객의 요구를 충족시키기 위해 기존 제품과 서비스의 성능을 향상하는 것을 의미한다. 일반적으로 고객은 더 좋은 성능을 원하고, 기업은 이에 맞춰 더 빠른 속도, 더 높은 품질, 더 많은 기능을 추가하며 기술적 발전을 이루어 간다.

파괴적 혁신에는 로우엔드 혁신(Low-End Disruption)과 신시장 혁신(New-Market Disruption) 두 가지 형태가 존재한다. 예를 들어, 개인용 컴퓨터(PC) 시장의 초기에는 CPU 속도와 메모리 용량이 고객이 요구하는 수준에 미치지 못했기 때문에 지속적인 성능 향상이 필요했다. 이에 따라 인텔과 AMD 같은 반도체 기업들은 계속해서 성능을 개선하는 방향으로 기술 개발을 진행했다. 디지털카메라 시장에서도 고객들은 더 높은 화소와 더 큰 저장 용량을 원했으며, 기업들은 이에 맞춰 제품을 개선하는 경쟁을 벌였다. 존속적 혁신은 비교적 예측 가능하며, 기술 개발에 대한 투자도 계획적으로 이루어질 수 있다. 이러한 혁신은 일반적으로 대기업들이 주도하는 경우가 많다.

그러나 파괴적 혁신은 기존 고객의 성능 요구를 충족하는 것이 아니라, 현재 이용 가능한 제품보다 성능이 떨어지는 제품과 서비스를 시장에 도입하는 방식으로 기존 시장의 질서를 재편한다. 파괴적 기술은 초기에는 기존 제품보다 성능이 낮지만, 다른 강점을 보유하고 있으며, 새로운 고객층을 공략하거나 덜 까다로운 고객들에게 어필할 수 있도록 설계된다.

예를 들어, 필름카메라가 주류였던 시절, 디지털카메라는 처음에는 화질이 떨어지고 저장 용량도 적었지만, 인화 과정 없이 즉시 사진을 확인할 수 있고, 필름 비용이 들지 않는다는 장점이 있었다. 결국, 디지털카메라는 점차 개선되면서 필름카메라를 완전히 대체하게 되었다.

비슷한 사례로, 구글 오피스는 마이크로소프트 오피스에 비해 기능이 단순하고 성능이 떨어졌지만, 저렴한 비용, 클라우드 저장 기능, 공동 작업이 가능하다는 장점을 제공하며 기존의 오피스 시장에 변화를 가져왔다.

파괴적 혁신이 기존 기업들에게 위협이 되는 이유는 이러한 혁신이 처음에는 시장의 하단 부분, 즉 기존 고객 중 가격 민감도가 높은 고객들을 새로운 기술이나 프로세스를 이용해 저렴한 가격으로 공략하기 때문이다. 기존의 경쟁 기업들은 수익성이 낮은 저가 시장을 무시하는 경우가 많기 때문에, 새로운 진입 기업이 이 시장에서 점유율을 확보하며 점차 시장 상단으로 올라오는 전략을 취한다.

성공적인 기존 기업들은 주로 기존 시장의 충성 고객들을 위해 더 높은 성능을 제공하는 전략을 선택한다. 이들은 일반적으로 가장 높은 프리미엄을 지불할 의사가 있는 고객층에 초점을 맞추며, 기술적으로 완벽한 제품을 제공하는 데 집중한다. 반면, 파괴적 혁신 기업은 기존 기업들이 무시하는 저소득층 고객이나 새로운 소비층을 대상으로 하며, 성능이 다소 낮더라도 저렴하고 편리한 제품을 제공하는 방식으로 시장에 침투한다.

초기에는 기존 기업들이 이러한 시장을 매력적으로 보지 않지만, 파괴적 혁신 기업이 기술력을 점점 강화하고, 제품의 성능이 기존 제품과 경쟁할 만큼 발전하면, 기존 시장의 핵심 고객층까지 빼앗게 된다.

자동차 산업에서 테슬라의 사례는 "파괴적 혁신"의 대표적 예로 손꼽힌다. 테슬라는 초창기 전기차 시장에서 내연기관 자동차에 비해 주행거리, 속도, 충전 인프라 등에서 명확한 한계를 보였지만, 초기에는 주요 자동차 제조사들의 관심에서 벗어난 틈새시장을 공략하면서 점차 경쟁력을 키웠다. 현재 테슬라의 전기 자동차는 빠르게 기술적 약점을 극복해나가며 기존의 가솔린 및 디젤 자동차의 시장을 본격적으로 잠식하기 시작했다.

여전히 충전 속도나 인프라 부족 같은 해결 과제가 존재하지만, 테슬라의 전기차는 뛰어난 가속력, 조용한 주행, 쉬운 유지보수와 친환경성을 내세워 기존 자동차 산업의 경쟁 기반을 근본적으로 바꾸고 있다. 이처럼 전기차가 기존의 내연기관 차량을 빠르게 대체할 가능성이 점점 현실화되면서, 자동차 산업 전체의 구조적 전환이 이루어지고 있다.

철강업계에서도 대표적인 파괴적 혁신 사례로 누코가 있다. 누코는 기존의 대형 종합제철소가 생산하던 고품질 철강이 아닌, 전기로를 활용한 저가 철강 제품을 생산하면서 시장에 진입했다. 초기에는 수익성이 낮은 저가 시장을 공략했지만, 점차 기술을 발전시키면서 더 높은 품질의 철강을 생산하게 되었고, 기존의 대형 제철소들의 시장을 잠식했다.

소프트웨어 업계에서도, 클라우드 기반 서비스가 기존의 패키지 소프트웨어를 대체하는 현상이 나타나고 있다. 과거에는 기업들이 개별적으로 소프트웨어를 구매하고 설치하는 방식이 일반적이었지만, 클라우드 서비스가 발전하면서 필요할 때만 비용을 지불하고 사용하는 구독 모델이 대세가 되었다.

파괴적 혁신은 단순한 기술 변화가 아니라, 산업 구조 자체를 변화시키는 강력한 힘이다. 기존 기업들은 성능 경쟁에 집중하지만, 결국 고객이 원하는 것은 기술의 발전이 아니라, 더 나은 경험과 편의성이다. 이 변화를 감지하고 대비하는 기업만이 새로운 시장을 선점하고 지속적인 경쟁력을 유지할 수 있다.

결국, 파괴적 혁신의 핵심은 기존의 패러다임에서 벗어나, 고객이 실제로 원하는 것을 찾아내는 데 있다. 기존 기업들이 놓치는 기회를 파악하고, 새로운 방식으로 접근하는 것이 시장을 변화시키는 가장 강력한 방법이다.

파괴적 혁신 이론으로 산업의 진화 살펴보기

파괴적 혁신 이론은 산업 생태계의 진화를 이해하는 데 중요한 통찰을 제공한다. 자동차 산업과 개인용 컴퓨터 산업을 예로 들면, 초기에는 대규모 제조업체가 중심이 되어 산업을 주도하고, 시간이 지나면서 점점 더 많은 부품 제조업체들이 등장하며 산업 생태계가 변화한다. 개인용 컴퓨터 시장에서는 마이크로소프트와 같은 운영체제 공급업체, 인텔과 AMD 같은 CPU 제조업체, 그리고 다양한 컴퓨터 부품 제조업체들이 형성되었다. 초기 산업 단계에서는 부품 공급망이 정비되지 않아 주요 기업들이 제품을 직접 설계하고 생산하지만, 시간이 지나면서 점차 모듈화된 생태계로 전환된다.

신생 산업이 등장하면, 초기에는 고객의 성능 요구를 충족할 만큼 기술이 충분하지 않다. 따라서 통합적인 설계를 통해 제품을 생산하는 방식이 주류가 된다. 자동차 산업의 초기 단계에서 포드는 타이어, 핸들, 엔진 등 자동차의 거의 모든 부품을 자체적으로 개발하고 생산했다. 이처럼 산업이 태동하는 시기에는 독립적인 부품 공급업체가 존재하지 않거나, 원하는 품질과 비용을 충족할 수 있는 업체가 없기 때문에, 기업들은 상호의존적인 구조로 운영되었다.

이러한 통합적인 접근 방식은 제품의 성능을 극대화하는 데 유리하지만, 시간이 지나면서 기술이 발전하고 시장이 성숙하면 오히려 한계가 나타난다. 고객들은 단순한 성능 개선을 넘어 사용 편의성과 제품의 다양성을 요구하게 된다. 기존의 통합적인 기업들은 고객 요구 변화에 적응하기 어렵고, 지나치게 복잡한 운영 방식이 오히려 경쟁력을 떨어뜨린다.

자동차 산업에서 포드는 처음에 자동차의 모든 부품을 자체 생산했지만, 시장이 성숙하면서 부품을 외부 공급업체로부터 조달하는 방식으로 변화했다. 마찬가지로 휴대폰 시장에서도 초기에는 제조사가 하드웨어와 운영체제를 통합적으로 개발했지만, 스마트폰이 보편화되면서 모듈화된 생태계가 등장했다.

특히, 애플이 아이폰을 출시하기 전까지 휴대폰 제조업체들은 운영체제와 애플리케이션을 통합적으로 제공하며, 폐쇄적인 생태계를 유지했다. 그러나 애플은 iOS를 기반으로 앱스토어를 개방하며 사용자 경험과 개발자 생태계를 모듈화했다. 이에 따라 고객들은 다양한 애플리케이션을 선택할 수 있었고, 이는 스마트폰의 확산을 가속화했다.

기존 기업들은 고객 요구의 변화가 단순한 성능 향상을 넘어 다양성과 사용 편의성으로 이동하고 있음을 인식하지 못하고, 여전히 성능 향상 경쟁에만 집중하는 경향이 있다. 하지만 새로운 경쟁자가 고객의 요구 변화에 맞춰 모듈화된 제품을 제공하면, 기존 기업들은 경쟁력을 잃고 시장에서 도태될 가능성이 커진다.

산업이 모듈화되면, 특정 부품이나 모듈을 담당하는 업체들이 점차 중요한 역할을 하게 된다. 하드웨어와 소프트웨어를 통합적으로 설계했던 애플과 달리, 구글은 안드로이드 운영체제를 독립적인 모듈로 제공하며 스마트폰 제조업체들이 자유롭게 사용할 수 있도록 했다. 이를 통해 삼성, 화웨이, 샤오미 등 다양한 제조업체들이 안드로이드를 기반으로 스마트폰을 생산하며, 스마트폰 시장의 경쟁 구조를 크게 변화시켰다.

모듈화가 자리 잡으면 일부 핵심 모듈을 담당하는 기업들이 시장의 주요 수익을 차지하는 현상이 나타난다. 이를 "만족스러운 수익 보존의 법칙"이라 부른다. 예를 들어, 개인용 컴퓨터 시장에서 IBM은 하드웨어와 운영체제를 모듈화하며, 각각의 기능을 외부 업체에 맡겼다. 하지만 운영체제는 마이크로소프트가, CPU는 인텔이 담당하면서, 결국 PC 시장의 핵심 수익은 이 두 회사로 집중되었다.

이처럼 모듈화된 산업에서 어떤 모듈을 선택하여 사업을 해야 할지를 신중하게 결정해야 한다. 중요한 것은, 고객이 지속적으로 성능 향상을 원하는 핵심 모듈을 선택하는 것이다. 성능 향상이 필수적인 모듈을 담당하는 기업들은 장기적으로 강력한 경쟁력을 유지할 수 있으며, 이는 전체 시스템에서 높은 수익을 창출하는 기반이 된다.

애플이 아이폰을 통해 스마트폰 시장을 개척했지만, 안드로이드 진영은 모듈화된 접근 방식을 통해 더 빠른 속도로 시장을 장악하고 있다. 애플이 소수의 제품 라인을 통해 시장을 유지하는 반면, 안드로이드는 수많은 스마트폰 제조업체가 다양한 제품을 실험하고 출시할 수 있도록 지원하는 방식을 선택했다.

현재의 스마트폰 시장을 보면, 초기 개인용 컴퓨터 시장과 유사한 패턴이 나타난다. 스마트폰이 처음 등장했을 때는 성능이 부족했고, 운영체제와 하드웨어가 밀접하게 연관된 형태였다. 하지만 기술이 발전하면서, 운영체제와 하드웨어가 분리되는 모듈화 과정이 진행되고 있다.

이러한 산업의 변화를 예측하고, 어떤 모듈이 지속적으로 성능 향상을 필요로 하는지를 분석하는 것이 중요하다. 산업이 모듈화되면, 소비자가 원하는 핵심 기능을 담당하는 모듈이 시장의 주도권을 가지게 된다.

컴퓨터 통신 산업을 통해서 바라본 파괴적 혁신 이론 사례

2000년대 인터넷 붐이 지나간 후, 한자리에 모인 업계 사람들은 빠르게 변화하는 국내 인터넷 시장을 회고하며, 개인용 컴퓨터 통신(Personal Computer Communication) 시절을 향수처럼 떠올렸다. 인터넷이 보급되기 전, 천리안, 하이텔, 나우누리와 같은 개인용 컴퓨터 통신 서비스는 모뎀을 이용해 접속하는 방식으로 운영되었으며, 사용자는 커뮤니티를 형성하고 다양한 콘텐츠를 소비했다. 이들은 정액제 모델을 기반으로 한 사업 구조를 유지하며, 당시로써는 획기적인 온라인 서비스를 제공했다.

개인용 컴퓨터 통신 업계가 급성장하던 시기, 고객 수는 십만 단위에서 백만 단위로 폭발적으로 증가했고, 이러한 성장세는 업계에 거대한 자신감을 심어주었다. 하지만 인터넷 시대가 도래하면서 기존의 사업 모델이 빠르게 붕괴되기 시작했다. 각 통신 회사들은 인터넷 환경에 어떻게 적응해야 할지 고민했지만, 막상 방향을 찾지 못한 채 끊임없는 내부 논의만 지속되었고, 변화의 흐름을 목격하면서도 결정적인 대응을 하지 못했다.

이 업계에서 오래 근무했던 사람들에게, "만약 미래를 정확히 예측하는 사람이 있었다면, 개인용 컴퓨터 통신이 인터넷 시대에 적응하여 살아남을 수 있었을까?"라는 질문을 던졌을 때, 그들의 대답은 놀라웠다. "아마도 상황은 똑같았을 것이다." 기존 사업이 지나치게 성공적이었기 때문에, 설령 변화의 흐름을 감지했더라도 조직의 관성 때문에 결국 인터넷 혁신에 적절히 대응할 수 없었을 것이라는 대답이 돌아왔다.

이것이 바로 파괴적 혁신 이론과 RPV 이론이 그대로 적용되는 사례다. 크리스텐슨의 RPV 이론에 따르면, 기존 기업이 가진 자원(Resource), 업무 절차(Process), 그리고 가치(Value)가 특정한 방식으로 고착되면, 새로운 사업 모델을 도입하는 것이 극도로 어려워진다.

개인용 컴퓨터 통신 서비스는 당시 300만 명 이상의 사용자를 확보하며 성공을 거두었고, 사용자는 커뮤니티 활동을 즐기고, 경매와 성인 콘텐츠를 이용하며, 유료 콘텐츠에 기꺼이 돈을 지불했다. 현재의 인터넷 환경과 비교해 보면, 단지 플랫폼과 형식이 변했을 뿐, 사용자의 기본적인 행동 패턴은 거의 동일하다.

그러나 기존의 개인용 컴퓨터 통신 업체들은 인터넷을 유료 서비스 모델에 적합하지 않은 기술로 간주했다. 인터넷의 콘텐츠 품질은 떨어졌고, 수익 모델도 명확하지 않았으며, 보안과 결제 시스템의 취약성 등 해결해야 할 문제들이 많았다. 대부분의 콘텐츠 공급업체들도 인터넷이 과연 지속 가능한 비즈니스 모델이 될 수 있을지 확신하지 못했다.

반면, 사용자로서 인터넷은 훨씬 더 편리하고 저렴한 파괴적 기술이었다. 인터넷은 시간이 지나면서 보안 문제와 결제 시스템의 문제를 해결했고, 개인용 컴퓨터 통신이 제공하던 가치를 더 높은 수준에서 충족시키기 시작했다. 기존의 통합적인 서비스 모델에서 벗어나, 인터넷을 활용한 경매, 쇼핑몰, 전문 커뮤니티, 검색 포털 등 새로운 사업들이 빠르게 성장했다.

개인용 컴퓨터 통신이 제공하던 서비스가 인터넷 기술을 통해 모듈화된 방식으로 재편되었고, 결국 하이텔과 데이콤이 누리던 시장을 NHN과 다음 같은 인터넷 기업들이 장악했다.

이 과정에서 기존 통신업체들이 단순히 변화의 흐름을 보지 못해서 실패한 것이 아니라, 이미 구축된 사업 관행과 가치 네트워크에 의해 새로운 혁신을 수용할 수 없었던 것이 더 중요한 문제였다.

그렇다면 현재 NHN과 다음이 맞이할 다음 세대의 파괴적 기술은 무엇일까? 지금의 네이버와 카카오가 과거 개인용 컴퓨터 통신업체들이 인터넷의 등장에 적절히 대응하지 못했던 것처럼, 새로운 파괴적 혁신 앞에서 비슷한 위기를 겪을 가능성은 없는가?

이미 차세대 파괴적 혁신 기술은 우리 곁에 등장했을지도 모른다. 기존 기업들이 자신들의 강점에만 집중하면서 새로운 기술을 저평가하는 순간, 다음 세대의 혁신 기업들은 조용히 성장하고 있을 것이다.

파괴적 혁신 이론이 기업 경영자에게 주는 의미

파괴적 혁신 이론은 기업 경영자에게 산업이 변화하는 양상과 기업이 어떤 방식으로 혁신해야 하는지를 설명하는 강력한 프레임워크를 제공한다. 단순한 경영 전략이 아니라, 산업 생태계가 시간이 흐르면서 어떻게 진화하는지를 분석할 수 있는 도구다. 경영자는 늘 변화의 흐름 속에서 의사 결정을 내려야 하지만, 때로는 너무 강한 시장의 흐름에 휩쓸리거나, 기존의 성공 방식에 사로잡혀 혁신의 타이밍을 놓치기도 한다.

예를 들어, 인터넷이 등장하던 시절에 누군가 개인용 컴퓨터 통신 사업을 시작하기로 결정했다고 가정해 보자. 당시 인터넷의 급속한 확산을 고려하면, 개인용 컴퓨터 통신 사업은 곧 도태될 가능성이 높았다. 이는 단순히 개별 기업의 전략 실패가 아니라, 산업이 변화하는 거대한 흐름 속에서 피할 수 없는 현상이었다. 변화의 소용돌이는 거대한 폭풍과 같아서, 아무리 뛰어난 전략을 가진 선장이라도 폭풍을 제대로 예측하지 못하면 배가 침몰할 수밖에 없다.

산업의 변화 과정을 분석하면, 크리스텐슨의 파괴적 혁신 이론이 얼마나 뛰어난 통찰력을 제공하는지 알 수 있다. 기존의 많은 경영 이론은 성공한 기업을 분석하고, 그들이 공통적으로 가진 특징을 뽑아내어 일반적인 성공 법칙으로 제시하는 방식이다. 예를 들어, "성공하는 기업의 여덟 가지 법칙"과 같은 이론은 방대한 데이터를 기반으로 기업들의 성공 요소를 분석하지만, 문제는 이러한 법칙이 개별 기업이 처한 환경과 시장 상황을 고려하지 않는다는 점이다.

경영 이론이 실제 현장에서 유용하려면, 개별 기업이 처한 상황을 고려한 이론이어야 한다. 크리스텐슨은 기존의 특징 기반 경영 이론이 가진 문제점을 지적하며, 각 산업이 변화하는 과정을 설명하는 상황 기반 이론을 연구했다.

파괴적 혁신 이론이 기업 경영자에게 주는 가장 큰 가치는, 현재의 시장에서 어떤 부분이 변화할 가능성이 있으며, 어디에서 새로운 기회를 찾을 수 있는지를 예측할 수 있도록 돕는다는 점이다.

만약 기업이 규모가 작고, 사업을 이제 시작하는 단계라면 파괴적 혁신을 활용하는 것이 유리하다. 기존 기업들은 이미 시장에서 강력한 위치를 점하고 있으며, 프리미엄 고객을 절대 놓치려 하지 않는다. 하지만, 대부분의 기존 기업은 수익성이 낮은 세그먼트나 아직 검증되지 않은 기술에는 큰 관심을 기울이지 않는다.

작은 기업이 기존 기업들과 직접 경쟁하지 않고 성장하기 위해서는, 기존 기업들이 무시하는 시장을 공략해야 한다. 초기에는 수익성이 낮을 수 있지만, 새로운 기술을 활용하여 시장을 공략하고, 점진적으로 성장하는 것이다. 작은 신규 기업이 성공하기 위해서는 파괴적 혁신의 흐름을 타야 한다.

기업이 새로운 사업 기회를 찾거나, 신사업을 추진할 때도 파괴적 혁신 이론을 기반으로 접근하는 것이 효과적이다. 기존 제품이나 서비스에서 오버슈팅이 발생한 영역이 있는지를 분석해야 한다. 오버슈팅이 발생하면, 고객들은 더는 기존 제품의 성능 향상을 원하지 않고, 가격이 저렴하거나 사용 편의성이 높은 대안을 찾기 시작하기 때문이다.

앞서 언급했던 자동차 산업을 가져와 보자. 과거 자동차 산업은 가솔린 엔진의 성능을 지속적으로 향상시키는 방향으로 발전해 왔다. 하지만, 전기 자동차가 등장하면서 성능보다 친환경성과 유지 비용 절감이 중요한 요소로 부각되었다. 초기의 전기 자동차는 내연기관 자동차보다 성능이 떨어졌지만, 시간이 지나면서 기술이 개선되었고, 점차 기존 시장을 잠식하고 있다.

기존 시장이 통합된 형태로 운영되다가 오버슈팅이 발생하면, 경쟁의 기반이 다양성과 사용 편의성으로 이동한다. 이때, 모듈화된 기술을 제공하는 기업들이 시장에 진입할 기회가 생긴다. 과거에는 통합적으로 운영되던 산업에서 모듈화가 진행되면, 부품 기업들에게 새로운 기회가 열리는 것이다.

이미 모듈화된 제품을 담당하고 있다면, 고객들이 지속적으로 성능 향상을 원하는 핵심 모듈을 선택하는 것이 중요하다. 고객이 지속적으로 성능 개선을 요구하는 모듈은 장기적으로도 높은 수익을 창출할 가능성이 크기 때문이다.

또한, 현재 존속적 혁신을 수행하며 시장을 주도하고 있는 기업들도, 언제 로우엔드 파괴(Low-End Disruption)를 당할지 알 수 없다. 기존 기업이 시장을 방어하는 가장 좋은 방법은, 스스로 파괴적 혁신을 시도하는 것이다.

예를 들어, 종합보험사가 다이렉트 보험사를 설립하거나, 기존 자동차 제조사가 전기 자동차 전문 회사를 설립하는 것이 한 가지 전략이 될 수 있다. 이렇게 하면, 미래에 파괴적 혁신으로 성장한 외부 기업이 공격하기 전에 기존 기업이 스스로 새로운 시장을 개척하며 경쟁력을 유지할 수 있다.

파괴적 혁신 이론은 신생 기업과 작은 기업이 기존 시장에 어떻게 접근해야 하는지에 대한 실질적인 가이드를 제공한다. 작은 기업은 대기업이 관심을 가지지 않는 시장을 공략하며 성장해야 하고, 새로운 기술을 무기로 시장에 진입해야 한다.

반면, 기존 기업은 자신의 사업이 오버슈팅 상태에 도달했는지 지속적으로 점검하고, 스스로를 파괴할 파괴적 기술을 찾아 투자해야 한다. 외부에서 파괴적 혁신을 주도하는 기업이 등장하기 전에, 내부에서 혁신을 시도하는 것이 더 유리한 전략이 될 수 있다.

결국, 파괴적 혁신 이론은 기업 경영자에게 변화하는 시장에서 어떻게 생존하고, 어떻게 새로운 기회를 찾을 것인지에 대한 실질적인 전략적 방향을 제공한다. 산업의 변화는 필연적이며, 경영자는 변화의 흐름을 예측하고, 파괴적 혁신을 활용하여 기업의 미래를 설계해야 한다.

오픈 이노베이션

오픈 이노베이션이 최근 각광받는 이유는 무엇일까? 헨리 체스브로는 《오픈 이노베이션》에서 기존의 전통적인 연구소 중심의 혁신 방식이 한계를 맞이하게 된 이유를 설명하며, 기업이 어떻게 더 효과적인 혁신을 이루어낼 수 있는지를 분석했다.

기존의 폐쇄적 혁신 방식에서는, 기업이 자체 연구소를 운영하며 내부적으로 기술을 개발하고 이를 사업화하는 방식이 일반적이었다. 제록스, IBM과 같은 기업들은 대규모 연구소를 설립하고 박사급 연구 인력을 확보하여 독자적인 기술 혁신을 추구했다. 이들은 자체 연구를 통해 새로운 기술을 개발하고, 이를 기반으로 신제품을 출시하며 지속적인 성장을 이어갔다.

하지만 시간이 지나면서 기업 내부의 연구소만으로는 기술 혁신이 더는 효율적이지 않다는 한계가 드러나기 시작했다. 이는 몇 가지 주요 요인에 의해 가속화되었다.

첫 번째 요인은 우수한 연구 인력의 이동성이 증가했다는 점이다. 과거에는 기업이 혁신을 독점할 수 있었지만, 오늘날의 노동 시장에서는 연구 인력이 자유롭게 이동하며, 한 기업에서 얻은 지식과 경험을 다른 기업이나 스타트업에서 활용할 수 있게 되었다. 기업이 내부적으로 연구한 기술이 비즈니스 모델과 맞지 않으면, 이 기술은 사장될 가능성이 크다. 그러나 연구소에서 활용되지 못한 기술이 외부로 유출되어 새로운 사업 모델과 결합되었을 때, 오히려 더 큰 성공을 거두는 사례가 늘어나고 있다.

제록스의 팔로알토 연구소는 이러한 사례의 대표적인 예다. 이곳에서는 그래픽 사용자 인터페이스(GUI), 마우스, 이더넷 기술 등 현대 컴퓨터 환경을 형성하는 핵심 기술들이 개발되었지만, 제록스는 이를 복사기 사업에 적용하는 방식 외에는 활용하지 못했다. 결국, 이 연구소에서 근무하던 연구원들이 기술을 가지고 퇴사하여 다른 기업에서 상용화하는 데 성공했다. 애플의 스티브 잡스는 GUI 기술을 활용해 매킨토시 컴퓨터를 개발했고, 이더넷 기술은 인터넷의 기반이 되었다. 즉, 내부적으로 사장된 기술들이 오픈 이노베이션을 통해 새로운 시장을 창출한 것이다.

두 번째 요인은 벤처 캐피털 시장의 성장이다. 과거에는 기업 내부의 연구소에서만 혁신이 가능했지만, 오늘날에는 벤처 캐피털이 신생 기업에 대규모 투자를 하면서 전통적인 대기업 연구소가 아닌 외부에서도 혁신이 활발하게 이루어지고 있다.

대기업의 연구소는 기존의 비즈니스 모델 내에서 신기술을 평가하는 경향이 강하다. 반면, 벤처 캐피털은 새로운 기술과 비즈니스 모델에 투자하면서 기존 기업이 시도하지 않는 혁신적인 아이디어를 실험한다. 과거에는 대기업만이 가능했던 연구개발이 이제는 벤처 기업에서도 활발하게 이루어지면서, 폐쇄적인 연구소 중심의 혁신 방식이 점점 도전을 받게 되었다.

세 번째 요인은 기업 연구소에서 축적된 미활용 기술이 많아졌다는 점이다. 많은 기업이 오랜 기간 R&D 활동을 진행하면서 상업화되지 않은 연구 성과들이 축적되었고, 이를 활용할 새로운 방법이 필요하게 되었다. 기업 내부에서 활용되지 않은 기술들이 외부에서 새로운 비즈니스 모델과 결합되면서 더 큰 가치를 창출하는 사례가 늘어나고 있다.

네 번째 요인은 외부 공급업체의 기술력이 향상되면서, 기업이 더는 모든 것을 내부적으로 개발할 필요가 없어졌다는 점이다. 과거에는 외부 공급업체가 낮은 기술력을 보유하고 있었기 때문에, 기업이 자체적으로 모든 제품을 개발해야 했다. 그러나 산업이 발전하고 모듈화가 진행되면서 외부 공급업체들이 점점 더 높은 기술력을 확보하게 되었고, 기업들은 외부의 혁신을 적극 활용하는 방식으로 전환하고 있다.

이처럼 네 가지 요인으로 인해 기업들은 폐쇄적인 연구소 중심의 혁신 방식에서 벗어나, 외부의 기술과 인재, 자본을 적극 활용하는 전략을 채택하기 시작했다. 이 "오픈 이노베이션"은 단순히 기술을 외부에서 도입하는 것이 아니라, 기업 내부의 연구 역량과 외부의 혁신을 효과적으로 결합하는 전략이다.

P&G의 CEO였던 AG 래플리는 2000년 취임 후, 전체 혁신의 50%를 외부 기술과 협력을 통해 이루겠다는 목표를 설정했다. 그는 C&D(Connect and Development) 프로그램을 도입하여 전 세계의

연구자, 기술 사업가, 공급업체, 심지어 경쟁자들과 협력하며 신제품을 개발했다.

P&G는 외부에서 발굴한 아이디어를 내부적으로 평가하고, 기업 내부의 전문가들이 해당 기술이 P&G의 사업 모델과 적합한지를 검토하는 체계를 구축했다. 이후, P&G는 기술의 상업적 잠재력을 평가하고, 소비자 테스트를 거쳐 최종적으로 제품 개발 포트폴리오에 포함하는 방식으로 오픈 이노베이션을 적극 활용했다.

과거에는 오픈 이노베이션이 리눅스와 같은 오픈 소스 프로젝트나 IT 기업에서만 적용될 수 있는 개념으로 인식되었지만, 이제는 모든 산업에서 필수적인 혁신 방법으로 자리 잡고 있다. 기업의 인재 이동이 증가하고, 벤처 캐피털이 적극적으로 기술 기업에 투자하며, 외부 기술 공급업체의 수준이 높아지면서 기업이 혁신을 주도하는 방식도 근본적으로 변화하고 있다.

오늘날의 비즈니스 환경에서는 기업이 단순히 내부 연구소에 의존하기보다는, 외부의 혁신을 적극 받아들이고 협력하는 방식으로 경쟁력을 강화해야 한다. 혁신은 단순히 기술 개발을 의미하는 것이 아니라, 기술을 적절한 비즈니스 모델과 결합하여 시장에서 가치를 창출하는 과정이다.

기업이 오픈 이노베이션을 효과적으로 활용하려면, 기술과 아이디어가 외부로부터 자연스럽게 유입될 수 있는 네트워크를 구축해야 한다. 이를 위해 전 세계의 연구소, 기술 전문가, 벤처 기업들과 협력하며, 기술의 유입과 사업화를 원활하게 진행할 수 있는 프로세스를 마련해야 한다.

오늘날의 기업들은 더는 내부에서만 혁신을 추진할 필요가 없다. 기술의 상업적 가치는 다양한 비즈니스 모델과 결합될 때 비로소 실현되며, 기업들은 외부의 혁신을 적극 수용함으로써 경쟁력을 극대화할 수 있다.

시장 분석의 핵심 TAM SAM SOM

창업가는 새로운 비즈니스 기회를 평가할 때 시장의 규모를 분석하는 것이 필수적이다. 제품이나 서비스가 성공했을 때 얼마나 큰 시장에서 플레이하게 될지를 알아야 사업의 성장 가능성을 가늠할 수 있다. 이를 위해 스타트업 업계에서는 흔히 TAM, SAM, SOM이라는 세 가지 지표를 활용한다. 이 세 가지 개념은 서로 포개지는 시장의 범위를 나타내며, 창업자가 자신의 시장 기회를 단계적으로 이해하고 설명하도록 돕는 프레임워크다. 결국, TAM-SAM-SOM 프레임은 전체 시장(TAM)에서 시작해 유효 시장(SAM)을 거쳐 획득 가능 시장(SOM)으로 좁혀 나감으로써, 막연한 큰 숫자에서 현실적인 사업 기회로 시야를 좁혀주는 역할을 한다.

우선 TAM(Total Addressable Market)은 해당 제품이나 서비스가 이론적으로 점유할 수 있는 전체 잠재 시장 규모를 뜻한다. 쉽게 말해, 경쟁자가 없고 자원이 무한하다면 우리 사업이 차지할 수 있는 최대 시장이다. TAM을 산정하는 방법은 보통 상위 수준의 시장 데이터를 활용한다. 예를 들어 업계 보고서나 통계 자료에서 해당 산업의 연간 총매출액을 가져오거나, 잠재 고객 수에 객단가(고객 1인당 평균 매출액)를 곱하는 식으로 계산한다.

이를테면 글로벌 커피 시장의 TAM은 전 세계 커피 소비로 인한 연매출 총합으로 볼 수 있다. 만약 내가 프리미엄 커피 구독 서비스를 시작한다고 가정하면, TAM은 전 세계 모든 커피 소비자들이 우리 서비스를 이용해 낼 수 있는 총매출, 즉 전 세계 커피 시장 전체 규모가 된다. TAM 수치는 보통 매우 크기 때문에, 창업자는 이 값을 통해 "이 사업이 성공하면 이만큼 거대한 판에서 뛸 수 있다"는 비전을 제시하게 된다.

그러나 TAM은 어디까지나 가장 이상적인 시나리오에서의 최대치라는 점을 이해해야 한다. 실제 창업 실무에서는 모든 소비자를 한꺼번에 확보할 수도 없을 뿐더러, 제품이나 서비스의 특성상 전체 시장 중 일부만 대상으로 삼게 마련이다. 따라서 TAM 다음 단계로 SAM(Serviceable Available Market)을 파악한다. SAM은 전체 시장 중에서 우리 비즈니스가 실질적으로 공략 가능한 시장 규모를 의미한다. 여기에는 지리적 범위, 고객의 특성, 서비스의 접근성 같은 현실적인 조건이 반영된다. 다시 말해 TAM에서 우리 제품이나 서비스와 무관하거나 도달 불가능한 부분을 제외하고 남은 시장이 SAM이다.

앞의 커피 구독 서비스 예시를 이어가 보면, 전 세계 커피 시장(TAM) 중에서 우리 서비스가 제공될 지역과 대상에 한정된 시장이 SAM이 된다. 만약 초기에 국내 고객을 대상으로 온라인 구독 서비스를 시작한다면, 글로벌 TAM 중 국내 커피 소비 시장이 SAM이라고 할 수 있다. 또한, 커피 중에서도 우리의 서비스 모델과 맞지 않는 부분을 제외해야 한다. 이를테면 우리의 구독 서비스가 원두 배송이라면, 즉석 음료나 카페 판매분은 제외하고 가정용 원두시장만 추려볼 수 있다. 이렇게 거르면 TAM이라는 거대한 케이크에서 현재 우리 사업이 노릴 수 있는 조각, 즉 SAM이 산출된다. SAM을 구하는 과정에서는 시장조사의 세분화가 필요하며, 인구통계나 고객 행동 데이터, 유통채널 등의 요소를 고려하게 된다.

SAM은 창업자에게 더욱 현실적인 시장 크기를 알려준다. TAM이 거시적인 "꿈의 무대"라면, SAM은 현재 비즈니스 모델로 도달 가능한 잠재 고객들의 무리라고 할 수 있다. 투자자나 사업 전략 수립 시에도 SAM은 매우 중요하게 활용된다. 투자자는 거대한 TAM도 흥미로워하지만, 더욱 주목하는 것은 과연 창업팀이 단기적으로 공략할 수 있는 구체적 시장(SAM)이 얼마나 되는가이다. SAM이 뒷받침되어야 "1차적으로 어디서부터 사업을 전개할 것인가"가 명확해지고, 초기 전략의 타당성을 입증할 수 있다. 다만 SAM를 추정할 때에도 주의할 점이 있다. 시장의 경계선을 어떻게 긋느냐에 따라 SAM 크기가 크게 달라질 수 있기 때문이다. 지나치게 낙관적으로 SAM을 넓게 잡으면 실제로는 우리 서비스로 끌어들이기 어려운 고객층까지 포함될 수 있고, 반대로 너무 좁게 잡으면 사업 성장의 잠재력을 과소평가하게 된다. 따라서 서비스 특성에 부합하는 시장 세그먼트만 포함하도록 신중히 조건을 설정해야 한다.

이제 SOM(Serviceable Obtainable Market)으로 내려와 보자. SOM은 현재 우리 스타트업이 현실적으로 확보할 수 있을 것으로 예상되는 시장 규모를 뜻한다. TAM이 이상이고 SAM이 기회라면,

SOM은 실질적인 목표치에 가깝다. 흔히 목표 시장 점유율로 이해할 수 있으며, 일정 기간 내에 우리가 차지할 수 있으리라 예상하는 매출 규모나 고객 수에 해당한다.

SOM을 산정하려면 경쟁 환경, 우리 회사의 자원과 역량, 마케팅 능력 등을 고려해야 한다. 예컨대 국내 원두 구독 서비스 시장(SAM)이 연 5천억 원 규모라고 해도, 신생 스타트업인 우리가 당장 그 중 절반을 차지할 수는 없을 것이다. 현실적으로 초기에는 그 중 일부, 가령 15% 정도만 점유하는 것을 목표로 삼을 수 있다면, 그 해당분이 우리의 SOM이 된다. 숫자로 환산하면 연간 50억, 250억 원 정도가 될 것이다. 이 SOM은 단순한 추산이 아니라 우리의 사업 계획과 실행 전략에 근거한 예상치여야 한다. 경쟁사들이 이미 차지하고 있는 몫, 시장의 성장률, 우리 팀의 영업/마케팅 능력, 자본 규모 등을 모두 감안했을 때 현실적으로 달성 가능하다고 여겨지는 시장 점유 부분을 계산하는 것이다.

SOM은 투자유치와 사업 계획에서 특히 중요한 지표로 쓰인다. 왜냐하면 SOM이야말로 창업팀이 단기적으로 달성하려는 매출 목표와 직결되고, 이를 통해 사업의 생존 여부가 판가름날 수 있기 때문이다. 투자자로서 TAM이나 SAM이 "얼마나 큰 판인지는 알겠는데, 그래서 당장 너희 회사는 얼마를 벌 수 있다고?"라는 질문으로 귀결될 때, 답을 주는 숫자가 바로 SOM이다. SOM을 제시하면, 우리가 현재 집중하려는 표적시장과 그 안에서 현실적으로 확보할 매출 규모를 명확히 보여줄 수 있다. 이는 창업팀이 시장을 낙관적으로만 바라보지 않고 구체적 전략으로 접근하고 있음을 증명하는 근거가 된다. 반대로 말하면, TAM이나 SAM만 제시하고 SOM이 빠져 있다면 투자자 관점에서는 창업자가 현실적인 실행 계획을 세우고 있는지 의심하게 된다.

다만 SOM를 추계할 때 흔히 범하는 오류는 지나치게 장밋빛 가정을 넣는 것이다. “이 시장은 1조 원이니까 우리도 10%만 먹어도 1천억 원이다” 식의 막연한 계산은 위험하다. 신규 진입자가 단기간에 10% 점유율을 달성하는 일은 드물어서, 이런 비현실적인 SOM 주장은 투자자에게 오히려 신뢰를 떨어뜨린다. 실제로 대부분의 스타트업은 TAM 대비 매우 작은 비율의 시장만 초기에는 차지하며, 업계의 성숙한 강자들도 시장의 20% 이상을 점유하기는 쉽지 않다. 따라서 SOM은 최대한 보수적인 추정치에 근거하여 산출하고, 그 근거(예: 예상 고객 전환율, 영업 인력으로 달성 가능한 판매량 등)를 함께 제시하는 것이 바람직하다.

여기까지 보면 TAM, SAM, SOM은 단순한 숫자가 아니라 시간과 전략의 축을 함께 담고 있다는 것을 알 수 있다. 처음에는 넓은 우주와 같은 TAM에서 시작하지만, 실제 사업을 펼칠 무대는 SAM이라는 행성으로 좁혀진다. 그리고 최종적으로 그 행성 안에서 우리가 점령할 땅이 SOM으로 구체화된다. 이 과정을 거치면 창업가는 자신의 시장에 대한 피라미드 구조를 그릴 수 있는데, 꼭대기(TAM)에서 바닥(SOM)까지 이어지는 논리적인 연결고리가 중요하다. 예를 들어 TAM과 SAM 사이에는 “왜 전체 시장 중 이 부분을 선택했는가?”에 대한 설명이 따라야 하고, SAM에서 SOM으로 내려올 때는 “어떻게 이만큼을 차지할 것인가?”라는 실행 계획이 뒷받침되어야 한다. 결국 TAM-SAM-SOM 프레임을 활용하는 궁극적인 이유는 시장에 대한 거시적 통찰과 미시적 실행 계획을 모두 갖추기 위해서다. TAM으로 시장의 최대치를 꿈꾸되, SAM으로 우리에게 맞는 싸움터를 고르고, SOM으로 그 싸움에서 이길 현실적인 전략을 수립하는 것이다.

이러한 TAM, SAM, SOM 개념은 투자 유치 자료(IR)나 사업계획서에서도 빠짐없이 등장하는 항목이다. 투자자는 TAM을 통해 해당 산업이 충분히 큰지, 즉 성공했을 때 잠재적인 기업 가치가 높은지를 가늠한다. 또한 SAM을 통해 지금 공략하려는 목표 시장이 분명히 정의되어 있는지, 초기 진입 전략이 합리적인지 살펴본다. 마지막으로 SOM을 통해서는 현재 제시된 사업모델로 현실적으로 달성 가능한 매출 규모가 어느 정도인지 확인한다. 예를 들어 TAM이 너무 작다면 설령 시장을 독점해도 기업이 크게 성장하지 못할 것이라고 판단할 수 있고, TAM은 크지만 SAM이 모호하다면 창업팀이 초점을 잡지 못한 것으로 보일 것이다. 또 TAM과 SAM이 커도 SOM의 숫자가 터무니없이 높다면 계획의 신뢰도가 떨어질 것이다. 따라서 세 가지 수치는 조화롭게 제시될 필요가 있다. 큰 그림(TAM)과 구체적 플레이그라운드(SAM), 그리고 실행력에 기반한 목표(SOM)이 논리적으로 연결되어 있을 때, 투자자나 이해관계자는 시장 기회의 실체를 명확히 이해할 수 있다.

마지막으로 TAM, SAM, SOM를 활용할 때 명심해야 할 함정 몇 가지를 짚어보자. 첫째, TAM를 자신의 매출 전망과 혼동하지 말아야 한다. 앞서 말했듯 TAM은 전체 파이를 말하는 것이지 우리 것이 된 파이가 아니다. 간혹 TAM 숫자가 곧 장래의 매출인 양 착각하면 사업 계획이 비현실적으로 부풀려질 수 있다.

둘째, 시장 규모는 정적인 값이 아니라는 점이다. 초기에는 한정된 SAM과 작은 SOM으로 시작하지만, 제품이 성공하고 역량이 확대되면 시간이 지나면서 SAM 자체가 커질 수 있다. 새로운 고객 세그먼트를 공략하거나 지리적 확장을 하면 서비스 가능한 시장이 넓어지고, 업계 전체가 성장하는 추세라면 TAM도 함께 성장한다. 반대로 산업이 쇠퇴하는 추세라면 TAM이 줄어들 수도 있다. 따라서 TAM, SAM, SOM 수치는 주기적으로 재평가하여 전략에 반영하는 것이 좋다.

셋째, SOM를 산정하는 과정에서는 냉정한 현실판단이 필요하다. 앞에서 언급했듯 지나치게 높은 점유율 가정을 넣으면 자신을 속이는 꼴이 된다. 오히려 초기에는 작은 SOM에서 출발해, 성과를 증명하며 점진적으로 SOM을 키워나간다는 전략이 현실적이다. 일부 스타트업 업계 전문가들은 TAM-SAM-SOM만으로는 충분하지 않다고 지적하기도 한다. 예를 들어 시장의 질적 특성이나 경쟁 강도의 분석 없이 단순히 숫자 세 가지만 제시하면 피상적일 수 있다는 것이다. 결국 TAM, SAM, SOM 지표는 철저한 시장 조사와 사업 이해를 기반으로 해야 의미가 있다. 각 수치의 추정 근거를 명확히 하고, 그 숫자가 시사하는 바를 전략과 연결 지을 때 비로소 이 프레임워크의 가치가 발현된다.

정리하면, TAM-SAM-SOM은 창업가가 시장의 큰 그림부터 현실적인 세부까지 체계적으로 그려볼 수 있게 해주는 도구다. 시장의 크기를 단순히 “크다” 또는 “작다”가 아니라, 얼마나 크고 그 중 어디를 공략하며 어느 정도를 차지할 것인지 구체적으로 생각하게 한다. 이를 통해 창업가는 과도한 낙관과 비현실적 계획을 경계하면서도, 동시에 충분히 큰 기회를 놓치지 않는 균형 잡힌 전략을 수립할 수 있다. 전문적인 분석과 통찰을 담아 TAM, SAM, SOM을 산출해두면, 투자자 설득은 물론 내부 전략 수립 면에서도 든든한 나침반이 되어줄 것이다.

블루오션 전략

《블루오션 전략》은 인시아드 경영대학원의 김위찬 교수가 주창한 개념으로, 기존 시장에서 치열한 경쟁이 벌어지는 "레드오션"을 벗어나, 새로운 고객 가치를 창출하는 "블루오션"을 개척하라는 메시지를 담고 있다. 이 이론은 하버드 비즈니스 리뷰에 소개되면서 전 세계적으로 주목받았고, 대한민국에서도 경제경영서로서는 드물게 큰 유행을 일으켰다.

하지만 블루오션 전략이 혁신의 모든 것을 설명하는 만능 해법은 아니다. 이 이론이 유명해지면서, 많은 기업이 블루오션 전략을 실행하려 했으나 기대만큼 성공하지 못한 경우도 많았다. 혁신을 위한 방향성을 제공하는 하나의 틀이긴 하지만, 혁신을 실행하는 실질적인 방법론까지 제시하는 것은 아니기 때문이다.

첫 번째 한계는, 실제 돈이 되는 시장은 대부분 레드오션이라는 점이다. 블루오션 전략은 경쟁이 치열한 시장을 벗어나 새로운 시장을 창출하라고 하지만, 기업들이 경쟁하는 이유는 그 시장에 수요가 있기 때문이다. 레드오션 시장이 바로 돈이 되는 시장이며, 많은 기업이 몰려 있기 때문에 경쟁이 심한 것이다. 블루오션을 창출하려는 시도가 오히려 검증되지 않은 시장을 개척하려는 무모한 도전이 될 수도 있다. 블루오션을 찾는 것보다, 기존 레드오션 시장에서 혁신을 통해 차별화를 만드는 것이 더 효과적인 전략일 수 있다.

두 번째 한계는, 블루오션 전략이 고객 가치 창출 방법은 제시하지만, 이를 실현할 공급자의 역량에 대한 고려가 부족하다는 점이다. 블루오션 전략에서는 전략 캔버스(Strategy Canvas)를 활용하여 기업이 가진 역량을 조합하고, 고객이 원하는 가치를 재구성하는 방법을 제시한다. 이를 통해 고객에게 새로운 가치를 제공하는 방향을 설정할 수 있다. 하지만 이론적으로 가치 창출 전략을 세웠다고 해서, 실제로 이를 실행할 역량이 갖춰지는 것은 아니다.

혁신은 단순히 고객의 니즈를 파악하는 것이 아니라, 기업이 이를 실현할 수 있는 자원, 프로세스, 기술력을 확보하는 것까지 포함해야 한다. 고객 가치를 새롭게 정의하는 것만으로는 충분하지 않으며, 이를 공급 측면에서 어떻게 실현할 것인지에 대한 구체적인 실행 계획이 반드시 필요하다.

세 번째 한계는, 수익 모델에 대한 고려가 부족하다는 점이다. 블루오션 전략이 새로운 고객 가치를 창출하는 것에 집중하는 반면, 어떻게 지속적으로 수익을 창출할 것인가에 대한 전략적 접근은 다루지 않는다.

애플이 아이폰을 판매하는 것뿐만 아니라, 앱스토어에서 애플리케이션을 판매할 때마다 일정한 수익을 가져가는 비즈니스 모델을 구축했듯이, 단순히 제품을 차별화하는 것만으로는 지속적인 성공을 보장할 수 없다. 블루오션을 찾았다 하더라도, 그 시장에서 어떻게 수익을 지속적으로 창출할 것인가를 명확하게 설계해야 한다.

네 번째 한계는, 경쟁 우위에 대한 고려가 부족하다는 점이다. 블루오션을 창출했다고 해서, 그 시장이 항상 블루오션으로 남아 있을 것이라는 보장은 없다. 새로운 시장이 형성되면, 곧 다른 경쟁자들이 뛰어들어 레드오션으로 변할 가능성이 높다.

블루오션을 찾는 것만큼 중요한 것은, 그 시장에서 지속적인 경쟁 우위를 확보하는 방법을 고민하는 것이다. 새로운 가치를 창출하는 것뿐만 아니라, 진입 장벽을 구축하고, 경쟁자들이 쉽게 모방할 수 없는 구조를 만들어야 한다.

마지막으로 다섯 번째 한계는, 시간의 흐름에 따른 시장 변화와 산업의 진화에 대한 고려가 부족하다는 점이다. 크리스텐슨 교수의 파괴적 혁신 이론이 산업의 변화 과정을 설명하는 것과 달리, 블루오션 전략은 기존 시장의 경쟁을 피하는 전략에 집중하지만, 시간이 지나면서 고객의 요구가 어떻게 변화할지에 대한 고려가 부족하다.

오버슈팅이 발생하여 고객들이 더는 성능 향상을 원하지 않는 시점이 오면, 시장 자체가 새로운 경쟁 방식으로 변화할 가능성이 있다. 이러한 변화의 흐름을 읽지 못한 채, 단순히 새로운 시장을 창출하는 데 집중한다면 기존 시장의 변화를 놓칠 위험이 있다.

블루오션 전략은 이러한 한계를 가지고 있음에도, 혁신을 바라보는 새로운 관점을 제시했다는 점에서 여전히 중요한 의미를 가진다. 기존 시장에서 차별화된 가치를 창출하는 것이 가능하며, 고객이 원하는 가치를 새롭게 조합하는 방식으로 혁신이 이루어질 수 있다는 점을 강조한 것이 이 이론의 가장 큰 개요이다.

기업이 블루오션 전략을 실행할 때는, 단순히 경쟁이 없는 새로운 시장을 찾는 것이 아니라, 기존 시장에서도 차별화를 만들어내는 방법을 고민해야 한다. 또한, 가치 창출뿐만 아니라, 공급자의 역량과 수익 모델, 지속 가능한 경쟁 우위를 함께 고려해야 한다.

블루오션 전략은 완전한 혁신 이론이 아니라, 혁신을 위한 하나의 프레임워크일 뿐이다. 기업이 이를 활용할 때는 산업의 흐름과 고객의 변화, 경쟁자들의 반응을 함께 고려하면서 실행해야 한다. 단순히 새로운 시장을 창출하는 것이 아니라, 파괴적 혁신 이론이나 존속적 혁신 전략을 활용해 그 시장에서 지속 가능한 비즈니스 모델을 구축하고, 경쟁력을 유지할 수 있는 전략을 함께 고민해야 한다.

기존 사업에서의 혁신 - 고객 혜택에 집중하라

기업이 지속적으로 성장하면서도 수익성을 유지하려면, 단순히 매출을 늘리고 비용을 절감하는 것만으로는 부족하다. 이익과 성장을 동시에 달성하기 위해서는 고객 혜택(Customer Benefit)에 집중해야 한다. 매출이 증가했다고 해도, 고객 경험이 저하되면 결국 고객은 떠나게 된다. 단기적인 비용 절감을 통해 일시적으로 이익을 높일 수는 있지만, 장기적으로 고객이 느끼는 가치를 저하시킨다면 이는 기업의 경쟁력을 약화시키는 요인이 된다.

반대로, 고객에게 제공하는 혜택을 증가시키면 고객 만족도가 높아지고, 자연스럽게 긍정적인 구전 효과(Word of Mouth)가 발생한다. 만족한 고객은 제품이나 서비스의 가치를 더 높이 평가하며, 기꺼이 더 높은 가격을 지불하려는 경향이 있다. 이는 곧 고객 가치를 기반으로 한 지속 가능한 성장으로 이어진다.

기업이 고객 혜택을 증진하는 방식으로 혁신을 이루면, 성장을 저해하지 않으면서도 수익성을 확보할 수 있다. 단순히 시장 점유율을 경쟁적으로 높이려는 전략은 시장 전체의 크기를 키우는 데 한계가 있다. 하지만, 고객이 직접 체감할 수 있는 혜택을 늘리면, 시장의 전체 파이를 확장하는 효과를 가져온다.

스타벅스의 창업주 하워드 슐츠는 2010년 7월 하버드 비즈니스 리뷰와의 인터뷰에서 자신의 은퇴와 복귀에 대해 이야기했다. 그는 2008년에 스타벅스의 경영에 다시 복귀했다. 그전까지 스타벅스는 전문 경영인에 의해 운영되었으며, 매출과 이익이 증가했지만 브랜드의 핵심 가치가 흔들리고 있었다.

숫자 중심의 경영이 확장 전략을 주도하면서, 스타벅스의 강점이었던 친밀한 고객 서비스가 약화되었고, 이는 브랜드 가치 하락으로 이어졌다. 하워드 슐츠는 스타벅스가 위기에 빠졌다고 판단하고, 고객 혜택을 회복하기 위해 바리스타 교육과 서비스 품질 향상에 집중하는 전략을 실행했다.

그는 직원 교육을 강조하며, 바리스타가 고객의 이름을 기억하고, 개인적인 관계를 형성하며, 고객을 알아볼 수 있도록 훈련하는 프로그램을 도입했다. 또한, 대규모의 바리스타를 정직원으로 유지하면서 복리후생을 강화하는 등의 조치를 취했다. 이러한 전략은 단순한 서비스 개선이 아니라, 스타벅스가 제공하는 고객 경험(Customer Experience)의 핵심 가치를 회복하는 과정이었다.

스타벅스의 사례는 기존 사업에서 고객 혜택을 강화함으로써 혁신을 이루는 방식을 잘 보여준다. 스타벅스가 고객에게 제공하는 핵심 가치는 단순히 맛있는 고품질의 커피가 아니라, 그 커피와 함께 제공되는 친밀한 서비스였다.

만약 당신이 스타벅스와 같은 서비스 업종에서 사업을 운영하고 있다면, 고객에게 제공하는 서비스를 동일한 가격에 동일한 품질로 유지하더라도, 더 따뜻하고 친밀한 고객 경험을 제공하는 것만으로도 큰 차별화를 만들 수 있다.

이러한 변화는 단순한 구호만으로 이루어지지 않는다. 서비스 인력을 정직원으로 유지하고, 고객과의 상호작용에 자부심을 가진 인력을 채용하며, 이들을 체계적으로 훈련해야 한다.

제조업에서도 마찬가지다. 고객이 제품을 사용하는 환경을 분석하고, 구매부터 사용, 폐기에 이르는 전 과정을 자세히 검토하여, 고객이 느끼는 혜택을 극대화하는 방향으로 제품을 개선해야 한다.

고객이 제품을 더 쉽게 사용할 수 있도록 디자인을 개선하거나, 서비스 지원을 강화하거나, 고객이 겪을 수 있는 불편 요소를 줄이는 방식으로 고객 혜택을 높일 수 있다. 이렇게 하면, 고객은 더 높은 가격을 지불할 의사가 생기고, 브랜드에 대한 충성도를 가지게 되며, 자연스럽게 긍정적인 구전 효과가 확산된다.

기업이 고객 혜택에 집중하면, 단순히 매출을 늘리거나 비용을 절감하는 것보다 더 근본적인 경쟁력을 확보할 수 있다. 고객 혜택에 집중하는 사고방식은 단순한 전략적 목표가 아니라, 기업의 일상적인 운영 방식과 연결되어야 한다. 모든 사업 단위에서 매일의 의사 결정이 고객 혜택을 최우선으로 고려하는 방향으로 이루어져야 한다.

만약 기업이 단기적인 매출 증가나 비용 절감에만 초점을 맞춘다면, 고객은 어느 순간 갑자기 떠날 수도 있다. 고객이 느끼는 가치를 지속적으로 관리하고, 그 가치를 강화하는 방식으로 혁신을 이루는 것이 장기적으로 기업의 경쟁력을 높이는 길이다.

먼저 생산성 향상, 그다음이 성장

경영자는 항상 선택의 기로에 놓인다. 기존 사업의 성장에 투자할 것인가, 현재 사업의 문제를 해결하는 것이 우선인가, 아니면 새로운 사업으로 확장해야 하는가? 이 질문에 대한 답을 제대로 내리지 못하면, 기업은 방향을 잃고 비효율적인 투자를 하게 된다.

기존 사업의 생산성을 높이고 수익을 내는 것이 경영자의 역할에서 차지하는 비중이 크지 않다고 생각할 수도 있다. 하지만 사업 구조상 수익을 내기 어려운 상황이라면, 단순히 새로운 성장 기회를 찾아 나서는 것이 능사가 아니다. 경영자는 두 가지 선택지 사이에서 고민하게 된다.

첫 번째 선택지는 현재의 사업을 그대로 운영하면서, 새로운 사업이나 성장 기회에 집중하는 것이다. 이를 통해 현재의 기대에 미치지 못하는 실적을 뛰어넘으려는 전략이다.

두 번째 선택지는 현재 사업의 수익성을 높이는 데 집중하는 것이다. 사업의 기반을 탄탄하게 다지고, 생산성을 개선하여 장기적으로 더 안정적인 성장을 꾀하는 방식이다.

어떤 선택이 더 나을까? 정답은 기존 사업이 충분한 궤도에 오르기 전까지는 다른 일을 벌이지 않는 것이 바람직하다는 것이다. 내부에서 해결해야 할 문제가 남아 있는 상태에서 외부 시장으로 확장하는 것은, 내부가 정리되지 않은 채로 전쟁을 치르는 것과 같다. 내부가 불안한 상황에서 외부 확장을 시도하면, 결국 두 마리 토끼를 다 놓칠 가능성이 높다.

기업이 성장하는 올바른 순서는 현재 사업의 내실을 다진 후, 그 다음에 성장에 투자하고, 이후에 새로운 사업을 고려하는 것이다. 이 순서를 무시하고 무리하게 확장을 시도하면, 현금 흐름에 문제가 생기고 재정적 불안정성이 증가할 가능성이 높다. 경험이 부족한 경영자일수록 생산성과 성장의 우선순위를 혼동하는 실수를 저지르기 쉽다.

세계적으로 성공한 기업들도 초기에는 사업 확장이 더디게 진행되었다. 스타벅스와 월마트 같은 기업도 초창기에는 1호점에서 2호점, 그리고 몇 개의 매장으로 확대되는 데 많은 시간이 걸렸다. 성장을 가속화하기 전에 해결해야 할 문제가 있었고, 이를 하나씩 해결한 후에야 본격적인 확장이 가능했다. 또한, 대기업들이 다각화에 성공할 때도, 처음에는 한 가지 사업에서 충분한 기반을 다진 후 다른 사업으로 확장하는 과정을 거쳤다. 초기에는 겉으로 보이지 않지만, 미래의 폭발적인 성장을 준비하는 단계가 필요하다.

역사적으로도, 급속한 성장과 확장 뒤에 몰락한 제국과 기업들은 많다. 이는 리더가 생산성과 성장의 선후관계를 명확하게 이해하지 못했기 때문이다. 기존 사업이 안정되지 않은 상태에서 무리하게 확장을 시도하면, 기업 전체가 위태로워질 수 있다.

경영자는 현금 흐름을 철저히 관리하면서, 기존 사업에서 감당할 수 있는 범위 내에서 성장과 확장을 고려해야 한다. 만약 새로운 사업이 실패하면 언제든 기존 사업으로 돌아갈 수 있도록, 기존 사업을 탄탄하게 운영하는 것이 필수적이다. 하지만 일부 경영자들은 현재 사업의 수익이 기대보다 낮거나 성장 가능성이 제한적이라고 판단하여, 기존 사업을 등한시한 채 새로운 사업에 무리한 투자를 하기도 한다. 그 결과, 새로운 사업에서 과도한 자금을 소진하고, 기존 사업까지 위태로워지면서 기업 전체가 흔들리는 경우가 많다.

성공적인 경영을 위해서는 지속적인 수익원과 안정적인 현금 흐름을 유지하는 것이 최우선이다. 이를 기반으로 일정한 리스크를 감수하면서 새로운 기회에 투자해야 한다. 상식적으로 당연한 이야기처럼 들릴 수도 있지만, 현실에서는 이를 제대로 실행하지 못하는 경영자들이 많다. 그 이유는 경영자가 자신의 능력을 과신하기 때문이다. 본인이 뛰어난 역량을 가지고 있다고 생각하지만, 사업의 현실은 기대에 미치지 못하는 경우가 많다. 기존 사업을 개선하는 데 경영자가 할 수 있는 일이 많지 않다고 느껴질 때, 새로운 사업을 추진하는 것이 자신의 경영 능력을 증명할 기회라고 착각하는 경우도 많다.

새로운 사업을 추진하거나 인수합병을 결정하는 것은 경영자가 독단적으로 내릴 수 있는 결정이기 때문에, 현재의 사업 실적이 초라하더라도 새로운 도전을 통해 이를 덮고자 하는 심리가 작용할 수 있다. 그러나 가장 중요한 것은 기존 사업의 내실을 먼저 다지는 것이다.

경영자는 현재 사업을 자세히 분석하고, 개선할 점을 찾고, 시장이 성숙하기까지 필요한 시간을 버티는 전략을 세워야 한다. 만약 기존 사업이 시간이 지나면 자연스럽게 성장할 가능성이 있다면, 지출을 최소화하면서 자금을 효율적으로 운용해야 한다.

물론, 무작정 기다리는 것이 항상 정답은 아니다. 사업을 시작할 때, 성공을 위한 가정(Assumption)이 존재한다. 이 가정들이 여전히 유효하다면, 기존 사업을 유지하며 성장 기회를 기다릴 수 있다. 하지만, 만약 가정이 틀렸거나 시장 상황이 변화했다면, 사업 전략을 다시 설정하고 필요하다면 철수도 고려해야 한다.

가장 중요한 것은 기존 사업에서 해결해야 할 문제들을 철저히 해결한 후, 새로운 사업으로 확장해야 한다는 점이다. 이를 제대로 하지 않으면, 결국 두 개의 사업이 모두 실패할 가능성이 높아진다.

새로운 기회를 잡기 위해서는, 기존 사업을 먼저 안정시키고, 성장 가능성을 분석한 후, 감당할 수 있는 수준에서 새로운 사업을 추진하는 것이 가장 바람직한 경영 전략이다.

새로운 사업분야에서 성공하기는 생각보다 훨씬 어렵다

사업가가 가장 경계해야 할 것 중 하나는 자신에 대한 과신이다. 이전 사업에서 성공했다고 해서, 새로운 사업에서도 동일한 전략이 통할 것이라 생각하는 것은 위험한 착각이다. 시장 환경은 끊임없이 변화하며, 과거의 성공 방식이 새로운 사업에서는 전혀 효과적이지 않을 수 있다.

경영에는 절대적인 법칙이 존재하지 않는다. 각 사업마다 성공을 위한 핵심 요소가 다르고, 업계의 특성, 고객의 요구, 경쟁 환경 등이 모두 변수를 만든다. 크리스 블레이크의 《결정의 기술》에서도, 과거의 성공을 바탕으로 새로운 사업에 도전하지만 철저한 준비에도 불구하고 실패하는 이유를 분석했다. 아무리 경험이 많은 경영자라도 자신을 과대평가하거나, 전문가의 역량을 적절히 활용하지 못하면 큰 실패를 경험할 수 있다. 위험을 정확히 판단하고 관리하는 능력을 소홀히 하면 실패는 순식간에 찾아온다.

역사적으로도 거대한 전략을 수립하고 엄청난 자금을 투자했음에도 실패한 사업들이 무수히 많다. 반대로, 큰돈을 번 사업들 중

상당수는 철저한 계획보다 우연한 요소가 크게 작용해 성공한 경우가 많다. 새로운 시장에서 기회를 잡고 성공하는 데는 생각보다 운의 요소가 많이 작용한다는 점을 인정해야 한다.

대표적인 실패 사례로 자주 언급되는 것이 이리듐 프로젝트다. 이 프로젝트는 전 세계 어디에서나 단일 번호로 통화할 수 있는 위성 전화 네트워크를 구축한다는 야심 찬 계획에서 출발했다. 당시 휴대전화의 로밍 서비스가 제대로 지원되지 않던 시절이었기 때문에, 위성 전화가 전 세계를 하나로 연결하는 혁신적인 기술로 여겨졌다. 14개국 17개사가 42억 달러를 투자하며 1998년부터 서비스를 개시했지만, 예상과 달리 사업은 빠르게 실패했다.

1999년 3월 말, 이리듐의 가입자는 1만 명 수준으로 급감했고, 1분기 동안 무려 5억 500만 달러의 손실을 기록했다. 결국 2000년 3월, 서비스는 중단되었고, 이리듐은 미국 델라웨어주 법원에 파산 보호 신청을 하게 되었다.

이리듐 프로젝트의 실패 원인은 단순하지 않다. 기술적으로 획기적인 아이디어였지만, 현실적인 문제를 간과한 것이 결정적이었다. 기존 휴대전화 네트워크가 빠르게 발전하면서 위성 전화의 필요성이 점차 감소했고, 위성 전화의 크기와 무게, 비싼 이용 요금 등이 고객들에게 외면받았다.

이미 큰 성공을 거둔 사업가는 새로운 분야에서도 성공할 것이라고 과신하는 경향이 있다. 그러나 각 사업의 핵심 성공 요인은 다르며, 기존의 사업에서 성공했던 역량이 새로운 사업에서 그대로 유효한 것은 아니다. 새로운 시장에 뛰어들 때는 그 업계에서 오랜 기간 성장한 전문가들의 역할을 무시해서는 안 된다.

이때 주목할 만한 사고방식이 일론 머스크의 "제1원칙" 접근이다. 이는 기존 업계의 관행이나 통념을 무조건 답습하지 않고, 가장 근본적인 물리법칙이나 비용 구조, 핵심 재료와 같은 기초 단위에서 출발해 문제를 새로 정의하는 사고법이다. 머스크는 이렇게 "모든 것을 원점에서 다시 쌓아 올린다"는 태도로, 전통적인 업계의 고정관념에서 벗어날 길을 찾는다.

스페이스X가 재사용 로켓을 개발한 과정이 대표적이다. 기존 항공우주 업계는 로켓을 한 번 발사하면 폐기하는 것을 당연하게 여겼지만, 머스크는 로켓의 원재료 가격과 기술적 가능성을 처음부터 재검토했다. 금속, 연료, 전자 부품 등으로 구성된 로켓의 부품 원가는 상대적으로 낮으며, 재사용이 가능하다면 발사 비용을 획기적으로 낮출 수 있다는 결론에 도달했다. 이를 통해 스페이스X는 발사 비용을 대폭 절감하며 혁신에 성공했다.

테슬라 역시 제1원칙 사고방식을 적용했다. 일반적으로 전기차 배터리는 비용이 높아 상용화가 어렵다고 여겨졌지만, 머스크는 배터리를 이루는 원재료(리튬, 니켈 등)의 가격과 제조 공정을 원점에서 다시 따져봤다. 이러한 분석을 통해 배터리 생산 공정과 기술을 재설계하며, 전기차를 대중화할 수 있는 수준까지 비용을 낮추고 제품 성능을 끌어올렸다.

새로운 사업에서 제1원칙을 적용한다고 해서 기존 업계의 경험과 지식을 무조건 배제해야 한다는 뜻은 아니다. 오히려 업계의 근본 원리를 정확히 파악하고, 관행이 어떻게 형성되었는지를 이해해야 그 한계를 뛰어넘는 혁신이 가능하다.

만약 기존 업계의 전문가 없이, 해당 분야에 대한 경험이 없는 사람들만으로 사업을 시작하면 결국 그 업계가 이미 해결한 시행착오를 다시 겪게 된다. 독특한 사업 모델을 가지고 있다고 해도, 기존 시장에서 축적된 실무적 지식을 무시하면 사업은 실패할 가능성이 높다.

예를 들어 온라인 여행사를 설립하려 한다면, 전통적인 여행 업계의 전문가가 어떻게 예약 시스템을 운영하고, 어떤 고객 니즈를 다뤄 왔는지 알아야 새로운 모델에 맞춰 효과적으로 혁신할 수 있다. 인도 레스토랑을 운영한다면, 굳이 인도 요리에 익숙하지 않은 사람만 모아 시작할 필요가 없다. 업계에서 통용되는 일반 원칙과 조리·운영 노하우를 알고 있는 전문가와 협력해야 한다.

그렇다면 업계 전문가들은 어디서 찾아야 할까? 가장 쉬운 방법은 구인구직 사이트를 활용하는 것이고, 업계 인맥을 통해 소개받는 것도 한 방법이다. 관련 커뮤니티나 네트워크에 참여하고, 필요한 경우에는 직접 교육 과정을 밟으며 네트워크를 형성할 수도 있다. 한 명의 전문가를 만나면, 또 다른 전문가로 연결될 가능성도 높다.

결국 새로운 사업을 시작할 때는 아이디어 자체만큼이나, 이를 실행할 수 있는 업계 전문성과 경험을 어떻게 활용할지가 관건이다. 제1원칙 사고방식은 기존 관행의 한계를 뛰어넘을 수 있는 강력한 도구이지만, 그 기저에는 업계를 제대로 이해하고 핵심 문제를 제대로 짚어내는 과정이 필수적으로 뒤따라야 한다. 기존 업계의 지식을 활용하는 것은 혁신을 방해하는 요소가 아니라, 오히려 성공 가능성을 극대화해 주는 중요한 자산임을 잊지 말아야 한다.

5

투자, 재무, 회계

사업의 자금 마련

사업을 시작할 때 가장 큰 고민 중 하나는 초기 자금을 조달하는 방법이다. 창업자 대부분은 자신의 자본, 가족, 지인에게서 융통한 자금으로 사업을 시작한다. 하지만 창업 자금 조달 방식은 시대에 따라 변화해 왔으며, 1999년 벤처 붐 시기에는 사업계획서만으로도 투자를 받을 수 있는 환경이 조성되기도 했다. 그러나 현재는 그렇게 단순한 방식으로 투자를 받기는 어렵다.

스타트업 투자 환경이 성숙해지고, 창업 생태계가 정비되면서 아이디어만으로는 자금을 유치하기 어려운 시대가 되었다. 투자자들은 이제 실질적인 시장 검증, 수익 모델, 창업자의 실행력을 중요하게 평가한다. 따라서 초기 창업자는 투자를 받기 전에, 먼저 본인의 자본과 가까운 관계에서 확보할 수 있는 자금을 우선적으로 활용하는 것이 바람직하다.

만약 모아둔 돈이 적고, 자금을 융통하기가 어렵다면, 초기 자본이 적게 드는 사업 모델을 선택하는 것이 현실적인 대안이 될 수 있다. 사장이 아무리 자금을 보유하고 있더라도, 사업 규모가 본인이 감당할 수 있는 범위를 초과하면, 외부 투자 유치 과정에서 과도한 지분 희석이 발생하거나, 추가적인 자금 조달의 어려움을 겪을 수 있다.

따라서 처음에는 소규모로 시작하여 안정적인 현금 흐름을 만들고, 이후에 점진적으로 확장하는 방식이 가장 현실적인 전략이다. 성공적인 창업 사례를 보면, 처음부터 대규모 투자를 유치하기보다 작은 시장에서 검증을 거친 후 점진적으로 확장한 경우가 많다.

대한민국에는 다양한 창업 지원 프로그램이 마련되어 있으며, 정부와 지방자치단체, 금융기관, 벤처 캐피털, 액셀러레이터 등이 창업 지원을 위한 자금 조달 기회를 제공한다. 특히, 기술보증기금, 신용보증기금 등의 벤처 지원 프로그램을 활용하면 초기 자본이 부족한 창업자들도 일정한 요건을 충족할 경우 정부 보증을 바탕으로 은행 대출을 받을 수 있다.

창업을 준비하는 과정에서 정부 지원금, 창업 대출, 벤처 투자 등 다양한 자금 조달 방안을 검토하는 것이 필요하다. 하지만 지원금을 받는 것이 창업 성공을 보장하는 것은 아니며, 사업이 안정적으로 운영될 수 있는 구조를 먼저 만드는 것이 가장 중요하다.

자금 조달 과정에서는 반드시 재무적 리스크를 고려해야 한다. 개인 자금이든, 지인으로부터 빌린 돈이든, 금융기관 대출이든 결국 모든 자금은 차입금이며, 사업이 실패할 경우 부담이 될 수 있다.

따라서 자금을 조달할 때는 현실적인 관점에서, 본인이 감당할 수 있는 수준 내에서 조달해야 한다. 사업 초기에 무리한 자금 조달로 인해 과도한 부채를 떠안는 것은 장기적으로 사업 운영에 부담이 될 수 있다.

그러나 창업을 준비할 때는 초기 자금을 확보하는 방법보다, 조달한 자금을 운영하고 성장하는 방법이 더 중요하다는 사실을 간과하면 안된다. 성공적인 창업가는 단순히 돈을 많이 모으는 것이 아니라, 제한된 자원을 효과적으로 활용하는 능력을 갖춘 사람이다.

자금이 많다고 해서 사업이 성공하는 것은 아니다. 적절한 시장 전략과 실행력이 뒷받침되지 않는다면, 아무리 많은 자본을 조달하더라도 사업을 지속하기 어렵다. 따라서 사업 초기에는 불필요한 비용을 최소화하고, 자금 효율성을 극대화하는 전략이 필수적이다.

결국, 창업 자금 마련의 핵심은 무리한 차입을 피하고, 감당할 수 있는 규모에서 시작하여 사업의 안정성을 확보한 후 확장하는 전략을 취하는 것이다. 사업의 성공은 단순히 많은 자금을 확보하는 것이 아니라, 조달한 자금을 효과적으로 운영하는 능력에서 결정된다.

벤처 캐피털로 자금 유치

벤처 자금 조달은 단지 투자금의 유입과 지분율 변동을 의미하는 것이 아니라, 창업자가 사업을 어떻게 전개해 나갈지 결정하고, 투자자와 함께 성장의 밑그림을 그려가는 중요한 과정이라 할 수 있다. 현재 대한민국은 창업 생태계가 큰 전환점을 거치며 이전보다 훨씬 다각적인 자금 조달 수단을 갖추게 되었다. 정부에서 투자와 보증, 창업지원금을 확대하고 있고, 민간 영역에서도 벤처 캐피털, 액셀러레이터, 크라우드 펀딩 등 다양한 투자 통로가 더 전문화되며 활성화되었다. 한편 해외 자본도 우리나라의 스타트업에 많은 관심을 가지며, 국내 창업자들이 글로벌 무대로 진출할 수 있는 계기가 점점 늘어나고 있다.

이렇듯 자금 확보 경로가 풍부해지는 것은 분명 창업자에게 매력적인 기회이지만, 동시에 선택지가 늘어난 만큼 사전에 이해해야 할 사항도 많아졌다. 이제는 단순히 “어느 투자사가 돈을 준다니까 받으면 되지 않을까?” 정도의 안일한 태도로 접근하기 어려운 시대다. 투자자들은 여전히 “리스크 대비 높은 수익”을 기대하며, 기업의 성장성 · 시장성 · 팀 역량을 정밀하게 따진다. 따라서 창업자로서는 아이디어와 시장 검증을 어떻게 입증할지, 어느 시점에 얼마만큼의 자금이 필요하며, 그에 따른 지분 구조와 경영권을 어떻게 유지할지 치밀하게 계획해야 한다. 짜임새 있는 준비와 전략적 소통이 없다면, 갈수록 복잡해지는 투자 환경 속에서 좋은 조건의 자금을 유치하기가 쉽지 않을 것이다.

먼저 정부 차원에서 마련된 창업 지원책은 과거보다 훨씬 다층적이고 실질적인 도움을 주고 있다. 예비창업패키지, 초기창업패키지 등 사업화 지원금을 제공하는 프로그램은 업력 3년 이하 기업이나 예비창업자를 대상으로 상당한 금액을 무담보 · 무이자로 지원해주기도 한다. 특히 TIPS 프로그램은 민간 투자자의 선(先)투자를 전제로, 정부가 R&D와 사업화 자금을 추가 매칭해주는 한국 고유의 모델로 자리 잡았다. 이를 통해 막 아이디어를 구현하기 시작한 스타트업도 일정 부분 지분 희석을 최소화하며 기술개발 자금을 확보할 수 있다. 게다가 최근에는 보증기관도 기술평가에 좀 더 우호적으로 나서고 있어, 잠재력만 인정받으면 운영자금을 대출 형태로 확보하는 것이 수월해졌다. 다만 정부 지원은 아무래도 심사와 사후관리가 까다롭고, 자금을 용도 제한 안에서 사용해야 한다는 점에서 유연성은 떨어질 수 있다. 이 때문에 어느 시점에서 정부 자금을 활용하고, 어느 시점에서 민간 투자를 받을지 계획해둘 필요가 있다.

엔젤 투자나 액셀러레이터 등 초기단계 민간 투자처도 그 어느 때보다 활발하게 움직이고 있다. 엔젤 투자자는 개인 자격으로 투자를 진행하는데, 보통 자기 전문 분야나 창업 경험을 살려 스타트업을 발굴하고, 자금뿐 아니라 실무 조언까지 제공한다. 엔젤 투자를 받으면 금액 자체는 상대적으로 크지 않을 수 있으나, 베테랑 창업자나 업계 고수의 자문을 얻을 수 있어 사업 초기 방향 설정에 큰 도움이 된다. 액셀러레이터는 비슷하게 자금 투자와 멘토링을 함께 제공하지만, 특정 기간에 걸쳐 코호트 형식으로 여러 스타트업을 보육하여 효과적인 네트워크 형성 기회를 열어준다. 프라이머, 스파크랩, 매쉬업엔젤스 등 국내 주요 액셀러레이터들은 스타트업에 소액 지분투자를 하고, 데모데이에서 후속투자를 연결해주는 식으로 좋은 성과를 내고 있다. 또한 정부의 TIPS 운영사로 지정된 액셀러레이터와 협력하면, 투자금 외에 R&D와 사업화 자금을 수억 원 단위까지 추가로 확보하기도 쉽다.

좀 더 규모 있는 자금이 필요한 시점이 되면 본격적으로 벤처캐피털 투자를 고려하게 된다. 현재 한국의 VC 시장은 이전보다 더 세분화·전문화되었고, 대기업이 운영하는 기업형 VC(CVC)도 많아졌다. 전략적 투자자인 CVC는 투자금 이상의 사업 협력 가능성을 열어주지만, 기술·시장 검증에 시간이 걸리거나 특정 산업군만 선호하는 경향이 있으므로, 무조건 대기업 계열 투자사를 선호하기보다 회사 특성에 맞는 파트너를 찾는 것이 중요하다. 반대로 재무적 투자자인 일반 VC는 회수 가능성과 성장성을 최우선으로 보기에, 창업자에게 철저한 사업 계획서와 데이터 근거를 요구한다. 아이디어만 좋다고 막연히 투자금이 나오지 않고, 이미 시장에서 지표를 보여주거나, 유망한 고객·파트너·수익 모델을 갖춰 "성장

궤도에 오를 준비가 되었다"고 판단될 때에 투자가 이뤄진다.

벤처 캐피털과의 협상 과정에서 가장 중요한 포인트는 기업 가치 산정과 지분 희석이다. 투자 유치 액수가 커질수록 창업자가 내놓아야 할 지분도 커지는데, 이를 피하려고 지나치게 높은 밸류에이션을 요구하다가 시장 현실과 동떨어진 평가를 받을 수 있다. 협상의 주도권을 쥐기 위해서는 사업 모델의 시장 크기, 예측 가능한 매출·수익 흐름, 경쟁 구도에서의 우위 등을 논리적으로 설명하고, 우리만의 실행력을 증명해내야 한다. 그리고 설령 초기 라운드에서 다소 낮은 밸류로 시작하더라도, 약속한 목표를 달성해 후속 투자를 유치할 때 자연스럽게 기업가치가 높아지도록 "성장 스토리"를 설계하는 편이 현명하다. 이러한 전략적 접근이 없다면, 앞선 라운드에서 너무 많은 지분을 넘기거나 과도한 계약 조항에 묶여 이후 사업 확장에 제약이 생길 수도 있다.

계약서를 쓸 때는 반희석 조항, 우선매수권, 동반매도권 같은 용어를 꼭 숙지해야 한다. 투자자가 우선주를 통해 보통주보다 먼저 배당이나 청산 시 우선순위를 가져가는 것은 흔한 일이다. 그러나 청산 우선권 배수가 1배를 넘어가거나, 참여형 우선주가 결합된 경우 창업자의 몫이 지나치게 줄어들 수 있으므로 주의가 필요하다. 또한 훗날 M&A나 다른 투자 라운드를 진행할 때, 동반매도권과 우선협상권 등에 관한 조항이 복잡하게 얽혀있으면 새로운 투자자들이 참여를 꺼리기도 한다. 따라서 계약 전후로 법률 전문가나 자문사와 충분히 상의하고, 불합리하거나 과도한 조건은 협상을 통해 조정해야 한다. 투자자로서도 무리한 조항을 강요했다가는 회사의 장기 성장이 곤란해질 수 있으므로, 궁극적으로는 창업자와 투자자가 "함께 성공"하는 균형점을 찾아내는 것이 중요하다.

자금을 무사히 유치했다고 해서 일이 끝나는 것은 아니다. 오히려 그 시점부터 창업자에게 주어진 "약속"을 지키기 위한 본격적인 실행이 시작된다. 투자자가 가장 싫어하는 것은 "깜깜이 운영", 즉 현황을 제대로 공유하지 않거나 말해둔 목표를 변명만 늘어놓으며 달성하지 못하는 태도다. 반대로 목표 대비 진척 상황을 투명하게 보고하고, 예기치 못한 문제가 터졌을 때도 솔직하게 털어놓으며 해결책을 모색하면, 투자자는 사업 파트너로서 더 많은 지원과 인맥을 연결해줄 수도 있다. 가령 매출이 예상대로 오르지 않는다 해도, 어떤 부분에서 가설이 틀렸는지, 언제 어떻게 수정할 예정인지 구체적으로 밝히면 오히려 추가 투자나 전략적 조언을 받을 기회가 열릴 수 있다. 이런 신뢰가 쌓이면, 향후 추가 라운드를 수월하게 진행하거나 다른 투자자를 소개받을 확률도 높아진다.

정부 지원금과 민간 투자를 결합하는 것 또한 실무적으로 많이 활용되는 방식이다. 초기에는 예비창업패키지나 액셀러레이터 투자를 통해 프로토타입 개발과 시장 검증에 집중하고, 어느 정도 기술과 사용자 기반을 확보한 뒤 TIPS 매칭을 받거나 VC 투자를 연계한다. 이어서 시리즈 A 정도에 이르면, 정부 보증을 활용해 은행 대출도 병행하거나, 기술개발 과제를 확보해 R&D 예산을 투입할 수도 있다. 이런 식으로 다양한 자금원을 조합하면, 순수 민간 투자만으로는 규모가 충분치 않거나 지분 희석이 부담스러운 경우에도 사업을 안정적으로 확장할 수 있다. 다만 여러 출처의 자금을 동시에 활용할 때는, 각각의 조건과 목적을 꼼꼼히 확인해야 한다. 정부 자금은 보고서 작성과 단계별 성과 점검이 필수적이고, 투자 유치는 투자자와의 지분을 나눈다는 점에서 각종 의사결정 구조가 달라질 수 있다.

글로벌 시장 진출을 염두에 둔 스타트업이라면, 해외 투자자도 초기부터 관심을 기울일 만하다. 최근에는 국내 스타트업 중에서도 실리콘밸리의 유명 액셀러레이터(Y Combinator, 500 Startups 등)에 합류하거나, 동남아 · 유럽의 VC로부터 투자금을 끌어오는 사례가 늘고 있다. 해외 투자 유치는 국내 투자자에게도 긍정적 신호로 작용하기 쉬워, 협상력을 높이는 데 도움이 된다. 물론 이에 앞서 영어 자료와 피칭 역량, 해외 법인 설립, 지적재산권 이슈 등을 정비해야 한다. 특히 미국 VC들은 한국법인이 아니라 델라웨어 등에 설립된 미국 법인에 투자를 선호하기도 하므로, 본격적인 글로벌 펀딩을 생각한다면 지주회사 형태나 이중 법인 구조를 미리 설계하는 편이 좋다. 수고스럽더라도 해외 자본과 네트워크를 확보하면 시장 규모가 훨씬 커지므로, 높은 잠재가치를 가진 스타트업이라면 적극 검토할 법한 선택지다.

투자를 유치한 뒤에는 사업 운영뿐 아니라 조직 정비와 문화 관리 측면에서도 상당한 노력이 필요하다. 본격적으로 인력을 확충하거나 마케팅에 나설 때, 막연히 자금이 들어왔으니 인원을 늘려야 한다고 접근하면 곧 비용 부담이 커지고 현금흐름이 위험해질 수 있다. 성장을 위해 사람을 뽑되, 현재 단계에서 가장 필요한 핵심 인재가 누구인지 자세히 판단하고, 뽑은 뒤에는 팀에 빠르게 녹아들 수 있도록 온보딩 프로세스를 마련해야 한다. 또한 회사 규모가 커지면 내부 회계 · 재무 통제 시스템을 갖추고, 주기적으로 이사회를 열어 재무상태와 사업지표를 공유해야 할 수도 있다. 작은 스타트업일 때는 대표가 모든 것을 주먹구구로 처리할 수 있었지만, 외부 투자금을 받고 사업이 커지면 더 이상 그런 식으로는 운영이 힘들다. 오히려 전문화된 인력(재무 담당자 등)을 두고, 체계적이고 투명한 거버넌스를 구축하는 편이 장기적 관점에서 훨씬 이롭다.

한편 창업자들은 투자자와의 협력이 "마라톤"임을 잊지 말아야 한다. 하나의 라운드가 끝나면 곧 다음 라운드가 다가오고, 시리즈 B, 시리즈 C를 거치다가 IPO나 M&A로 자연스럽게 연결되는 것이 벤처 생태계의 일반적 흐름이다. 하지만 라운드마다 시장 상황과 회사의 성장 속도, 투자자의 선호가 달라질 수 있다. 그때마다 원활하게 자금을 조달하려면, 지금 함께하는 투자자와 좋은 관계를 유지하면서 목표 달성 기록을 꾸준히 쌓아야 한다. 만약 이번 라운드에서 과도하게 높은 밸류로 평가받았는데 성장을 충분히 입증하지 못하면, 다운 라운드(down round)로 평가가 꺾일 위험도 있다. 이런 상황은 창업자 · 직원 · 기존 투자자 모두에게 좋지 않은 신호를 줄 뿐 아니라, 팀의 사기도 떨어뜨릴 수 있다. 따라서 한 번의 라운드 결과만으로 일희일비하기보다는, 장기적 관점에서 현금흐름과 시장 성장을 어떻게 이어나갈지 진지하게 고민해야 한다.

궁극적으로 벤처 자금 조달은 "돈을 빨리 얻어 쓰는 일"이 아니라 "역량 있는 파트너를 모셔 동반 성장하는 과정"으로 보는 것이 맞다. 지금의 생태계에서는 창업자와 투자자 간의 거래가 단순히

"내가 돈을 주고, 너는 지분을 준다" 수준을 넘어, 전략적 협력 관계를 구축해나가는 중요한 출발점이 된다. 일단 신뢰를 쌓고 서로가 역량을 발휘하게 되면, 사업이 예상보다 크게 도약할 수 있으며, 투자자 역시 높은 수익을 거둘 수 있으니 "윈윈(Win-Win)" 구조가 형성된다. 사업 성장이 더디거나 어려움이 닥쳤을 때도, 진솔한 태도로 문제 해결을 협의하면 투자자가 인력 소개나 사업 자문, 해외 네트워킹 같은 인적 · 물적 도움을 줄 수도 있다. 이런 상호 보완적 관계야말로 성공적 벤처 생태계의 본질이고, 그 출발점이 바로 올바른 자금 조달 전략과 협상, 그리고 애프터케어에 달려 있다.

정리하자면, 현재 대한민국은 벤처를 둘러싼 돈과 기회가 확실히 풍부해진 시대다. 정부 지원 정책은 창업 초기부터 탄탄한 발판을 제공하며, 민간 투자자들의 전문성과 해외 자본의 관심도 과거보다 높아졌다. 하지만 그만큼 창업자의 준비도 훨씬 더 철저해야 한다. 자신이 운영하는 스타트업의 경쟁력과 시장성을 증명할 데이터와 계획, 투자자를 설득할 탄탄한 IR 자료, 계약서의 세부 조항을 합리적으로 협상하는 능력, 그리고 투자금 납입 뒤에도 결과물을 내놓고 신뢰를 유지하는 책임감이 요구된다. 다양한 자금 조달 수단을 조합해 지분 희석을 최소화하면서도 필요한 자금을 충분히 마련하는 "자금 포트폴리오" 전략을 쓰고, 장기적으로 글로벌 확장 가능성까지 열어둔다면, 한국 스타트업 생태계가 가지고 있는 풍부한 자원과 기회를 십분 활용할 수 있을 것이다.

결국 벤처 자금 조달이란, 창업자가 꿈꾸는 비전과 투자자가 원하는 수익이 교차하는 지점을 발견해 함께 항해를 떠나는 과정이다. 이 항해가 순조롭게 이어지려면, 급할수록 원칙과 절차를 중시하고, 데이터와 커뮤니케이션으로 무장해나가며, “내가 당장 받을 돈” 이상의 장기적 파트너십을 바라봐야 한다. 창업자가 유연하면서도 주도적인 태도를 갖추고, 사업 자체가 시장에서 필요한 솔루션임을 끊임없이 보여준다면, 대한민국 벤처 생태계는 훨씬 더 큰 가능성을 품고 더 높은 곳으로 나아갈 수 있을 것이다.

좋은 부채 나쁜 부채

사업을 운영하다 보면 긴급하게 자금을 빌려야 하는 순간이 온다. 많은 창업자들은 이런 상황에서 지인들에게 몇백에서 몇천만 원씩 단기적으로 자금을 빌리는 선택을 하기도 한다. 나 역시 사업 초창기에 돈을 많이 빌렸다. 하지만 급한 불을 끄기 위한 단기 차입은 자금 운영을 더욱 어렵게 만들 수 있다.

기업 운영에서 가장 중요한 원칙 중 하나는 현금 흐름 관리다. 대기업조차 현금 흐름이 막히면 지배권이 넘어가는 경우가 많다. 따라서 단기적인 돈줄을 찾는 것이 아니라, 장기적으로 안정적인 자금 운영을 계획하는 것이 더 중요하다.

아무리 철저하게 대비하더라도, 예기치 않은 자금 부족 상황은 반드시 발생한다. 따라서 사전에 단기 및 장기 자금 운영 계획을 세워두는 것이 필수적이다. 만약 단기적으로 자금을 빌리게 되면, 만기 시점에 원금이 한꺼번에 유출되므로, 영업 현금 흐름에서 이를 감당하지 못할 경우 또다시 단기 차입을 해야 하는 악순환에 빠질 가능성이 높다.

같은 부채라도 단기 부채에 의존하면, 경영자는 끊임없이 돈을 구하는 데 시간을 쏟아야 한다. 지인들에게 자금을 빌려야 할 경우에도, 단기 상환이 아니라 충분한 시간을 두고 갚을 수 있도록 조정하는 것이 바람직하다.

서두칠 사장이 한국전기초자에 부임했을 때, 회사의 부채비율은 1,000%를 넘었으며, 단기 부채의 만기가 끊임없이 돌아오는 상태였다. 그는 회사의 경영 정상화를 위해 단기 부채를 장기 부채로 전환하는 작업을 최우선 과제로 삼았다. 서울에 자금팀을 상주시켜 금융기관과 협상하며, 회사가 숨을 쉴 시간을 확보하는 전략을 펼쳤다. 대부분의 자금난에 빠진 기업들이 비슷한 상황에 처해 있으며, 이를 해결하기 위해서는 단기 차입 의존도를 낮추고 장기적인 자금 조달 계획을 마련해야 한다.

부채를 늘리기 전에, 정말 돈을 빌리는 것이 최선인지 고민해봐야 한다. 예를 들어, 직원 급여를 지급할 자금이 부족하다면, 이는 매출이 적거나 인력 구조가 비효율적일 가능성을 시사한다. 공급업체 대금이 밀려 있다면, 외부 조달 비용이 과도하게 발생하고 있는지 점검해야 한다. 기업이 부채를 지지 않으려고 노력하면, 자연스럽게 구조조정이 이루어지고, 경제적인 가치를 창출하는 자산과 인력만 남게 되면서 사업이 생산적으로 변한다.

부채가 반드시 나쁜 것은 아니다. 부채를 활용해야 할 상황과 그렇지 않은 상황을 구분하는 것이 중요하다. 좋은 부채는 자금을 투입하면 수익을 창출할 수 있는 확실한 상황에서 발생하는 부채다. 기업이 돈을 버는 공식이 명확하고, 추가 자금 투입으로 더 많은 매출과 이익을 창출할 수 있다면, 은행 대출이든, 지인 차입이든 과감하게 활용할 필요가 있다.

반대로, 단순히 운영 자금이 부족하거나 매출이 감소했을 때 지는 빚은 나쁜 부채이다. 적자가 계속 발생하는 상황에서 부채를 늘리면, 결국 더 많은 부채를 부담해야 하는 악순환에 빠지게 된다. 이때 필요한 것은 부채 확대가 아니라, 비용 구조를 재검토하고, 사업 운영 방식을 조정하는 것이다. 비용 절감은 쉬운 일이 아니지만, 위기가 발생했을 때 급하게 구조조정을 하는 것보다는 미리 철저한 예산 계획을 수립하고, 자금 흐름을 보수적으로 관리하는 것이 훨씬 낫다.

가장 흔한 실수는 과도한 인력 채용과 과도하게 낙관적인 매출 예상이다. 많은 기업이 매출 성장을 지나치게 낙관적으로 예상하고, 이에 맞춰 인력을 많이 채용한 후, 실제 매출이 기대만큼 나오지 않자 현금 흐름 문제를 겪는다.

이 경우, 추가 자금을 차입하는 방식으로 문제를 해결하려 하면, 부채 규모만 커지고 근본적인 해결책이 되지 않는다. 사업을 운영할 때는 보수적으로 매출을 예상하고, 예상보다 좋은 결과가 나왔을 때 추가로 인력을 채용하는 것이 바람직하다. 결국, 좋은 부채는 확실한 수익 모델이 뒷받침될 때 발생하는 부채이며, 나쁜 부채는 단순한 자금 부족을 메우기 위한 차입에서 발생한다.

따라서, 자금 운용에서 가장 중요한 원칙은 예측하고 대비하는 것이다. 매출 목표를 보수적으로 설정하고, 사업 확장은 실제 매출이 기대치를 초과하는 순간에 이루어져야 한다. 경영자는 부채를 언제, 왜, 어떻게 활용할지를 신중하게 판단해야 한다.

현금흐름 관리가 중요한 이유

사업을 운영하면서 마주치는 다양한 문제들 중에서도 현금흐름을 제대로 관리하지 못해 발생하는 문제만큼 심각한 것은 없다. 많은 초보 경영자들은 매출을 늘리는 데만 집중하고, 실제로 현금이 언제, 어떻게 들어오고 나가는지에 대해서는 소홀히 하는 경향이 있다.

대부분의 기업에서 매출이 발생하면, 일정 기간 후에 대금이 회수되는 외상 매출이 일반적이다. 하지만 직원들의 급여, 공급업체 대금, 세금 납부 등 사업 운영을 위해 반드시 현금으로 지급해야 하는 비용들은 끊임없이 발생한다.

현금흐름을 관리하지 않으면, 기업이 매출 성장에도 불구하고 유동성 부족에 빠지는 상황이 발생할 수 있다. 특히, 빠르게 성장하는 기업일수록 자금을 지속적으로 투입해야 하는 경우가 많고, 새로운 사업을 추진하는 과정에서도 현금이 꾸준히 필요하다.

회사의 매출이 성장하고 있어도, 외상 매출 채권의 회수 기간이 길어지고 거래처에 현금으로 지급해야 하는 비용이 증가하면, 실제 현금이 부족해지는 문제를 겪을 수 있다. 매출이 늘어나더라도 현금이 원활하게 유입되지 않으면, 급여 지급이 지연되거나 세금 납부가 어려워지는 등 심각한 경영 위기가 발생할 수 있다.

직원들의 급여를 제때 지급하지 못하면, 단순한 내부 문제를 넘어 형사 고발까지 이어질 수도 있다. 또한, 각종 세금을 기한 내 납부하지 않으면 가산세 부담이 증가하고, 신용 문제로 인해 금융 기관으로부터의 대출이 어려워질 수도 있다.

현금 부족 문제는 단순한 운영상의 어려움이 아니라, 회사의 지배권을 위협하는 중대한 문제로 이어질 수 있다. 많은 기업이 현금흐름 위기로 인해 사업을 포기하거나, 외부 투자자들에게 경영권을 넘겨야 하는 상황에 처한다.

따라서 경영자는 조직의 모든 부분을 위임할 수 있지만, 현금흐름 관리만큼은 직접 챙겨야 한다. 특히, 사업이 빠르게 성장하거나, 새로운 사업을 추진하는 경우에는 더욱 신중하게 관리해야 한다.

현금흐름을 안정적으로 유지하려면, 회사가 실제로 창출하는 현금을 지속적으로 파악하고, 이를 기반으로 의사 결정을 내릴 수 있는 시스템을 구축해야 한다. 단순히 매출 성장률을 보는 것이 아니라, 현금이 유입되는 주기와 지출되는 시점을 자세히 분석하는 것이 중요하다.

경영자가 "타조 증후군(Ostrich Syndrome)"에 빠지는 것도 경계해야 한다. 타조는 위험이 닥쳤을 때 머리를 모래 속에 파묻고 현실을 외면한다고 알려졌는데, 일부 경영자들도 현실적인 운영 문제는 외면한 채, 새로운 사업에만 관심을 집중하는 경향이 있다.

경영자는 직접 실무를 하지 않기 때문에, 비용을 고려하지 않고 무리하게 사업을 확장하는 실수를 저지르기 쉽다. 특히, 새로운 사업을 무분별하게 벌이면서 조직 전체를 위험에 빠뜨리는 것은 초보 경영자들이 흔히 저지르는 실수 중 하나다.

그렇다면 현금흐름은 어떻게 관리하는가?

앞서 사업을 운영하면서 가장 중요하게 관리해야 할 요소 중 하나는 현금흐름이라고 강조했다. 매출이 증가하고 수익성이 좋아 보이더라도, 현금이 제때 들어오지 않으면 기업은 심각한 유동성 위기에 처할 수 있다. 특히, 경험이 부족한 경영자들은 매출 증가에만 집중한 나머지, 실제로 현금이 언제, 어떻게 유입되고 유출되는지에 대한 고려를 소홀히 하는 경우가 많다.

회계상의 수익과 실제 현금흐름은 다를 수 있다. 매출이 발생하면 세금계산서를 발행하지만, 이는 단순히 회계상 기록될 뿐이지, 실제 현금이 유입된 것은 아니다. 외상 매출이 많아질수록 매출은 증가하는 것처럼 보이지만, 정작 수금이 늦어지면 사업 운영에 필요한 현금이 부족해지는 문제가 발생할 수 있다. 조선업이나 IT 솔루션과 같이 계약을 기반으로 운영되는 산업에서는 계약 체결 후 작업을 수행한 뒤 대금을 수령하는 방식이 일반적이기 때문에, 미래의 수주잔고를 지속적으로 관리하고 수금까지 걸리는 시간을 자세히 분석하는 것이 필수적이다.

기업이 가장 큰 위기를 맞는 순간은 매출은 외상으로 발생하지만, 거래처에는 현금으로 대금을 지급해야 하는 경우다. 성장하는 기업일수록 직원 수가 늘어나고, 인건비와 운영비가 증가하면서 매월 정기적으로 지출해야 하는 비용이 커진다. 반면, 매출 증가가 곧바로 현금 유입으로 연결되지 않으면 현금흐름이 악화되고, 결국 급여 지급이나 공급업체 대금 결제에 차질이 생긴다.

이러한 문제를 방지하기 위해서는 매출 수금 속도를 앞당기고 지출 일정을 조정하는 것이 필요하다. 계약 시점에 일부 선금을 받거나, 대금 결제 조건을 조정해 조기에 수금을 완료하도록 하는 것이 방법이 될 수 있다. 공급업체와 협상을 통해 대금 지급 기한을 조정하고, 현금이 원활하게 순환될 수 있도록 운영 방식을 개선하는 것도 고려해야 한다.

사업 모델 자체를 현금흐름이 유리한 방식으로 설계하는 것도 중요하다. 예를 들어, 델(Dell)은 고객이 주문할 때 결제를 완료하도록 하고, 부품업체에는 외상으로 대금을 지급하는 방식으로 운영했다. 이를 통해 운전자본 부담을 최소화하고, 현금흐름을 효율적으로 관리할 수 있었다. 보험업 역시 고객이 보험료를 먼저 납부하고, 사고가 발생했을 때 보상을 지급하는 방식으로 운영되기 때문에, 현금이 항상 회사 내부에 존재하는 특징을 갖고 있다.

기업이 현금을 보유하고 있을 때, 이를 자산 투자에 활용하는 경우도 많다. 하지만 자산 투자는 신중해야 한다. 사무실 임차 보증금, 장비 구입, 소프트웨어 구매 등은 회계상 손익 계산서에 즉각적인 비용으로 반영되지 않지만, 실제로는 현금이 유출된다. 자산을 대량으로 구매하면 감가상각을 통해 비용이 분산되지만, 현금흐름에는 즉시 영향을 미친다. 이를 방지하기 위해 자산 구매를 최소화하고 가능하면 임대 방식으로 전환하는 것이 바람직하다. 최근 SaaS(Software as a Service) 모델이 확산되는 것도 기업이 소프트웨어를 직접 구매하지 않고 월 단위 구독 방식으로 비용을 분산할 수 있기 때문이다.

사무 공간 역시 공유 오피스를 활용하면 초기 인테리어 비용을 절감하고 보증금에 묶이는 자금을 사업 본연의 경쟁력을 높이는 데 집중할 수 있다. 예를 들어 스파크플러스, 패스트파이브 같은 공유 오피스를 이용하면 별도 시설투자나 유지관리에 따른 비용과 리스크를 최소화하고, 유연하게 사업 확장이나 축소에 대응할 수 있다.

부채 상환도 현금흐름 관리에서 중요한 요소다. 사업이 안정적이고 수익이 발생하더라도, 부채 상환 일정이 집중되면 현금 부족이 발생할 수 있다. 단기 부채 비중이 높은 경우, 상환 일정이 겹칠수록 유동성 압박이 심해진다. 이를 방지하려면 단기 부채를 장기 부채로 전환하여 상환 부담을 분산하고, 기업의 현금흐름에 맞춰 부채 구조를 조정하는 것이 필요하다.

여기서 세금 납부 일정도 잊으면 안 된다. 법인세, 부가세, 소득세 등은 일정한 주기로 납부해야 하며, 이를 고려하지 않으면 갑작스러운 자금 부족 사태가 발생할 수 있다. 법인세는 연 단위로 납부하며, 반기에 중간 예납을 해야 한다. 부가세는 매출 발생 시 고객에게서 10%를 받지만, 실제 납부는 분기별로 이루어진다. 만약 세금계산서를 발행했으나 수금을 받지 못한 상태라면, 기업은 수금 여부와 관계없이 부가세를 납부해야 한다. 이를 방지하기 위해서는 세금계산서 발행 시점을 조정하고, 수금과 연계하여 발행하도록 관리하는 것이 중요하다.

고정비 관리도 현금흐름을 안정적으로 유지하는 핵심 요소다. 임대료, 급여 등 매출과 관계없이 지속적으로 발생하는 비용이 많아질수록, 기업은 경제적 변동성에 취약해진다. 인력을 무리하게 채용하기보다는, 필요할 때 계약직이나 외부 아웃소싱을 활용하여 변동비 구조를 유지하는 것이 바람직하다. 정직원을 추가로 채용하면 급여 외에도 복리후생비, 사무 공간, 장비 비용 등이 발생하기 때문에 신중한 접근이 필요하다.

기업이 지속적으로 성장하기 위해서는 단순한 매출 증가가 아니라, 현금흐름을 안정적으로 유지하는 것이 필수적이다. 이를 위해서는 매출, 비용, 현금흐름을 실시간으로 파악할 수 있는 시스템을 구축해야 한다. 월간, 분기별 예산 시스템을 도입하고, 실제 결산 결과와 비교하여 지속적으로 조정해야 한다. 영업 현금흐름, 부채 상환, 세금 납부 등의 주요 지출 항목을 미리 계획하고, 자금 부족을 방지하는 전략이 필수적이다.

경영자는 현금흐름을 단순히 재무팀의 업무로만 넘겨서는 안 된다. 사업팀장과 경영진이 협력하여 현금흐름을 실시간으로 점검하고, 운영 방식과 비용 지출 구조를 지속적으로 개선해야 한다.

현금흐름 관리는 단순한 재무 관리가 아니라, 기업의 생존과 직결되는 핵심 요소다. 이를 효과적으로 운영하려면 매출 성장뿐만 아니라, 현금이 실제로 언제, 어떻게 유입되고 유출되는지를 자세히 분석하고, 지속적인 개선을 시도해야 한다.

투자자의 관점으로 자신의 사업 돌아보기

기업을 운영할 때 투자자의 관점에서 사업을 돌아보면 보다 균형 잡힌 시각을 가질 수 있다. 투자자들은 단순히 현재의 매출이나 수익만을 보는 것이 아니라, 기업이 장기적으로 성장할 수 있는 잠재력이 있는지, 경영진이 얼마나 효율적으로 회사를 운영하고 있는지를 중점적으로 평가한다.

전설적인 투자자 필립 피셔는 《위대한 기업에 투자하라》에서 경영이 잘되는 회사를 찾는 원칙을 제시했다. 이 책은 1958년에 초판이 나왔지만, 여전히 현대 투자 환경에서도 유효한 내용을 담고 있다. 필립 피셔는 단순한 재무 지표보다 기업의 내재적 성장 가능성과 경영진의 능력을 분석하는 것이 더 중요하다고 강조했다.

필립 피셔는 회사가 향후 몇 년간 지속적으로 성장할 수 있는 충분한 시장 잠재력을 가지고 있는지, 경영진이 현재의 성공에 안주하지 않고 새로운 제품과 기술을 개발하려는 의지가 있는지를 평가한다고 말했다. 기업의 연구개발 노력이 회사의 규모에 비해 생산적인지, 평균 이상의 영업 조직을 보유하고 있는지도 중요한 요소다.

기업의 영업이익률이 충분한 수준인지, 이를 개선하기 위해 어떤 노력을 기울이고 있는지, 노사 관계가 원만하게 유지되고 있는지도 경영 상태를 판단하는 중요한 기준이 된다. 또한, 경영진 간의 협업이 원활한지, 조직의 리더십이 튼튼한지, 원가 분석과 회계 관리 능력이 뛰어난지도 기업의 장기적인 성공에 영향을 미친다.

기업이 속한 업종에서 독보적인 경쟁력을 가지고 있는 사업 부문이 있는지도 살펴봐야 한다. 이익을 바라보는 시각이 단기적인지, 아니면 장기적인 성장을 목표로 하는지도 중요한 평가 기준이 된다.

성장에 필요한 자금을 조달하기 위해 가까운 미래에 증자를 계획하고 있는지, 이로 인해 기존 주주의 이익이 희석될 가능성이 있는지도 점검해야 한다. 경영진이 평소에는 투자자들과 적극적으로 소통하지만, 문제가 발생하거나 실망스러운 결과가 나왔을 때도 투명하게 정보를 공개하는지도 중요하다. 마지막으로, 경영진이 신뢰할 만한 사람들인지, 진실한 태도로 사업을 운영하는지도 반드시 살펴봐야 한다.

필립 피셔는 단순한 재무 지표만으로 기업을 평가하는 것은 한계가 있다고 보았다. 그는 역사적으로 주가수익비율(PER) 같은 숫자 자체에는 큰 의미가 없으며, 기업의 경영 상태를 실질적으로 개선할 수 있는 강력한 리더십이 존재하는지를 더 중요하게 보아야 한다고 강조했다.

그의 투자 철학은 워렌 버핏에게도 큰 영향을 주었고, 워렌 버핏의 서재에는 벤자민 그레이엄의 《현명한 투자자》와 함께 필립 피셔의 《위대한 기업에 투자하라》가 꽂혀 있었다.

특히, 버핏의 집중 투자 전략은 피셔의 철학에서 직접적인 영향을 받았다고 볼 수 있다. 기술은 끊임없이 변화하고, 새로운 산업이 계속해서 등장하고 있지만, 우수한 경영진과 지속적인 성장 가능성을 가진 기업을 찾는 피셔의 투자 원칙은 지금도 변하지 않는 중요한 기준이 되고 있다.

기업을 운영하는 경영자라면, 자신의 회사를 투자자의 시각에서 객관적으로 평가해 보는 것이 필요하다. 회사가 지속적으로 성장할 수 있는 기반을 갖추고 있는지, 경영진이 올바른 방향으로 회사를 이끌고 있는지, 장기적인 가치 창출을 위한 전략이 마련되어 있는지를 점검해야 한다.

투자자가 기업을 평가하는 기준을 경영자가 자신의 사업을 점검하는 데 적용한다면, 단순히 단기적인 매출 증가가 아니라 장기적인 성공과 지속 가능한 성장을 위한 전략을 세우는 데 도움이 될 것이다.

필립 피셔는 〈위대한 기업에 투자하라〉에서 위대한 기업을 판별하기 위한 열다섯 가지 핵심 질문을 제시했다.

- 기업이 장기적으로 성장할 수 있는 충분한 시장 잠재력을 갖춘 제품이나 서비스를 제공하는가?
- 경영진이 향후 성장할 제품이나 서비스를 지속적으로 개발하고 있는가?
- 기업의 연구개발 역량은 얼마나 효과적이며 생산적인가?
- 경쟁사보다 뛰어난 판매 조직을 가지고 있는가?
- 기업이 충분한 이윤 폭을 확보하고 있는가?
- 이윤 폭을 유지하거나 개선하기 위한 효과적인 노력을 지속하고 있는가?
- 노동 및 직원과의 관계가 좋은가?
- 핵심 경영진 간의 관계가 원만하고 협력적인가?
- 기업의 관리자는 충분히 역량을 갖추고 있는가?
- 기업이 원가 분석과 회계를 잘 관리하고 있는가?
- 해당 업계에서 기업이 차별화될 수 있는 고유한 경쟁 우위를 가지고 있는가?
- 장기적 이익을 위해 단기적 이익을 희생할 준비가 되어 있는가?
- 향후 주식 발행을 통한 자금 조달이 주주 가치를 훼손하지 않을 자신감과 계획이 있는가?
- 경영진이 기업의 문제점에 대해 주주에게 투명하고 정직하게 설명하는가?
- 경영진의 도덕성과 윤리적 기준은 충분히 신뢰할 만한가?

피셔는 이 열다섯 가지 질문을 통해 기업을 철저하게 분석함으로써 탁월한 기업을 선택할 수 있다고 주장했다.

6

직원 채용과 관리

인재 채용의 성공 확률이 생각보다 낮음을 받아들여라

사람을 채용하는 일은 경영자가 맞닥뜨리는 가장 어려운 결정 중 하나다. “열 길 물속은 알아도 한 길 사람 속은 모른다”는 말처럼, 수백 번 면접을 보고 수많은 직원을 채용해도 완벽한 채용은 어렵다. 수년간 채용을 해온 경영자라도 좋은 사람을 뽑을 확률이 항상 높지는 않다. 잭 웰치조차도 스스로 채용의 성공 확률이 낮다고 인정하며, 사람 보는 눈이 정확한 임원과 함께 면접을 진행했다고 한다.

채용의 성공률을 높이기 위해서는 면접을 혼자 진행하지 말고, 직원이나 파트너와 함께 여러 각도에서 지원자를 평가하는 것이 필요하다. 면밀한 검토를 거쳐 채용을 하더라도, 함께 일하다 보면 기대에 미치지 못하는 경우가 발생할 수 있다. 따라서 채용한 사람이 회사에 적합하지 않다면, 다시 채용을 진행할 수도 있다는 점을 인정해야 한다.

채용의 성공 확률을 높이기 위해 몇 가지 실용적인 원칙을 적용할 수 있다.

먼저, 경력을 자세히 검토해야 한다. 면접에서 좋은 인상을 주거나, 말을 잘하는 것만으로는 지원자의 역량을 제대로 파악할 수 없다. 명문대를 나왔거나, 업계에서 화려한 이력을 가지고 있다고 해서 반드시 우리 회사에 적합한 인재는 아니다.

지원자가 회사에서 필요한 직무 경험을 가지고 있다고 하더라도, 그 경험을 통해 실제로 무엇을 배웠는지, 어떤 성과를 냈는지를 구체적으로 확인해야 한다.

어떤 사람은 특정 분야에서 오랜 경력을 쌓았지만, 실제로는 시행착오만 반복하고 의미 있는 성과를 내지 못했을 수도 있다. 반면, 같은 경험을 가진 또 다른 사람은 그 과정에서 많은 것을 배우고 눈에 띄는 성과를 만들어냈을 수도 있다.

채용을 결정하기 전에, 경력의 깊이를 검토하고, 지원자가 과거의 경험에서 어떤 교훈을 얻었는지를 세심하게 질문해야 한다.

나는 한 번 임원을 채용한 적이 있었다. 그는 과거에 직접 사업을 운영했던 경험이 있었으며, 사업을 동업자에게 넘긴 후 새로운 기회를 찾고 있었다. 나는 그의 경영 경험이 우리 회사에 도움이 될 것이라 기대했다. 하지만 채용 후 알게 된 것은, 그가 사업을 하면서 특별히 배운 것이 없었다는 점이었다.

면접 당시 그는 말을 유창하게 했고, 매우 적극적인 태도를 보였지만, 실제 업무에서는 기존의 경험을 효과적으로 활용하지 못했다. 그가 과거의 경험을 통해 무엇을 배웠는지를 좀 더 자세히 검토했다면, 채용을 다시 생각했을 것이다.

면접 과정에서 면접관이 너무 많은 말을 하면, 지원자가 자신의 생각을 충분히 표현하지 못하는 경우가 발생한다.

채용이 어렵고, 입사 후 직원들이 자주 회사를 떠나는 경우, 경영자는 면접 과정에서 회사와 직무에 대해 최대한 상세하게 설명하려는 경향이 있다.

우리 회사는 야근이 많은데 괜찮겠는지, 입사하면 맡게 될 직무가 어떤 것인지, 과거에 입사했던 직원들이 적응하지 못하고 퇴사했던 사례까지 설명하면서, 지원자가 그 모든 사항을 받아들일 수 있는지 확인하는 것이다.

하지만 내가 경험한 바로는, 이런 방식의 면접은 별로 효과가 없다. 지원자는 어떻게든 채용되기를 원하기 때문에, 면접관이 제시하는 모든 조건을 받아들일 것처럼 대답한다.

회사에 대한 충분한 설명을 듣고도, 입사가 결정된 이후에 계속 다닐지 말지를 다시 고민한다. 심지어 출근을 시작한 후에도 한두 달 동안 회사 분위기를 탐색하면서 계속 근무할지를 결정하는 경우도 많다. 따라서, 면접에서는 회사에 대해 자세히 설명하는 것보다, 지원자가 어떤 사람인지 파악하는 데 집중해야 한다.

과거에 고객지원 직원을 채용하려던 적이 있었다. 이전에 고객지원 직원들이 오래 근무하지 못하고 퇴사하는 일이 반복되었는데, 대부분 개발자로 전환할 계획을 가지고 고객지원 업무를 시작했기 때문이었다. 그들은 고객지원 업무를 하면서 개발자가 되기 위한 준비를 하고, 일정한 시간이 지나면 회사를 떠났다.

회사는 장기적으로 고객지원 업무를 수행할 직원을 원했기 때문에, 면접 과정에서 "오래 근무할 의향이 있는가?"라고 묻는 것은 적절하지 않았다. 대신, 지원자가 개발자로 전환할 계획이 있는지, 고객지원 업무를 어떻게 생각하는지, 이 직무에서 장기적으로 커리어를 쌓고 싶은 의향이 있는지를 질문하는 것이 더 효과적이었다.

비슷한 방식으로, 야근이 많은 회사라면 "야근이 괜찮겠냐"는 질문보다는, 지원자가 야근에 대해 어떤 생각을 가지고 있는지, 이전 회사에서는 야근을 얼마나 했는지, 야근을 어떻게 받아들였는지를 물어보는 것이 더 현실적인 답변을 얻는 방법이다.

구직자는 면접 과정에서 자신의 약점을 감추고, 장점을 극대화하여 말하는 경향이 있다. 따라서 구직자의 강점과 약점을 직접 묻기보다는, 그가 좋아하는 것과 싫어하는 것을 파악하는 것이 더 효과적이다.

예를 들어, 영업직을 채용할 때, 지원자가 고객과 대면하는 일을 좋아하는지, 기술적인 용어를 익히는 것에 흥미를 느끼는지, 사람을 만나는 것을 즐기는지 등을 묻는 것이 중요하다.

또한, 지원자가 어떤 요소를 감당할 수 있는지 구체적으로 확인하는 것도 필요하다. 예를 들어 야근이 싫다고 하면, 야근의 정도가 어느 수준인지 물어보는 것이다. 7시까지 야근하는 것이 싫은 것인지, 9시까지 야근이 부담스러운 것인지를 구체적으로 파악해야 한다.

재능 또한 중요한 요소다. 어떤 일을 반복적으로 수행하며 능숙해진 경험이 있는지를 질문하면, 지원자가 특정 직무에 적합한 재능을 가졌는지를 판단할 수 있다. 예를 들어, 고객서비스 업무를 맡을 사람이라면 고객의 말을 경청하고 신뢰감을 줄 수 있는 말투와 태도를 가지고 있는지 확인해야 한다.

소프트웨어 개발자는 주어진 문제를 논리적으로 분석하고, 코드로 해결하는 과정을 반복적으로 수행한 경험이 있는지를 확인해야 한다. 사무직 직원이라면 우선순위를 정하고 여러 업무를 동시에 처리하는 능력이 있는지를 살펴봐야 한다.

지원자의 강점과 약점만을 분석하는 것이 아니라, 그가 어떤 환경에서 잘 적응하고 성장할 수 있는지를 파악하는 것이 인재 채용의 핵심이다.

결국, 인재 채용에서 가장 중요한 것은 지원자가 실제로 어떤 사람인지, 그리고 회사의 환경과 업무에 적합한지 파악하는 과정이다. 이를 위해서는 단순히 스펙을 보는 것이 아니라, 지원자의 경험과 태도를 심층적으로 분석하는 것이 필수적이다.

직원은 능력과 급여의 등가 교환 대상이 아니다

사업을 운영하다 보면, 직원 관리로 인해 스트레스를 받지 않는 사장은 거의 없다. 직원 개개인은 각자의 감정과 가치관을 가진 독립적인 존재이며, 단순히 급여만으로 동기를 부여하는 것은 쉽지 않다. 경영자들은 직원의 급여는 그들의 시장 가치와 정확히 일치해야 한다고 생각하지만, 이는 현실과 맞지 않는 개념이다.

직원은 고용되기 전까지는 자신의 노동시간과 급여를 교환하는 관계를 맺는다. 즉, 자신이 제공하는 노동력과 회사가 제공하는 급여가 등가교환의 원칙에 따라 결정된다. 하지만 일단 채용이 되면 상황이 달라진다. 직원 입장에서 해고되지 않는 한 급여는 안정적으로 지급되므로, 꼭 열심히 일해야 할 동기가 생기지 않을 수도 있다.

직원이 지속적으로 동기부여된 상태에서 업무에 몰입하도록 하려면, 단순히 시장 가치에 맞는 급여를 지급하는 것만으로는 부족하다. 직원이 업무에 가치를 느끼고, 자발적으로 노력하도록 만들기 위해서는 성과급, 복지 혜택, 승진 기회, 일하는 환경 등의 다양한 요소를 고려해야 한다.

자본주의 경제에서는 기업이 직원에게 시장 가치보다 더 높은 급여를 지급하는 것이 일반적이다. 이는 직원이 보다 헌신적으로 일할 동기를 부여하기 위해서다. 경제학에서는 이런 이유로 완전한 수요공급 원칙에 따라 노동시장이 움직이지 않으며, 실업이 항구적으로 존재할 수밖에 없다고 설명한다.

경영자라면, 직원은 단순히 시장가치에 맞춰 급여를 받는 존재가 아니라, 항상 그 이상의 대가를 받아야만 하는 존재임을 이해해야 한다. 이는 기존의 경영 마인드를 완전히 뒤집는 개념일 수도 있다.

급여를 정해 놓고, 직원이 더 많은 일을 하길 기대하는 것도 결국 등가교환 원칙에서 경영자가 이득을 보려는 계산에서 출발한 것이다. 하지만 직원들은 단순한 계산대로 움직이지 않는다.

일부 경영자들은 도덕적 설득이나 훈계를 통해 직원들이 더 열심히 일하도록 만들 수 있다고 믿는다. 하지만 이러한 접근은 현실적으로 효과가 없다. 오히려 경영자만 스트레스를 받고, 직원들은 반발심을 가지게 된다.

군대처럼 철저한 규율로 움직이는 조직에서도, 병사들은 자신에게 특별한 이득이 없는 전쟁에 적극적으로 참여하려 하지 않는다. 병사들을 전쟁에 투입하려면 가족에 대한 보장, 전리품 획득, 전역 후 혜택 등의 보상 시스템이 있어야 한다.

시오노 나나미의 《로마인 이야기》에서도 이러한 개념이 잘 설명된다. 로마군은 전투를 마친 후 이민족에 대한 약탈을 허용했고, 전쟁이 끝난 후에는 병사들에게 막대한 퇴직금을 지급하여 안정된 노후를 보장했다. 이러한 보상 체계가 병사들이 피비린내 나는 전투와 고된 행군을 감내할 수 있도록 만드는 중요한 동기였다.

직원들도 마찬가지다. 단순한 규율과 지시만으로는 직원들이 헌신적으로 일할 동기를 만들 수 없다. 오히려 직원들이 자발적으로 업무에 몰입할 수 있는 환경을 조성하고, 회사가 성장함에 따라 직원들의 삶이 함께 나아질 것이라는 믿음을 심어주는 것이 중요하다.

회사의 번영이 직원들의 생활 수준을 높이고, 회사의 성공이 곧 직원들에게도 혜택으로 돌아온다면, 직원들은 자연스럽게 조직에 대한 충성심을 갖게 된다.

역사적으로 엄청난 성공을 거둔 기업들을 보면, 직원들의 급여와 복지 혜택에 대한 개념을 변화시킨 사례가 많다. 많은 기업가가 당대의 평균 이상으로 직원들에게 보상을 제공했으며, 이를 통해 직원들의 헌신과 성장을 이끌어 냈다.

결국, 직원 관리는 단순히 급여를 맞춰주는 것이 아니라, 직원들이 조직의 일부로서 자신의 성장과 회사의 성장이 연결되어 있음을 느낄 수 있도록 하는 과정이다. 이를 위해서는 직원들에게 단순한 경제적 보상을 넘어, 장기적인 성장과 안정성을 제공하는 것이 중요하다.

직원을 일단 고용했으면 믿고, 최고의 대우를 해주어라

경영자들은 종종 "내가 직원들을 잘 관리해야 회사가 잘 돌아간다"고 생각하지만, 실제로는 직원들을 지나치게 통제하려는 태도가 오히려 조직의 생산성을 떨어뜨리는 경우가 많다. 제프리 페퍼 교수는 《지혜경영》에서 유능한 경영자들이 흔히 빠지는 실수에 대해 지적하며, 경영자가 직원들을 통제하려 하면 할수록 직원들은 반발하고, 신뢰를 바탕으로 한 조직 운영이 무너진다고 경고했다.

일부 경영자들은 자신의 경험을 바탕으로 조직을 운영한다. 특히, 젊은 시절 경영진의 결정이 답답하게 느껴졌던 사람들은 나중에 자신이 경영자가 되었을 때, 그때와는 다르게 경영하겠다고 다짐하지만, 결국 자신이 답답해했던 방식 그대로 회사를 운영하게 되는 경우가 많다.

직원들은 단순히 돈을 벌기 위해서만 회사에 다니는 것이 아니다. 그들은 자신이 의미 있는 일을 하고 있다고 느끼고 싶어 하며, 경력 개발을 통해 미래에 더 나은 사람이 되기를 원한다. 또한, 회사의 일원이기도 하지만, 가족과 지역사회의 일원이기도 하다.

회사가 직원들의 자발적인 참여를 유도하지 않고, 강압적인 방법으로 성과를 내게 하려 한다면, 직원들은 당장은 그 요구에 따를 수밖에 없을지 몰라도 결국 불만이 쌓이게 된다.

일부 기업들은 업무 시간 중 직원들이 인터넷을 사용하거나, 개인적인 용무를 보는 것을 통제하기 위해 다양한 감시 시스템을 도입한다. 회사에서 직원들이 사적인 용도로 인터넷을 사용하는 것을 막기 위해 접속 차단 장치를 설치하고, 이메일을 감시하는 툴을 도입하는 경우도 많다.

하지만, 이렇게 통제를 강화한다고 해서 직원들의 생산성이 높아지는 것은 아니다. 오히려 직원들은 회사의 감시를 피하면서 자신의 목적을 달성하려고 더 많은 시간을 낭비할 가능성이 크다.

SAS는 직원 복지가 잘 갖춰진 기업으로 유명한데, 이 회사의 경영자는 "직원들이 업무 중 포르노 사이트를 보려 한다면, 그 사이트 주소를 정리해서 제공하는 것이 차라리 생산성을 높이는 방법이 아니겠느냐"고 농담처럼 말한 적이 있다. 이 말은 직원들을 감시하는 것이 아니라, 그들이 업무에 몰입할 수 있는 환경을 만들어야 한다는 점을 강조한 것이다.

회사는 직원들을 신뢰해야 한다. 경영자가 초점을 맞춰야 하는 것은 직원이 어떻게 일하는지 감시하는 것이 아니라, 그들이 어떤 성과를 내는지 평가하는 것이다.

직원들은 자신이 믿음을 받고 있다고 느낄 때, 조직에 대한 책임감을 더 강하게 느낀다. 반대로, 경영자가 직원들을 믿지 못하고 감시하면, 직원들도 회사의 기대에 부응하는 방향으로 행동하지 않으려 한다.

만약 경영자가 직원들을 믿지 못하겠다면, 신뢰할 수 있는 사람을 다시 채용하는 것이 바람직하다. 그러나 한 번 신뢰하기로 했다면, 직원이 자신의 역량을 최대한 발휘할 수 있도록 최고의 대우를 해주어야 한다.

기계를 고용한 것이 아니라 사람을 고용했다면, 업무 시간 동안 개인적인 용무를 보는 것을 허용할 필요도 있다. 직원들은 개인적인 용무를 위해 업무 중 잠시 시간을 쓰더라도, 결국 성과를 내는 방식으로 스스로 조절할 수 있다.

의심과 통제에 집중하는 대신, 회사가 원하는 성과와 결과에 집중하는 것이 훨씬 더 효과적인 경영 방식이다. 만약 직원이 과도하게 업무와 무관한 활동을 한다면, 그 문제를 개인적으로 지적하고, 개선할 시간을 주고, 변화가 없다면 해고하는 것이 더 현실적인 해결책이다.

그렇지 않고 무조건적인 감시 시스템을 구축하고 거기에 의존한다면, 직원들은 회사에서 늘 감시받고 있다는 느낌을 받게 된다. 이렇게 되면 직원들은 업무에 집중하기보다 어떻게 하면 감시를 피할 수 있을지를 고민하게 된다.

신뢰가 깨지는 순간, 직원들은 회사에 대한 불만을 직접 표출하기보다는 생산성을 떨어뜨리는 방식으로 불만을 표출하게 된다.

제프리 페퍼 교수는 장시간의 근무가 반드시 성과로 이어지지는 않는다고 강조했다. 미국 기업들도 한국과 마찬가지로 직원의 충성도를 장시간 근무로 판단하는 경향이 있다. 그러나 유럽에서는 장기간의 여름휴가를 보장하지만, 미국과 비교했을 때 생산성이 낮지 않거나 오히려 더 높은 경우도 많다.

장시간 근무가 항상 좋은 성과를 보장하는 것은 아니다. 업무 시간이 부족하다면, 경영자는 업무 프로세스를 더 효율적으로 설계하는 데 집중해야 한다.

쓸데없는 회의를 줄이고, 불필요한 절차를 생략하며, 업무를 보다 효율적으로 처리하는 방식을 고민해야 한다. 직원들에게 충분한 휴식을 제공하는 것은 그들의 에너지를 충전하고, 창의적이며 적극적인 조직 문화를 조성하는 데 도움이 된다.

경영은 단순한 시스템 운영이 아니라, 사람을 다루는 일이다. 사람은 논리나 시스템만으로 움직이지 않으며, 감정과 동기를 가지고 있다. 경영자는 사람을 어떻게 대할 것인지 고민해야 하고, 동시에 성과를 내야 한다는 현실적인 압박 속에서 균형을 찾아야 한다. 단순히 직원들을 통제하고 감시하는 것이 아니라, 그들이 스스로 동기를 느낄 수 있도록 환경을 조성하는 것이 장기적으로 더 나은 결과를 가져온다.

경영자는 자신의 사고방식을 유연하게 유지하면서, 직원들이 자발적으로 성과를 내도록 유도하는 방향으로 조직을 운영해야 한다. 믿음과 신뢰를 바탕으로 한 조직은 단순한 통제 기반의 조직보다 더 강한 결속력과 지속적인 성장을 이끌어낼 수 있다.

직원은 선하지도 악하지도 않고 발전을 원하는 존재다

사람을 바라보는 다양한 이론이 있다. 인간은 본질적으로 이기적이므로 철저한 관리가 필요하다는 X 이론, 반대로 기본적으로 성실하고 자발적인 존재라는 Y 이론처럼 상반된 주장들이 존재하지만, 사실 이러한 구분이 중요한 것은 아니다. 사람은 근본적으로 발전하고자 하는 욕망을 가진 존재다.

직원들은 각자의 감정과 동기를 가지고 있으며, 단순히 생계를 유지하기 위해 일하는 것이 아니라, 더 나은 내일을 꿈꾸며 성장하고 싶어 한다. 더 높은 급여를 받고 싶고, 회사에서 인정받고 싶고, 일에서 더 많은 통제력을 갖기를 원하며, 자신의 업무에서 의미 있는 진전을 이루고 싶어 한다.

기업이 직원의 동기를 부여하려면, 단순한 보상 시스템을 마련하는 것이 아니라, 직원들이 지속적으로 성장하고 발전하고 있다고 느낄 수 있는 환경을 조성하는 것이 중요하다.

2010년 1월 하버드 비즈니스 리뷰에서 발표한 《2010년의 혁신적인 생각들》 중 첫 번째 아이디어는 "직원에게 진짜로 동기를 부여하는 것이 무엇인가?"라는 주제였다. 이 연구에서 밝혀진 바에 따르면, 직원들에게 가장 강력한 동기를 부여하는 것은 금전적인 보상이 아니라, 발전과 향상의 경험이다.

직원들은 자신이 직장에서 성장하고 있다고 느낄 때, 혹은 장애물을 극복할 수 있도록 도움을 받을 때 가장 긍정적인 감정을 경험한다. 반대로, 일이 정체되었다고 느끼거나, 스스로 해결하기 어려운 문제에 부딪혔을 때 가장 의욕이 저하된다.

예를 들어, 매출 실적을 책임지는 관리자가 있다고 가정하자. 그는 고정 급여를 받고 있지만, 매출 실적이 저조해지면 스트레스를 받고, 심지어 회사를 떠나고 싶을 정도로 힘들어할 수도 있다. 반면, 매출이 상승하고 사업이 잘되고 있을 때는 특별한 보상이 없어도 성취감을 느낀다.

일부 경영자들은 정교한 인센티브 시스템만으로 직원들에게 동기를 부여할 수 있다고 믿지만, 이는 한계가 있다. 리더의 역할은 단순한 보상을 넘어, 직원들이 자신이 하는 일이 의미 있다고 느끼도록 돕는 것이다.

리더는 직원들이 수행하는 업무에 의미를 부여하고, 작은 성취라도 이를 인정하며, 직원들이 지속적으로 성장하고 있음을 실감하게 만들어야 한다. 직원들이 업무에서 진전을 경험할 때, 그들의 동기는 강화된다. 반면, 지속적인 목표 변경으로 인해 직원들이 자신의 업무에서 성취를 느끼지 못하게 되면, 사기가 저하될 수밖에 없다.

리더가 자원을 제대로 배분하지 않아 직원들의 업무를 방해하거나, 불필요한 장애물을 만들어내면, 직원들의 동기는 급격히 떨어진다. 부정적인 사건은 긍정적인 사건보다 훨씬 강한 영향을 미쳐 직원들의 의욕을 감퇴시킨다.

리더는 직원들의 노력을 적극적으로 지원해야 한다. 작은 문제를 위기로 몰아가면서 직원들에게 압박을 가하는 것보다는, 실패를 성장의 기회로 만들 수 있도록 돕는 것이 중요하다.

사업을 하다 보면 크고 작은 문제가 발생하기 마련이다. 이때, 경영자가 "회사는 학교가 아니다. 문제를 해결해라."라고 다그치는 것은 직원들의 동기를 꺾는 행동이다. 대신, 직원들이 문제 속에서 배움을 얻고 성장하고 있는지를 질문하고, 그 과정을 격려하는 것이 더 효과적이다.

직원들은 스스로 누구보다도 자신의 업무에서 발전하기를 원하고 있으며, 여러 문제로 인해 이미 스트레스를 받고 있다. 리더는 이들의 성장을 도울 수 있는 문화를 조성해야 한다.

직원이 성장할 수 있는 환경을 제공하면, 그들은 더 높은 성과를 내고, 더 강한 책임감을 가지며, 결국 회사와 함께 성장할 수 있다. 직원들의 발전 경험이 곧 기업의 성장과 연결된다는 점을 명심해야 한다.

문제가 있는 직원은 어떻게 하는 것이 좋을까?

사장이 특정 직원 때문에 고민하는 순간이 온다면, 이는 단순한 문제가 아닐 가능성이 크다. 문제가 있는 직원이 자꾸 떠오르고, 집에서 쉬는 순간에도 신경이 쓰인다면, 그 직원과의 관계를 다시 한 번 점검할 필요가 있다.

직원이 문제라고 판단하기 전에, 먼저 그 직원이 자신의 문제를 충분히 인식하고 있으며, 어떻게 하면 개선할 수 있는지를 정확히 이해하고 있는지 확인해야 한다. 사장이 직원에게 개선해야 할 점을 명확하게 설명하지 않은 상태에서, 단순히 성과가 부족하다는 이유로 문제를 제기하는 것은 적절하지 않다.

예를 들어, 영업 사원이 매출을 기대만큼 올리지 못하고 있다면, 단순히 "더 매출을 만들어 와라"라고 지시하는 것만으로는 해결되지 않는다. 사장조차도 매출을 더 올릴 수 있는 구체적인 방법을 모른다면, 이는 직원의 문제가 아니라 조직의 문제일 수도 있다.

이럴 때는 직원과 함께 해결책을 고민해야 한다. 영업 전략을 다시 점검하고, 고객 접점에서 어떤 부분이 문제인지 분석하며, 직원이 보다 효과적으로 성과를 낼 수 있도록 도와주는 것이 먼저다. 그러나 직원과 충분한 논의를 거쳐 매출 증대를 위한 행동 계획을 수립했고, 직원이 이를 명확히 이해했음에도 실행하지 않았다면, 이는 문제가 될 수 있다.

직원이 기대만큼의 성과를 내지 못할 때는, 그가 충분한 동기부여를 받고 있는지 점검하는 것이 필요하다.

이 직원이 더 열심히 일할 이유가 있는가? 더 많은 매출을 올리면 그에게 실질적인 보상이 돌아가는가? 성과급 제도가 마련되어 있는가? 인사 평가 시스템이 존재하여, 열심히 일한 직원이 공정한 평가를 받고 승진 기회를 얻을 수 있는 구조가 마련되어 있는가?

기회가 존재하더라도, 직원 입장에서 그 기회가 너무 먼 미래의 일이라 당장 동기부여가 되지 않는 것은 아닌가? 성과에 대한 보상이 현실적으로 체감될 수 있는 형태로 운영되고 있는가? 이러한 질문들을 우선 먼저 던져보아야 한다. 이러한 요소들을 점검하지 않고, 단순히 "왜 열심히 하지 않는가?"라고 묻는 것은 비효율적이다.

회사가 적절한 직무에 맞는 사람을 채용하지 않고, 직원이 직무에 적합하지 않다고 고민하는 경우도 많다. 하지만, 이는 직원의 문제가 아니라 채용 과정의 문제일 가능성이 높다. 잘못된 채용을 한 상태에서, 직원에게 무리하게 직무를 맞추려고 하기보다는, 채용 절차를 개선하여 적합한 인재를 선발하는 것이 더 근본적인 해결책이 될 수 있다.

또한, 직원이 일정한 성과를 내고 있음에도, 일부 단점을 부각시켜 문제라고 인식하는 경향도 있다.

사람은 누구나 단점을 가지고 있으며, 회사는 직원의 강점을 활용할 수 있도록 직무를 조정하고, 단점은 다른 직원이나 시스템을 통해 보완할 수 있도록 해야 한다. 하지만, 단점이 업무 수행에 치명적인 영향을 미치고, 개선의 기회를 주었음에도 변화가 없다면, 이 직원이 현재 맡고 있는 역할을 바꾸어 주거나, 회사 내에서 더 적합한 역할을 찾을 수 있도록 도와주어야 한다.

그러나 모든 방법을 시도했음에도 해결되지 않는다면, 해고를 고려할 수밖에 없다. 해고는 감정적인 결정이 아니라, 조직과 직원 모두에게 최선의 선택이 될 수 있도록 신속하게 진행해야 한다.

사장 입장에서 "문제가 있는 직원이지만, 그래도 정이 들었고, 당장 내보내기는 어렵다"고 생각할 수도 있다. 하지만 직원 입장에서 보면, 1년 내내 스트레스를 받으며 회사를 다니다가 결국 떠나는 것보다, 1~2개월 정도의 짧은 기간 동안 어려움을 겪고 새로운 기회를 찾는 것이 더 나을 수도 있다.

회사는 직원이 장기간 문제를 겪고 스트레스를 받는 상태를 방치하기보다는, 직원이 더 적합한 환경에서 자신의 능력을 발휘할 수 있도록 결정을 내리는 것이 바람직하다. 회사의 입장에서 직원이 현재의 역할에서 최선을 다할 수 있도록 지원하는 것이 기본적인 의무이지만, 그럼에도 조직과 맞지 않는다면, 직원이 새로운 기회를 찾을 수 있도록 도와주는 것도 필요하다.

단점이 있더라도, 회사가 그 직원과 함께 일하기로 결정했다면, 그 직원이 회사에 대한 자부심과 충성심을 가질 수 있도록 도와주는 것이 중요하다. 과도한 질책이나 불신으로 인해 직원이 스스로 조직에서 소외된다고 느끼게 만들면, 그 직원은 더는 자신의 역할에 충실하지 않게 된다.

경영자는 직원이 조직 내에서 자신의 가치를 느끼고, 발전할 수 있도록 돕는 역할을 해야 한다. 하지만, 그 과정에서 어떤 방식으로든 해결이 되지 않는다면, 신속하고 명확한 결정을 내려야 한다.

상위 1%의 유능한 인재는 어떻게 관리해야 할까?

경영자라면 누구나 뛰어난 인재와 함께 일하고 싶어 한다. 회사의 규모와 관계없이, 소수의 우수한 인재가 조직의 성과에 막대한 영향을 미치는 경우가 많다. 80:20 법칙은 인재 관리에서도 그대로 적용된다. 전체 직원 중 일부가 회사에 기여하는 비율이 압도적으로 크며, 이들의 역량이 조직의 성패를 좌우한다.

하지만 경영자들이 우수한 인재를 채용하는 것에는 집중하면서도, 이들을 효과적으로 관리하는 데는 실패하는 경우가 많다. 뛰어난 인재들이 조직에서 오래 머무르지 않고 떠나는 이유는 다양하지만, 대부분은 적절한 인정과 관심을 받지 못했기 때문이다.

기업들은 경쟁력 있는 급여와 근무 환경, 그리고 성장 가능성을 제시하며 우수한 인재를 채용하려고 한다. 하지만 인재가 입사한 후에는, 이들을 계속해서 동기부여하고 성장할 수 있도록 지원하는 것이 더욱 중요하다.

경영자들은 종종 "이 정도 대우를 해줬으면 이제 열심히 일해야지"라고 생각하지만, 우수한 인재들은 언제든 더 좋은 조건을 제시하는 곳으로 이동할 수 있으며, 자신의 능력을 활용하여 창업할 수도 있다.

반면, 좋은 대우에 만족하며 안정적인 환경을 선호하는 것은 오히려 평범한 직원들일 가능성이 높다. 그렇다면, 뛰어난 인재들이 조직에 충성하고 지속적으로 성과를 내도록 하려면 어떻게 해야 할까?

우수한 인재들은 인정받기를 원한다. 단순히 조직에 대한 애착이 아니라, 리더가 자신을 인정하고, 진정으로 관심을 기울여 주기를 바란다. 역사 속에서도 뛰어난 인재들은 단순한 대우가 아니라, 자신을 진심으로 인정해주는 리더를 따랐다.

제갈량은 당대 최고의 전략가였고, 누구와도 함께 일할 수 있었지만, 유비가 자신을 알아보고 인정해주었기 때문에 그를 따랐다. 유비는 그를 얻기 위해 삼고초려를 했고, 함께 일한 후에도 거의 모든 권한을 위임하며 신뢰를 보였다. 제갈량이 조조나 손권이 아니라 유비를 선택했던 이유는, 그가 자신의 능력을 알아보고 진심으로 존중했기 때문이었다.

뛰어난 인재일수록 리더의 인정과 신뢰를 원한다. 지속적인 대화와 관심이 없다면 그들은 쉽게 조직을 떠나버린다. 하지만 일부 경영자들은 인재들에게 관심을 기울이면 오히려 자신이 만만해 보일까 걱정하거나, 인재를 조직 내에 풀어놓고 방치하는 경우가 많다. 그뿐이 아니다. 최고의 인재를 채용하고도 그들을 신뢰하지 못하고, 끊임없이 테스트하고 업무를 충분히 맡기지 않는 리더들도 있다.

이런 리더들은 왜 인재를 믿지 못하는 것일까? 경영자는 일반 직원보다 훨씬 더 많은 이해관계 속에서 사람을 만나기 때문에, 배신이나 실망을 경험하는 경우가 많다. 일부 사람들에게 실망한 경험이 쌓이면, 모든 사람을 의심하는 태도를 가지게 될 수도 있다. 하지만, 과거의 몇몇 사례 때문에 모든 직원을 동일하게 의심하는 것은 경영자로서 바람직한 태도가 아니다.

사람을 쉽게 믿지 못하는 경영자라면, 자신이 과거에 어떤 경험을 했고, 그것이 현재의 의사 결정에 어떻게 영향을 미치는지를 되돌아볼 필요가 있다.

대부분의 직원은 생각보다 훨씬 현명하다. 문제가 있으면 직접적인 대화를 통해 해결하는 것이 가장 좋은 방법이며, 리더의 기대와 문제의식을 솔직하게 전달하면, 직원들도 이에 대해 열린 태도를 보이는 경우가 많다.

그러나 리더가 시스템과 절차를 내세워 대화를 회피하면, 직원들은 자신이 신뢰받지 못하고 있다고 느끼게 된다. 결국, 인정받고 신뢰받기를 원하는 직원들은 자신을 믿어주는 리더를 찾아 떠나게 된다.

진정으로 뛰어난 인재들은 조직의 관료적인 절차에 얽매이지 않는다. 만약 리더가 회사 체계 뒤에 숨어 직접적인 소통을 하지 않는다면, 유능한 직원들이 오랫동안 충성하기는 어려울 것이다. 리더가 직원들에게 관심을 기울이고, 그들의 가치를 인정하고, 지속적으로 소통한다면, 이들은 단순한 금전적 보상을 넘어 조직에 대한 충성도를 가질 것이다. 결국, 뛰어난 인재를 유치하는 것보다, 그들이 조직에 머물며 지속적으로 성과를 낼 수 있도록 신뢰와 관심을 기울이는 것이 더 중요하다.

직원들에게 요구할 기본기는 무엇일까?

세계적인 스포츠 팀을 성공적으로 이끄는 훌륭한 감독들의 공통점 중 하나는 기초 체력과 기본기를 중시한다는 점이다. 뛰어난 운동선수라 하더라도, 기본기가 부족하면 장기적인 성과를 내기 어렵다. 할리우드에서 제작된 감동적인 스포츠 영화들도 대부분 비슷한 스토리 구조를 가지고 있다.

예를 들어, 《리멤버 타이탄》이나 《미라클》과 같은 영화를 보면, 처음에는 팀이 문제가 많고, 선수들은 서로 갈등하며 좋은 성과를 내지 못한다. 팀원들은 제각기 개인적인 문제를 가지고 있고, 조직력이 부족하며, 팀워크가 제대로 형성되지 않은 상태다.

이때, 새로운 감독이 부임하면서 강도 높은 훈련과 철저한 기본기 연습을 도입한다. 그는 선수들에게 가장 기본적인 체력 훈련부터 다시 시작하게 하고, 개개인의 기술보다는 팀워크와 기본적인 동작을 완벽하게 수행하는 것에 집중하도록 만든다. 영화 속에서 감독과 선수들 모두 개인적인 문제를 겪지만, 팀이 점점 성장하면서 그 과정에서 희망을 발견하고, 결국 뛰어난 성과를 이루어낸다.

비즈니스 세계에서도 이와 같은 기초 체력이 필요하다. 비즈니스에서의 기본기는 무엇일까? 그것은 바로 업무에 대한 약속을 하고, 그 약속을 지키는 능력이다.

문제가 있는 직원들의 가장 큰 공통점은 자신의 업무에 대한 책임감을 갖지 않는다는 점이다. 자신이 맡은 바에 대해 쉽게 약속하지 못하고, 업무 일정이나 품질을 보장하지 못하는 경우가 많다.

"열심히 해보겠지만, 언제 완료될지 장담할 수 없습니다." 이런 말을 자주 하는 직원은 기초 체력이 부족한 것이다. 단순히 능력 부족의 문제가 아니라, 책임감을 가지고 업무를 계획하고 실행하는 역량이 부족한 상태다.

문제가 있는 조직에서도 같은 현상이 나타난다. 만약 당신이 성과가 나오지 않는 조직의 경영자로 부임했다면, 직원들은 쉽게 성과에 대해 약속하지 않고, 약속을 하더라도 이를 지키지 않는 경우가 많다.

이러한 상황을 해결하기 위해서는, 직원들이 일정한 주기로 자신의 업무 진행 상황을 보고하도록 해야 한다. 보고 과정에서 단순히 "이 일을 완료했습니다"라고 말하는 것이 아니라, 애초에 계획했던 일정과 목표 대비 얼마나 달성했는지를 스스로 평가하도록 유도하는 것이 중요하다.

작은 업무부터 시작해도 좋다. 직원이 업무를 계획하고, 그 계획을 스스로 설정한 일정과 품질 기준에 맞춰 수행할 수 있도록 연습시키는 것이 핵심이다. 직원이 자신의 계획을 세우고, 스스로 약속한 것을 달성하는 경험을 반복하면, 자신의 업무 수행에 대한 책임감을 점점 더 갖게 된다. 처음에는 작은 업무에서 시작하지만, 이러한 습관이 조직 전체로 확산되면서 결국 팀과 회사의 성과로 이어진다.

궁극적으로, 비즈니스에서 가장 중요한 기본기는 약속을 지키는 것이다. 작은 약속이라도 철저하게 지키는 습관이 조직의 기초를 튼튼하게 만들며, 이러한 문화가 자리 잡으면 자연스럽게 조직의 성과도 함께 상승한다.

직원 교육은 직원들에게 자신감을 갖도록 해준다

사장들은 직원들이 의견을 내지 않아 답답하다고 말한다. 하지만 자세히 들여다보면, 사실 직원들이 의견을 내지 않는 이유는 리더의 태도에서 비롯되는 경우가 많다.

직원들이 자신의 의견을 적극적으로 표현하려면, 리더가 먼저 들을 자세가 되어 있어야 한다. 직원들은 때때로 엉뚱하거나 다소 현실성이 떨어지는 아이디어를 낼 수도 있다. 하지만 그때마다 리더가 의견을 묵살하거나, 아이디어를 조롱하거나, 그 직원의 사고방식 전체를 문제 삼는다면, 직원은 다시는 의견을 내지 않으려 할 것이다.

의견과 사람을 분리해서 들어야 한다. 직원들이 편안하게 이야기할 수 있는 분위기가 조성될 때, 예상치 못한 좋은 아이디어가 나올 수도 있다. 아이디어는 누가 냈느냐가 중요한 것이 아니라, 그 아이디어가 조직에 어떤 가치를 가져올 수 있는지가 중요하다.

리더는 아이디어를 제공한 직원에게 불이익을 주어서는 안 된다. 의견을 수렴한 후, 꼭 그 의견을 채택하지 않더라도 "좋은 의견을 내줘서 고맙다"고 말해 주어야 한다. 아이디어를 평가하고 판단하는 것은 그다음 문제이며, 아이디어를 낸 직원의 태도나 사고방식을 문제 삼는 것은 절대 바람직하지 않다.

하지만 리더가 아무리 열린 자세를 가지고 있어도, 직원들이 적극적으로 아이디어를 내기 어려운 경우도 있다. 그것은 단순한 의지의 문제가 아니라, 직원들이 자신의 생각을 표현할 수 있는 능력을 충분히 갖추지 못했기 때문일 수 있다.

사장은 수많은 이해관계자와 다양한 직군의 사람들을 만나며 대화를 나누는 데 익숙하지만, 많은 기능직 직원들은 자신의 생각을 표현하는 데 어려움을 느낀다. 그 이유는 단순히 말을 못해서가 아니라, 자신의 생각을 논리적으로 전달하는 경험이 부족하기 때문이다.

직원들이 자신의 생각을 자신감 있게 표현할 수 있도록 대화의 무기를 제공해야 한다. 토론과 대화도 연습이 필요하다. 직원들에게 회사 전략, 제품 개발, 기술, 마케팅 등 주요한 사업 영역에 대한 기본적인 지식을 익힐 기회를 제공해야 한다.

이를 위해, 직무 교육을 적극적으로 지원하고, 독서 토론과 같은 프로그램을 도입하여 직원들이 특정 주제에 대해 논의하고 의견을 말하는 데 익숙해질 수 있도록 해야 한다. 직원들이 비즈니스 용어와 개념에 익숙해지면, 자연스럽게 회사 운영과 관련된 논의에 적극적으로 참여할 수 있는 분위기가 조성된다.

대화는 연습을 통해 자연스럽게 이루어진다. 필요할 때만 대화하려 하면, 중요한 순간에 직원들과 원활한 소통을 기대하기 어렵다. 따라서 평소에도 자주 대화할 수 있는 기회를 만들어야 한다.

티타임을 가지면서 가벼운 이야기부터 시작해 자연스럽게 사업과 관련된 주제로 확장해 나가는 것도 좋은 방법이다. 직원들이 모이는 공간에서 자연스럽게 대화를 나누는 기회를 만들어 보라. 또한, 직원들과 점심 식사를 함께하며 돌아가면서 이야기하는 것도 직원들과의 소통을 활성화하는 효과적인 방법이 될 수 있다.

직원들이 적극성을 가지고, 회사의 사업에 대한 아이디어를 내고, 자신의 업무를 개선하기를 바란다면, 직원들이 직무 교육과 다양한 독서를 통해 지속해서 학습할 수 있도록 회사 차원에서 지원해야 한다.

리더 스스로도 자신의 태도에 대한 피드백을 받아보는 것이 중요하다. “나는 직원들이 대화하기 좋은 상대인가?”라는 질문을 스스로 던져보아야 한다.

리더가 직원들과 자주 대화하고, 열린 자세로 직원들의 의견을 듣는다면, 직원들은 점점 더 적극적으로 자신의 생각을 표현할 것이다. 결국, 직원들의 의견이 조직을 성장시키고, 회사의 발전을 이끄는 중요한 요소가 된다.

인재 관리에 있어서 평등주의 사고에서 벗어나라

일부 경영자들은 직원들을 공정하게 대하는 것이 가장 좋은 관리 방식이라고 믿는다. 모든 직원에게 같은 기준을 적용하고, 동일한 기회를 제공하면 조직이 원활하게 운영될 것이라고 생각한다. 하지만 인재 관리에서는 평등주의 사고방식이 오히려 조직의 성과를 저해할 수 있다.

마커스 버킹엄은 《유능한 관리자》에서 세계적으로 성공한 관리자들을 연구한 결과를 바탕으로, 뛰어난 관리자들은 직원들을 똑같이 대하지 않는다는 점을 강조했다.

일반적인 경영자들은 원칙을 강조하다 보니, 모든 직원을 동일하게 대우해야 한다는 강박을 갖는다. 그러나 사람마다 개성과 역량, 동기부여 방식, 업무 스타일이 다르기 때문에, 모든 직원을 똑같이 대하는 것은 비효율적인 접근 방식이다.

유능한 직원들도 단점을 가지고 있으며, 개인마다 일을 대하는 태도와 동기부여 방식이 다르다. 조직에서 최고의 성과를 내려면, 모든 직원이 동일한 방식으로 행동할 것이라는 기대를 버리고, 개개인의 특성을 최대한 활용하는 것이 중요하다.

우화 "개구리와 전갈"을 떠올려 보자. 개구리는 강을 건너려 하고 있었고, 전갈은 개구리에게 자신을 업고 강을 건너게 해달라고 부탁했다. 개구리는 전갈이 자신을 찌를까 봐 두려워했지만, 전갈은 "너를 찌르면 나도 물에 빠져 죽는데, 내가 그럴 리가 있겠느냐?"라고 말했다. 개구리는 이를 믿고 전갈을 업었지만, 강 한가운데에서 결국 전갈에게 찔리고 만다. 개구리가 "왜 나를 찔렀느냐?"라고 묻자, 전갈은 "나도 안다. 하지만 나는 전갈이야. 그게 내 본능이야."라고 대답했다.

유능한 관리자는 개구리처럼 행동하지 않는다. 공통의 목표, 잘 정립된 인센티브, 설득력 있는 비전을 제시하면 직원들이 변화할 것이라고 믿는 경영자는 평범한 관리자일 뿐이다.

우수한 관리자는 사람이 쉽게 변하지 않는다는 점을 인정한다. 직원들은 각자 고유한 성향과 동기부여 방식을 가지고 있으며, 관리자는 직원들을 바꾸려 하기보다는, 그들의 강점을 활용하는 데 집중해야 한다.

일부 경영자들은 문제가 있는 직원을 어떻게 고칠까 고민하지만, 유능한 관리자들은 직원의 단점을 보완하려는 것보다 강점을 극대화하는 방식으로 접근한다. 유능한 관리자는 직원들의 잠재력이 무한하다고 생각하지 않는다. 그래서 직원들의 약점을 고치는 데 시간을 쓰기보다는, 그들이 잘할 수 있는 분야에서 성과를 내도록 유도한다.

직원 관리에서 가장 중요한 원칙은 "사람은 별로 변하지 않는다"

는 사실을 인정하는 것이다. 사람이 가지고 있지 않은 능력을 억지로 길러주려고 하면, 불필요한 시간이 소모될 뿐만 아니라, 조직 전체의 효율성도 떨어진다.

대신, 직원이 이미 가지고 있는 능력을 최대한 발휘할 수 있도록 환경을 조성하는 것이 더 효과적이다. 이를 위해, 유능한 관리자는 직원 개개인의 재능과 장점을 세심하게 분석하고, 각자의 강점을 살릴 수 있도록 역할을 배분한다.

모든 직원이 같은 방식으로 일하도록 강요하는 것은 조직 운영에서 비효율적인 접근이다. 사람마다 능력과 성향이 다르다는 점을 인정하면, 직원들을 평등하게 대하기보다는 각각의 특성에 맞는 방식으로 대우해야 한다는 개념을 이해할 수 있다.

예를 들어, 가정을 가진 직원이 있다면, 그의 업무 일정에 맞춰 개인적인 배려를 더할 수 있다. 물론, 이로 인해 다른 직원들이 불공평하다고 느낄 수도 있다. 하지만 그들의 상황을 고려해 또 다른 형태의 배려를 제공할 수도 있으며, 이러한 차이를 적절히 설명하면 직원 대부분은 이를 이해할 수 있다.

결국 중요한 것은 평등이 아니라, 조직 내에서 최고의 성과를 낼 수 있도록 유능한 직원을 유지하고, 그들이 최상의 성과를 낼 수 있는 환경을 조성하는 것이다.

완벽한 균형을 유지하려다 보면, 조직의 성과를 내는 데 필요한 유연성이 사라질 수 있다. 경영자는 무난한 성과를 내는 직원만 남기는 것보다, 다소 까다로운 성격을 가졌더라도 뛰어난 성과를 내는 직원을 관리하는 것이 더 바람직하다.

우수한 인재를 관리하는 것은 단순한 규칙이 아니라, 개인의 특성을 이해하고, 그들이 최상의 성과를 낼 수 있도록 조율하는 과정이다. 관리자가 직원의 강점을 파악하고, 이를 적절히 활용하는 데 집중할 때, 조직 전체의 성과도 극대화될 수 있다.

직원의 동기부여 방법은?

앞서 잠깐 동기부여에 대해 이야기해보았다. 그렇다면 더 구체적으로 어떻게 동기를 부여해주어야 할까? 이 방법은 생각보다 다양하며, 단순히 급여 인상이나 성과급 지급만으로 해결되는 문제가 아니다. 직원들이 자신의 업무에 만족하고 지속해서 성과를 내기 위해서는 경제적 보상뿐만 아니라, 업무 환경, 성장 기회, 상사의 태도 등 다양한 요소가 함께 고려되어야 한다.

직원의 동기를 자극하는 가장 기본적인 방법은 시장 평균보다 높은 급여 수준을 제공하는 것이다. 사람들은 경제적 보상이 만족스러운 수준에 도달해야만, 그다음 단계에서 업무의 의미와 자율성, 성장 가능성 같은 요소를 고려하게 된다.

급여뿐만 아니라, 성과급 제도를 도입하여 직원이 자신의 성과에 따라 추가적인 보상을 받을 수 있도록 하는 것도 효과적이다. 성과급은 개인의 성과뿐만 아니라, 팀 단위 혹은 회사 전체의 성과와 연계할 수도 있다.

직원들에게 근태를 엄격하게 관리하는 대신, 출근 시간을 다소 유연하게 조정하는 것도 효과적인 방법이 될 수 있다. 모든 직원이 같은 시간에 출근하는 것이 아니라, 자신의 생활 패턴과 업무 스타일에 맞게 출근할 수 있도록 하면, 업무 효율성과 만족도가 높아진다.

자유롭게 사용할 수 있는 휴가 제도를 운영하는 것도 직원들의 동기부여에 긍정적인 영향을 미친다. 휴가를 사용할 때 눈치를 보지 않고, 자신의 일정에 맞춰 휴식을 취할 수 있도록 하면, 직원들은 더 만족스러운 업무 환경에서 일할 수 있다.

직원들이 불필요한 초과 근무를 하지 않고, 정해진 시간 내에 업무를 마칠 수 있는 환경을 조성하는 것도 중요하다. 회사가 "야근을 많이 하는 사람"을 열심히 일하는 사람으로 평가하는 문화가 형성되면, 직원들은 효율적으로 일하기보다 단순히 오래 근무하는 것에 집중하게 되어 생산성이 오히려 떨어질 수 있다.

업무에 대한 자율성을 부여하는 것도 직원들에게 동기를 부여하는 중요한 요소다. 직원들이 매번 상사의 승인을 기다리지 않고, 일정 수준의 재량권을 가지고 업무를 수행할 수 있도록 하면, 업무 몰입도가 높아지고 책임감도 강화된다.

성과 측정이 명확하게 이루어지는 환경도 중요하다. 직원들은 자신의 성과가 어떻게 평가되는지 분명하게 알고 있어야 하며, 회사에서 무엇을 성과로 보는지 이해해야 한다. 성과 측정이 모호하면, 직원들은 자신이 얼마나 기여하고 있는지를 알지 못한 채 단순한 업무 수행자로 남을 수 있다.

직원이 일을 하면 할수록 그들의 지적 자본이 증가하는 업무를 맡기는 것도 효과적인 동기부여 방법이다. 즉, 직원이 업무를 수행하면서 새로운 것을 배우고 성장할 수 있도록 해야 한다. 다양한 업무를 스스로 통제하고, 주도적으로 할 수 있는 환경도 동기부여에 중요한 요소다. 직원들이 자신의 업무를 능동적으로 조정할 수 있다면, 그들은 더 큰 책임감을 느끼고 더 나은 결과를 내려고 노력할 것이다.

리더의 인정과 관심 역시 직원들의 동기부여에 결정적인 영향을 미친다. 성과를 인정해주는 것은 단순한 칭찬과는 다르다. 칭찬은 상사가 아랫사람에게 하는 느낌이 강하지만, 인정은 "당신의 성과가 회사에 중요한 기여를 했다"는 메시지를 전달하는 것이다. 사람들은 단순히 칭찬받는 것보다, 자신이 중요한 역할을 하고 있으며, 상사도 이를 인정하고 있다는 사실을 알 때 더욱 동기부여된다.

명확한 직무 설계와 책임 소재를 확립하는 것도 중요하다. 직원들은 자신이 해야 할 일이 명확하게 정의되어 있을 때, 더 큰 안정감을 느끼고 업무에 몰입할 수 있다. 너무 빈번한 보고 체계를 요구하면, 직원들은 보고서 작성에 시간을 빼앗기고 실질적인 업무에 집중하기 어려워질 수 있다.

직원들이 독립적으로 일할 수 있는 사무 공간을 제공하는 것도 동기부여에 도움이 된다. 자신만의 공간에서 집중해서 일할 수 있는 환경이 조성되면, 업무의 질도 자연스럽게 향상된다.

회사가 제공하는 아침 식사나 무료 음료 같은 작은 혜택도 직원들에게 긍정적인 영향을 미친다. 이러한 작은 배려가 직원들에게는 회사가 자신들을 배려하고 있다는 느낌을 주며, 조직에 대한 애착을 갖도록 만든다.

퇴직 연금 가입을 통해 직원들이 퇴직 후 재정적 불안을 가지지 않도록 하는 것도 장기적으로 직원 만족도를 높이는 요소가 된다. 또한, 상사가 가끔 근사한 식당에서 점심을 대접하는 것도 직원들에게 소속감을 느끼게 하는 좋은 방법이다.

직원이 자신의 아이디어가 실제로 회사에서 반영되는 경험을 하도록 하는 것도 강력한 동기부여 방법이다. 하지만 아이디어를 채택하는 방식이 단순히 아이디어를 낸 사람에게 업무 부담을 증가시키는 방식이어서는 안 된다.

만약 직원이 좋은 아이디어를 냈음에도 불구하고, 그 아이디어를 실행하는 부담을 온전히 개인에게만 맡긴다면, 직원들은 오히려 아이디어를 내지 않으려 할 것이다. 아이디어가 조직적으로 채택되고, 이를 실행하는 과정에서 조직의 지원이 이루어져야 직원들이 지속해서 창의적인 아이디어를 내고 싶어 한다.

고용계약을 통해 직원들에게 제공하는 기본적인 보상과, 회사가 추가적으로 제공할 수 있는 혜택을 명확히 구분하는 것도 중요하다. 단순히 채용을 목적으로 부가적인 혜택을 약속하면, 직원들은 이를 근로 계약의 일부로 오인할 수도 있다.

경험이 부족한 기업들은 종종 직원 복지를 과도하게 강조한 채용 공고를 내놓았다가, 실제로 이를 유지하지 못해 곤란한 상황에 부닥치기도 한다. 따라서, 회사가 직원들에게 제공할 수 있는 혜택을 명확하게 정리하고, 이를 지속해서 운영할 수 있는지를 신중하게 검토해야 한다.

회사의 중간 관리자는 직원 관리에 있어서 중요한 역할을 한다.

중간 관리자에게 적절한 재량권을 부여하여, 그들이 우수한 인재를 관리하고 보상할 수 있도록 지원해야 한다. 회사 내 관리자 교육을 통해 우수한 인재를 효과적으로 관리하는 방법을 교육하고, 다양한 동기부여 전략을 활용하도록 장려하는 것도 좋은 방법이다. 결국 직원들이 강한 만족감을 느끼게 하기 위해서는 개인에게 맞춘 가치를 제공해야 한다. 이를 위해서 회사는 직원들이 자율성과 성장 기회를 가질 수 있도록 지원해야 한다.

잘 만들어진 성과 평가 시스템을 구축하라

기업을 운영하면서 가장 중요한 것 중 하나는 공정하고 체계적인 성과 평가 시스템을 구축하는 일이다. 아무리 작은 기업이라도, 직원들의 성과를 객관적으로 평가하고 보상하는 시스템이 없으면 조직의 동기가 저하되고, 직원들의 신뢰를 잃게 된다.

딕 그로테는 《성과 평가란 무엇인가》에서 성과 평가가 무엇이며, 이를 기업 내에서 어떻게 효과적으로 구축할 수 있는지에 대해 깊이 있게 설명하고 있다. 성과 평가 시스템이 제대로 자리 잡지 않으면, 직원들은 자신의 노력이 제대로 인정받지 못한다고 느끼고 결국 조직을 떠나게 된다.

직장인들이 직장 생활을 하면서 가장 많이 불만을 느끼는 요소 중 하나가 바로 공정하지 못한 인사 평가 시스템이다. 많은 기업이 성과 평가를 공정하게 운영한다고 주장하지만, 현실적으로는 여전히 연공서열이나 승진 연한을 기준으로 평가가 이루어지는 경우가 많다.

국내 대기업에서도 인사 고과 시즌이 되면, 승진 연한이 찬 직원들에게 높은 점수를 몰아주고, 젊은 직원들이 아무리 뛰어난 성과를 냈더라도 양해를 구하는 방식이 반복되고 있다. 팀장은 조직의 관행과 압력 속에서, 성과보다는 승진 대상자에게 평가 점수를 몰아주는 선택을 하게 되고, 정작 뛰어난 성과를 낸 젊은 직원은 정당한 평가를 받지 못하는 경우가 많다.

이러한 불공정한 평가 방식은 직원들의 사기를 떨어뜨릴 뿐만 아니라, 조직에 대한 신뢰를 잃게 만들고, 결국 우수한 인재들이 회사를 떠나는 주요 원인이 된다. 많은 직장인들은 성과 평가를 담당하는 관리자를 신뢰하지 못하며, 회사의 인사 시스템이 불공정하다고 느끼는 순간, 장기적으로 회사와 함께 성장하고자 하는 의지를 잃는다.

성과 평가 시스템이 제대로 작동하지 않으면, 공정한 평가를 기대할 수 없고, 이는 직원들의 동기를 저하시킨다. 결국, 성과 평가가 부실하면, 회사의 핵심 인재들이 조직에 머무를 이유를 잃고 퇴사를 선택하는 경우가 많아진다.

기업의 목표와 전략, 그리고 기업이 중요하게 생각하는 가치를 반영한 성과 평가 시스템을 구축해야 한다. 성과 평가 시스템을 설계할 때는 단순히 연공서열이나 직급별 승진 가능성을 고려하는 것이 아니라, 실제로 직원들이 낸 성과를 객관적으로 측정하고 이를 공정하게 반영하는 방법이 마련되어야 한다.

기업이 성장하고 지속적으로 발전하기 위해서는, 성과 평가 시스템을 어떻게 정비할 것인지 고민해야 한다. 성과 평가가 단순한 연례행사가 아니라, 직원들의 성장을 유도하고, 조직의 경쟁력을 강화하는 핵심 요소로 작동하도록 만들어야 한다.

공정한 성과 평가 시스템을 구축하면, 직원들은 자신의 성과가 올바르게 인정받고 있다고 느끼게 되며, 조직에 대한 신뢰도도 높아진다. 성과 평가 시스템을 개선하고 정비하는 것은, 결국 기업 경영의 질을 높이는 과정과도 같다. 이를 통해 조직 전체가 건강한 경쟁을 통해 성장할 수 있도록 해야 한다.

리더십 파이프라인

램 차란은《리더십 파이프라인》에서 조직 내 리더를 어떻게 양성해야 하는지에 대해 깊이 있게 다루고 있다. 그는 기업이 지속적으로 성장하고 변화하는 환경에서 성공하기 위해서는 단계별로 적절한 리더를 배출하는 체계를 구축해야 한다고 강조한다.

기업이 성장하면서 필요로 하는 리더십의 형태는 단순하지 않다. 단순히 뛰어난 개개인이 리더가 되는 것이 아니라, 어떤 리더가 필요하며, 각 리더가 어떤 단계를 거쳐 성장해야 하는지, 그리고 그 과정에서 어떤 전환이 필요한지를 이해하는 것이 중요하다.

리더십 파이프라인 모델에서는 실무자가 리더로 성장하는 과정이 단계별로 설명된다. 실무자는 처음에는 자신의 업무를 스스로 관리하는 것에서 시작하지만, 1단계 전환점을 지나면서 초급 관리자로서 타인을 관리하는 역할을 맡게 된다.

그다음 2단계 전환점을 지나면, 초급 관리자들을 관리하는 중간 관리자가 되고, 3단계에서는 특정 영역을 책임지는 영역전담 관리자가 된다. 4단계에서는 사업 전체를 총괄하는 사업총괄 관리자가 되고, 5단계를 거치면서 그룹을 관리하는 리더가 되며, 6단계에서는 기업 전체를 경영하는 최고 경영진이 된다.

각 단계에서 요구되는 역할과 리더십은 다르며, 그 단계에 적응하지 못하면 실패할 가능성이 높다. 램 차란은 구체적인 사례를 통해 어떻게 각 단계에서 리더십을 개발해야 하며, 어떤 요소들이 전환 과정에서 중요한지를 설명한다.

GE 같은 글로벌 기업들은 이러한 리더십 파이프라인을 매우 체계적으로 운영한다. GE에서는 CEO나 임원이 퇴직하면, 24시간 이내에 후임자가 결정되고 연쇄적인 승진이 일사천리로 이루어진다.

이는 단순한 우연이 아니라, 기업이 사전에 철저한 인재 풀을 구축하고 승계 계획을 체계적으로 운영하고 있기 때문에 가능한 일이다. 여기서 승계 계획이란 단순히 후임자를 찾는 것이 아니라, 각 리더십 단계마다 높은 성과를 내는 인재들을 충분히 확보하여, 조직 전체의 리더십 파이프라인이 원활하게 흐를 수 있도록 하는 시스템을 의미한다.

이런 체계적인 리더십 개발이 이루어지면, 회사가 현재나 미래에 필요한 인재를 적시에 활용할 수 있으며, 조직의 지속성을 유지할 수 있다.

직원 입장에서는 회사가 자신의 경력 계발을 지원해 주기를 원한다. 시간이 지나면서 직무의 전문성이 깊어지거나, 관리자로 성장할 수 있는 기회가 주어지길 기대한다.

회사의 입장에서도 단계별로 적절한 관리자를 확보하는 것이 필수적이다. 내부에서 인재를 육성할 수도 있고, 외부에서 영입할 수도 있지만, 빠르게 성장하는 기업일수록 내부에서 자연스럽게 리더가 성장할 수 있도록 체계를 구축하는 것이 중요하다.

리더 육성을 단순히 개인의 책임으로 남겨두는 것이 아니라, 회사 차원에서 체계적인 프로그램을 운영해야 한다. 각 단계에서 필요한 리더십 역량을 명확하게 정의하고, 잠재적인 리더 후보군을 미리 선정하여 사전 교육을 제공하는 것이 효과적이다.

새로운 관리자 위치에 오르는 직원에게 적절한 교육과 지원이 제공되면, 조직 전체의 역량이 배가될 수 있다. 세계적인 글로벌 기업들은 이러한 단계별 리더 육성을 매우 체계적으로 운영하며, 이를 통해 조직의 지속적인 성장을 이끌어간다.

결국, 기업이 장기적으로 성장하고 지속적인 경쟁력을 유지하기 위해서는, 리더십 파이프라인을 체계적으로 구축하고 운영하는 것이 필수적이다.

리더십 파이프라인의 가장 중요한 첫 전환: 자기 관리에서 타인 관리로

리더십 파이프라인에서 가장 중요한 전환점 중 하나는 자신의 업무를 관리하는 단계에서 벗어나 타인을 관리하는 단계로 넘어가는 순간이다. 이 시점에서 제대로 적응하지 못하면, 이후의 모든 리더십 단계에서도 지속적인 문제가 발생할 수 있다.

실무자일 때는 자신의 능력과 노력만으로 성과를 만들어냈다. 그러나 관리자가 되면, 이제 더는 혼자만의 역량으로 성과를 내는 것이 아니라, 부하 직원들이 최상의 성과를 낼 수 있도록 돕고 조율하는 것이 핵심적인 역할이 된다.

이 전환 과정에서 가장 중요한 것은 사람들의 동기부여 방식과 팀 운영의 본질을 깊이 이해하는 것이다. 이를 깨닫지 못하면, 단순히 직급만 올라갔을 뿐, 효과적인 관리자가 되지 못하고, 조직 내에서 다양한 문제를 일으킬 수 있다.

초급 관리자가 가장 먼저 해야 할 일은 관리자로서 필요한 업무 능력을 습득하고 이를 실전에 적용하는 것이다. 실무자 시절과는 완전히 다른 역할을 수행해야 하므로, 업무 방식뿐만 아니라 사고

방식 자체를 변화시켜야 한다.

관리자로서의 역할을 제대로 이해하지 못하면, 초급 관리자는 자신이 익숙한 실무에 집중하는 실수를 저지른다. 예를 들어, 팀원들에게 업무를 위임하고 적절한 조언을 제공하는 것이 부족할 경우, 본인이 직접 실무를 수행하려는 경향을 보이게 된다.

이러한 경우, 본인이 뛰어났던 분야에 시간을 집중하며, 팀원들이 해결하지 못하는 문제를 직접 해결하려는 유혹에 빠진다. 예를 들어, 분석 작업을 하거나, 제품 설계를 직접 하거나, 소프트웨어를 개발하는 등의 일을 본인이 해버리는 것이다.

이러한 행동은 초급 관리자로서 매우 흔하게 나타나는 실수다. 동료였던 사람들이 이제는 자신의 부하 직원이 되었을 때, 그들에게 기죽기 싫어서 본인의 실력을 과시하려는 마음이 들기도 한다. 그러나 이러한 접근 방식은 관리자로서의 핵심 역할을 방해하는 요소가 될 수 있다.

관리자는 팀 전체의 생산성과 성과를 극대화하는 역할을 수행해야 하며, 조직의 업무 프로세스를 개선하고, 팀원들의 역량을 발전시키는 데 집중해야 한다.

관리자의 역할 중에서 가장 중요한 능력 중 하나는 시간 관리 능력이다. 조직 내에서 시간은 가장 부족한 자원 중 하나이며, 한정된 시간을 효과적으로 활용하는 것이 관리자에게 요구되는 핵심 역량이다.

나 역시 벤처 기업에서 처음으로 소프트웨어 개발 팀장이 되고, 이후 이사로 승진했을 때 이러한 실수를 경험했다. 실무자였을 때, 나는 새로운 기술을 도입하고 이를 활용하여 성과를 내는 방식으로 성공을 거두었다.

그러나 관리자가 된 후에도 이전과 같은 방식으로 일하려 했고, 최신 기술 관련 기사를 읽고, 새로운 기술을 익히는 데 많은 시간을 투자했다. 또한, 개발자들이 해결하지 못하는 문제를 직접 해결하면서 일시적인 성취감과 쾌감을 느끼기도 했다.

그 당시에는 내가 유능한 관리자라고 착각했다. 하지만 시간이 지나면서 깨달은 것은, 나는 관리자로서 중요한 역할을 제대로 수행하지 못하고 있었다는 점이었다. 팀원들과의 대화를 통한 문제 해결, 경영진과의 심층적인 논의, 그리고 팀원들의 동기부여와 역량 개발에 충분한 시간을 할애하지 못했기 때문이었다.

결국, 관리자의 가장 중요한 역할은 스스로 뛰어난 실무자가 되는 것이 아니라, 팀원들이 최상의 역량을 발휘할 수 있도록 돕는 것이다.

그러나 많은 경영자조차 뛰어난 실무자가 초급 관리자로 전환하는 과정에서 발생하는 문제를 인식하지 못하거나, 그 전환이 쉽지 않다는 점을 간과하는 경우가 많다.

관리자로 성장하면서, 자신의 역할이 무엇인지 다시 한 번 질문해 볼 필요가 있다. 나는 팀원들이 성장할 수 있도록 돕고 있는가? 나는 관리자로서의 핵심 역할을 수행하고 있는가? 나는 여전히 실무자로서의 역할에서 벗어나지 못하고 있지는 않은가?

이러한 질문에 대한 답을 찾는 과정이, 진정한 리더로 성장하는 첫걸음이 될 것이다.

위임이 중요한 이유

기업을 운영하면서 가장 중요한 리더십 스킬 중 하나가 위임(Delegation)이다. 그러나 많은 경영자는 직원들에게 업무를 온전히 맡기지 못하고, 자신이 모든 것을 직접 챙겨야 한다는 강박에 사로잡힌다.

펠릭스 데니스, 남성 잡지 맥심의 창업자는 처음에는 직원과 마치 체력 대결을 하듯이 일했다고 회고했다. 그는 위임을 배우기 전까지는 자신이 직접 더 많은 일을 하면 조직이 잘 돌아갈 것이라고 믿었다.

그는 직원들에게 충분한 권한을 주지 못했고, 모든 것을 스스로 처리하려고 했다. 그러던 어느 날, 계획에도 없던 한 달간의 휴가를 떠나게 되었고, 돌아와 보니 자신이 없던 동안에도 회사가 큰 문제없이 운영되고 있었다는 사실을 깨달았다.

이 경험을 통해 그는 위임의 중요성을 깊이 이해하게 되었고, 이후부터는 적극적으로 위임을 활용했다.

위임을 하지 못하는 경영자는 결국 자신이 평범한 직원 두 배의 일을 하는 유능한 직원에 불과하게 된다.

리더로서의 역할은 단순히 본인이 더 많은 일을 하는 것이 아니라, 조직이 체계적으로 운영될 수 있도록 시스템을 구축하는 것이다.

위임을 주저하는 경영자들은 종종 이렇게 생각한다.

"내가 이렇게 열심히 솔선수범하면, 직원들도 나처럼 열심히 일하지 않을까?"

그러나 사람들은 단순히 리더가 열심히 일하는 모습을 본다고 해서 동기부여되지 않는다. 오히려, 자신에게 책임과 권한이 주어질 때, 그 일을 자신의 것으로 느끼고 더욱 몰입하게 된다.

리더가 모든 것을 직접 챙기고, 직원들에게 충분한 책임을 부여하지 않으면, 직원들은 자신의 업무에 대한 주인의식을 가지지 못하고 단순한 수행자로 남게 된다.

위임이 효과적으로 이루어지면, 조직 내에서 단계별로 위험을 관리할 수 있고, 업무가 보다 효율적이고 체계적으로 운영될 수 있다. 또한, 직원들에게 확실한 책임을 부여하면, 그들은 맡은 일을 자신의 것으로 여기고 더 열심히 하려는 동기를 가지게 된다.

그러나 위임의 방식은 단순하지 않다. 딕 그로테는 《성과 평가란 무엇인가》에서 위임의 유형을 세 가지로 나누어 설명한다.

첫 번째 유형은 계획, 승인, 실행 방식이다. 직원이 업무를 수행하기 전에 계획을 보고하고 승인을 받은 후 실행하는 방식으로, 재량권이 가장 적은 형태의 위임이다.

두 번째 유형은 실행 후 보고 방식이다. 직원이 업무를 수행한 후 결과를 보고하는 방식으로, 보다 높은 수준의 자율성이 부여된다.

세 번째 유형은 완전한 재량권을 부여하는 방식이다. 직원이 본인의 판단에 따라 자유롭게 업무를 수행하며, 최소한의 개입만 이루어진다.

조직의 업무 특성과 직원의 역량에 따라 이 세 가지 방식 중 적절한 형태로 위임을 조정해야 한다. 그러나 기본적으로는 보고와 승인 절차를 최소화하고, 직원의 판단을 존중하는 방식으로 위임하는 것이 가장 바람직하다.

물론, 모든 업무가 위임될 수 있는 것은 아니다. 경영자는 절대로 위임하지 말아야 할 업무도 있다.

예를 들어, 현금 흐름 관리는 위임하더라도 반드시 직접 보고를 받아야 하며, 자산 규모 대비 일정 비율 이상의 자산 구매나 매각, 신사업 진출 결정, 핵심 리더의 채용 및 승진과 같은 장기적으로 조직에 영향을 미치는 의사 결정은 반드시 경영자가 직접 수행해야 한다.

그렇다면, 반드시 위임해야 하는 업무는 무엇일까? 가장 이상적인 방식은, 경영자가 거의 모든 업무를 위임하겠다는 생각을 가지는 것이다.

심지어 사장이 사무실에 없어도 회사가 원활하게 운영될 수 있어야 하며, 경영자가 모든 사소한 일에 개입하는 것은 조직 운영에 오히려 부정적인 영향을 미칠 수 있다. 일부 경영자들은 사무실 인테리어, 직원들의 옷차림, 세부적인 운영 방식까지 지나치게 신경 쓰며, 조직의 본질적인 목표보다 사소한 부분에 집착하는 경향을 보인다. 이러한 방식은 직원들에게 성과보다는 사장의 기분을 맞추는 것이 더 중요한 업무라는 인식을 심어줄 위험이 있다.

경영자는 자신이 해야 할 중요한 업무에 집중해야 한다. 예를 들어, 새로운 사업 기회를 모색하거나, 조직의 전략적 방향을 설정하는 일, 우수한 인재를 확보하는 일 등에 더 많은 시간을 투자해야 한다.

또한, 직원들에게 에너지를 주고 동기를 부여하는 역할도 중요하다. 사장이 성과와 무관한 사소한 업무에 집착하는 대신, 조직의 장기적인 성장과 발전을 위해 시간을 활용하는 것이 바람직하다.

경영자가 직접 모든 업무를 챙기는 것이 아니라, 조직 전체가 효과적으로 운영될 수 있도록 위임의 문화를 정착시키는 것이야말로 진정한 리더십이다.

7

자동화와 시스템

자동화를 위해 수입 감소를 감수하라

기업 경영에서 자동화와 시스템화는 단순한 운영 방식이 아니라, 사업 전략이자 경영자의 철학이기도 하다. 자동화를 통해 생산성을 극대화하고, 시간당 효율을 높이며, 지속적인 수익을 창출할 수 있는 구조를 만들어야 한다.

많은 사업가는 하루 8시간씩, 주 5일 일하면서 매월 500만 원의 수입을 벌 수 있다면 그것이 안정적이고 합리적인 선택이라고 생각한다. 그러나 만약 일주일에 단 4시간만 일하면서도 매월 100만 원의 수입을 얻을 수 있다면, 어느 쪽이 더 좋은 선택일까?

시간당 효율로 계산해 보면, 하루 8시간씩 한 달 동안 160시간을 일할 때의 시간당 수입은 약 3만 원이다. 반면, 일주일에 4시간씩 한 달 동안 16시간만 일하면서 100만 원을 벌면, 시간당 수입은 6만 원이 된다. 즉, 절대적인 수입은 줄어들더라도, 시간당 효율은 훨씬 높아지는 것이다.

그러나 경영자 대부분은 시간당 효율보다는 총수입을 우선적으로 고려하는 경향이 있다. 결국 더 많은 노동 시간을 투입하는 방식으로 사업을 운영하며, 자동화와 시스템화를 도입하는 것을 망설인다.

하지만 장기적으로 보면, 적은 시간 일하면서도 꾸준한 수익을 창출할 수 있는 시스템을 구축하는 것이 훨씬 더 유리한 전략이다. 이렇게 되면 남는 시간을 활용해 새로운 사업 기회를 탐색하거나, 더 높은 수익을 낼 수 있는 방안을 모색할 수 있다.

경영자가 자신의 노동력을 투입해야만 수익이 발생하는 구조에서 벗어나야 한다. 모든 사업 포트폴리오를 자동화 가능한 수익 구조로 설계하는 것이 목표가 되어야 한다.

티모시 페라스는 《4시간》에서 "적게 일하고도 더 많은 수익을 창출할 수 있는 방법"에 대해 설명하면서, 사업을 자동화하고 시스템화하는 것이 삶의 질을 높이고, 장기적으로 더 많은 수익을 가져다줄 수 있다는 점을 강조한다.

그는 비서 아웃소싱, IT 소프트웨어 활용, 고객 상담 자동화 등 다양한 자동화 아이디어를 제시하며, 단순히 규모를 키우기보다 자동화를 통해 지속적인 이익을 창출하는 구조를 구축하는 것이 더 중요하다고 주장한다.

티모시 페라스는 자신의 사업을 정규직 직원 없이, 100여 명의 전문가와 계약 관계를 맺고 운영하는 방식으로 구조화했다. 그는 전 세계를 여행하며 사업을 운영하고 있으며, 심지어 북극에서 위성 전화를 이용해 고객 상담을 처리한 적도 있다고 한다.

이처럼 사업을 자동화하는 관점에서 접근하면, 기존의 운영 방식과 사고방식을 근본적으로 재고해야 한다. 많은 사업가는 직접 모든 일을 처리해야 안정적이라고 믿지만, 자동화를 통해 사업을 운영하면, 더 적은 노동력으로도 지속적인 수익을 창출할 수 있으며, 장기적으로 더 안정적인 운영이 가능해진다.

결국, 자동화는 단순한 기술적 도입이 아니라, 사업을 효율적으로 운영하기 위한 전략적인 선택이다. 자동화와 시스템화를 통해 경영자는 더 중요한 의사 결정에 집중할 수 있으며, 보다 지속 가능한 사업 모델을 구축할 수 있다.

업무 매뉴얼을 만들어서
사장의 투입시간을 줄이다

기업을 운영하다 보면, 반복적인 업무로 인해 사장이 직접 시간을 할애해야 하는 경우가 많다. 특히, 새로운 직원을 채용할 때마다 기존 직원이 하던 업무를 처음부터 다시 가르쳐야 하는 상황이 발생한다.

예를 들어, 고객 상담전화를 받는 직원을 새로 채용했다고 가정해 보자. 사장이 늘 사무실에 상주하고 있다면, 새로운 직원이 궁금한 사항을 물어볼 때마다 직접 설명해줄 수 있을 것이다. 하지만 이 직원이 퇴사하면, 또 다른 직원을 채용하고, 같은 내용을 다시 설명해야 하는 과정을 반복해야 한다.

이러한 비효율적인 과정을 방지하기 위해, 업무 매뉴얼을 만들어 직원들이 스스로 업무를 익히고 인수인계를 원활하게 할 수 있도록 해야 한다.

처음 상담 직원을 채용할 때, 업무를 가르쳐주면서 동시에 해당 직원이 직접 업무 매뉴얼을 작성하도록 유도하는 것이 효과적인 방법이다. 이 매뉴얼은 새로운 직원이 들어왔을 때, 사장이 직접 교육하지 않아도 업무를 익힐 수 있도록 하는 것이 목표다.

처음 작성된 업무 매뉴얼은 시간이 지남에 따라 지속적으로 업데이트되어야 한다. 매뉴얼은 단순한 문서가 아니라, 실제 인수인계 과정에서 현실적으로 활용될 수 있어야 한다. 이렇게 하면, 사장이 직접 개입하지 않아도 기존 직원과 신입 직원 간의 교육이 가능해지고, 업무 인수인계가 원활하게 이루어진다.

물론, 사장은 매뉴얼을 주기적으로 검토하고, 보완할 부분이 있다면 수정하도록 지시할 필요가 있다. 매뉴얼을 활용한 직원 교육 시스템은 특히 서비스업에서 직원들의 서비스 품질을 일정하게 유지하는 데 매우 효과적이다.

많은 기업에서 고객 응대 방식이 직원 개개인의 판단에 의존하는 경우가 많다. 하지만 매뉴얼이 있으면 직원들이 불필요하게 고민하는 시간을 줄이고, 회사의 정책에 따라 일관된 서비스를 제공할 수 있다.

물론, 모든 업무를 미리 문서화할 수는 없다. 매뉴얼이 너무 상세해지면 마치 법전처럼 복잡해져서 현실 적용이 어려워질 수도 있다. 따라서, 가장 중요한 부분과 과거에 문제가 되었던 사항들을 중심으로 매뉴얼을 만들고, 나머지는 기본적인 원칙과 상식에 따라 담당 직원이 적절한 판단을 내릴 수 있도록 유도하는 것이 바람직하다.

매뉴얼이 마련된 이후에도, 고객 응대 과정에서 발생하는 새로운 문제를 별도의 문서로 정리하거나 기존 매뉴얼을 업데이트하는 과정을 지속적으로 수행해야 한다.

이렇게 하면, 직원들이 업무를 수행하는 과정에서 발생하는 문제 대부분은 매뉴얼을 참고하여 해결할 수 있게 된다. 결국, 직원들은 더는 사장을 찾아와 지시를 받지 않아도 독립적으로 업무를 수행할 수 있게 된다.

자동화를 고려할 때, 각 직원의 시간당 임금에 대한 민감도가 높아질 수밖에 없다. 특히, 팀장급 인력이 사소한 실무 업무에 시간을 낭비하면, 팀장이 반드시 해야 할 중요한 의사 결정이나 전략적 고민에 집중하지 못하는 문제가 발생한다.

따라서, 단순 반복적인 업무는 인턴이나 계약직 사원을 채용하여 수행하도록 하고, 팀장은 보다 중요한 업무에 집중할 수 있도록 해야 한다. 이 과정에서도 팀장이 하던 업무 중 위임이 가능한 업무를 문서화하여, 계약직 사원들이 쉽게 수행할 수 있도록 매뉴얼을 작성하는 것이 필수적이다.

사장은 이러한 업무 프로세스를 구축하고 조정하는 역할을 해야 하며, 조직이 보다 효율적으로 운영될 수 있도록 지속적으로 개선해 나가야 한다. 결국, 업무 매뉴얼을 체계적으로 구축하면, 사장의 투입 시간을 줄이는 것은 물론이고, 직원들이 보다 독립적으로 업무를 수행할 수 있는 환경을 조성할 수 있다. 이렇게 하면 조직 전체의 생산성이 향상되고, 사장은 보다 중요한 전략적 의사 결정에 집중할 수 있게 된다.

AI와 SaaS 시대에 맞춰 다양한 툴을 활용하라

과거에는 문서를 작성하고 공유하는 과정이 번거롭고 비효율적이었다. 매출 데이터나 고객 정보를 엑셀 파일로 정리한 뒤 이메일로 공유하고, 피드백을 주고받으며 여러 버전의 파일이 생성되었다. 수정 사항을 반영할 때마다 새로운 파일이 만들어졌고, 최종 버전이 무엇인지 혼란스러워지는 일이 빈번했다. 하지만 AI와 SaaS(Software as a Service) 기반의 협업 도구들이 발전하면서, 이러한 비효율적인 업무 방식이 획기적으로 개선될 수 있는 환경이 조성되었다.

웹 2.0 시대를 지나, 이제는 클라우드, AI, SaaS 기반의 자동화 기술이 결합된 업무 환경이 대세가 되었다. 이러한 기술을 적극적으로 활용하면 문서 작업, 데이터 분석, 커뮤니케이션, 업무 자동화 등 다양한 분야에서 업무 속도를 단축하고 효율성을 극대화할 수 있다.

기존의 문서 작성 방식에서는 MS 워드나 한글과 같은 로컬 프로그램에서 문서를 작성하고, 이를 이메일로 공유하는 것이 일반적이었다. 하지만 이러한 방식은 버전 관리가 어렵고, 실시간 협업이 불가능하며, 파일이 여러 개로 분산되어 정보 관리가 비효율적으로 이루어지는 단점이 있었다.

이제는 구글 워크스페이스, 마이크로소프트 365, 노션, 클릭업 등의 SaaS 기반 협업 도구를 활용하면, 하나의 문서를 여러 사람이 동시에 수정하고 실시간으로 변경 사항을 확인할 수 있다.

특히 노션, 컨플루언스, 에버노트 같은 문서 관리 도구는 AI 기능을 포함하고 있어, 회의록 자동 정리, 문서 요약, 맞춤법 교정, 번역 지원 등의 기능을 제공한다. 예를 들어, 팀 회의 후 Otter.ai 같은 AI 기반 음성 인식 툴을 사용하면 회의 내용을 자동으로 텍스트로 변환하고 요약할 수 있다. 이를 노션이나 컨플루언스에 저장하면 팀원들이 언제든지 회의 내용을 참고할 수 있어 기록 관리가 훨씬 쉬워진다.

AI 기반 협업 도구를 활용하면 문서를 이메일로 주고받으며 수정 사항을 반영하는 비효율적인 작업이 줄어든다. 모든 변경 사항이 하나의 문서에서 실시간으로 관리되므로 업무 속도가 획기적으로 빨라진다.

기존의 데이터 분석 방식에서는 엑셀에서 수식을 활용해 데이터를 정리하고, 이를 바탕으로 보고서를 작성한 후 이메일로 공유하는 방식이 일반적이었다. 하지만 이러한 방식은 데이터가 업데이트될 때마다 새로운 보고서를 만들어야 하며, 버전 관리가 어렵다는 단점이 있다.

이제는 구글 스프레드시트, 마이크로소프트 엑셀의 클라우드 버전, 노션 AI, Airtable, Coda 같은 AI 기반의 데이터 관리 도구를 활용하면 데이터를 실시간으로 업데이트하고 자동으로 분석하여 시각적인 대시보드로 변환할 수 있다.

예를 들어, 영업팀 담당자가 구글 스프레드시트에서 매출 데이터를 업데이트하면, 사장은 실시간으로 변화된 데이터를 확인할 수 있다. AI 분석 기능을 활용하면 자동으로 트렌드를 파악하고 보고서를 생성할 수 있으며, Tableau, Looker, Power BI 같은 BI(Business Intelligence) 도구를 활용하면 대량의 데이터를 효과적으로 분석하고 시각화할 수 있다.

특히 ChatGPT, Jasper, Grammarly, DeepL 같은 AI 기반 문서 작성 및 교정 도구를 활용하면 보고서의 내용을 더욱 정확하고 전문적으로 다듬을 수 있으며, 해외 클라이언트와의 소통에서도 빠른 번역 및 커뮤니케이션이 가능해진다.

과거에는 업무 지시와 피드백을 이메일로 주고받는 것이 일반적이었다. 하지만 이메일은 의사소통이 비효율적이고, 실시간 협업이 어렵다는 한계가 있었다.

이제는 슬랙, 디스코드, 마이크로소프트 팀즈), 구글 챗 같은 실시간 커뮤니케이션 도구를 활용하면 팀원들이 이메일 없이도 신속하게 협업할 수 있다.

특히 AI 챗봇을 활용한 자동 응답 시스템을 구축하면, 반복적인 문의나 일정 관리 등을 자동화할 수 있어 더욱 효율적인 업무 처리가 가능해진다. 또한, 트렐로, 아사나, 클릭업, 먼데이닷컴, 지라 같은 프로젝트 관리 도구를 활용하면, 업무 할당, 진행 상황 추적, 일정 조율 등이 한눈에 가능해져 협업의 효율성이 극대화된다. 마이크로소프트 코파일럿, 구글 듀엣 AI, 노션 AI 등의 AI 기반 생산성 도구를 활용하면, 회의록 자동 작성, 일정 정리, 업무 우선순위 설정 등 다양한 기능을 통해 업무 속도를 높일 수 있다.

이렇게 AI와 SaaS 도구를 적극적으로 도입하면, 문서 작성과 협업뿐만 아니라 경영 전반의 효율성을 획기적으로 개선할 수 있다.

자, 쉽게 예를 들어보자. 현금 흐름을 관리하기 위해 AI 기반 협업 툴을 활용하면 재무 담당, 영업 담당, 대표가 같은 데이터를 실시간으로 확인할 수 있으며, 복잡한 숫자 자료를 업데이트하면서 발생하는 혼선을 줄일 수 있다.

AI 기반 자동화 도구인 Zapier, Make, Workato 등을 활용하면, 하나의 작업이 완료되면 자동으로 다음 작업이 실행되는 워크플로우를 구축할 수 있어, 단순 반복 업무를 최소화할 수 있다.

또한, CRM(Customer Relationship Management) 시스템인 Salesforce, HubSpot, Pipedrive 등의 AI 기반 고객 관리 도구를 활용하면, 영업팀이 고객 데이터를 효과적으로 분석하고 맞춤형 전략을 수립할 수 있다.

이처럼 AI와 SaaS 기반의 자동화 시스템을 도입하면, 직원들은 단순 반복 작업에서 벗어나 창의적이고 전략적인 업무에 집중할 수 있다.

과거에는 문서 작업, 데이터 분석, 프로젝트 관리 등 대부분의 업무가 수작업으로 이루어졌기 때문에 많은 시간이 소요되었다. 하지만 이제는 AI와 SaaS 기반의 자동화 시스템을 활용하면, 이러한 작업을 자동으로 처리할 수 있다.

이를 통해 의사결정 속도를 높이고, 불필요한 문서 관리나 중복된 파일 생성에 얽매일 필요가 없다. 그 결과, 업무 생산성이 극적으로 향상되며, 직원들은 보다 가치 있는 업무에 집중할 수 있다.

기업이 AI와 SaaS 도구를 전략적으로 활용하면, 더 빠르고 정확한 의사결정을 내릴 수 있으며, 조직 전체의 생산성과 경쟁력을 극대화할 수 있다. AI와 SaaS 기술을 적절히 도입하는 것은 이제 기업 운영의 필수 요소가 되고 있다. 이러한 기술을 활용하는 기업과 그렇지 못한 기업 간의 생산성 격차는 앞으로 더욱 벌어질 것이다.

사장이 개입하는 미팅을 줄이고 없애기

회사의 형식적인 업무 미팅을 줄이는 것은 업무 효율성을 높이는 좋은 방법이다. 많은 경영학 서적에서는 매일 조례를 진행하라고 조언하지만, 과연 조례가 실질적으로 어떤 가치를 제공하는지 고민해볼 필요가 있다. 단순히 직원들이 출근해서 자리에 앉아 있다는 것을 확인하는 용도라면, 그 효과를 다시 평가해야 한다. 오히려 직원들에게 불필요한 스트레스를 줄 수 있으며, 사장 역시 의무감에서만 참석한다면 조례의 의미는 더욱 퇴색된다.

지식 근로자의 주요 업무는 정보를 다루고 처리하는 것이다. 그런데 이들의 업무 상당 부분이 회의와 보고를 준비하는 데 소비된다. 만약 불필요한 회의를 줄인다면, 예상보다 많은 시간이 절약될 것이다. 따라서 성과나 중요한 사업 의사결정과 직접적으로 관련된 회의 외에는 과감히 줄이는 것이 바람직하다. 또한, 의사결정권을 직원들에게 위임하면 업무 속도가 빨라지고, 불필요한 보고 절차도 사라진다. 단, 의사결정권의 범위를 명확하게 설정하고 책임 소재를 분명히 해야 하며, 이를 바탕으로 직원들이 사장의 승인 없이도 업무를 원활하게 처리할 수 있도록 해야 한다.

물론, 통제가 필요한 사항은 사전에 명확하게 결정해야 하지만, 단순히 관행적으로 진행되는 보고나 너무 잦은 미팅은 과감히 없애야 한다. 불필요한 미팅을 줄이면 직원들은 확보된 시간을 보다 생산적인 업무에 집중할 수 있으며, 사장 역시 더욱 효율적으로 시간을 활용할 수 있다. 결과적으로, 조직 전체의 업무 효율성이 향상되고, 불필요한 스트레스를 줄일 수 있다.

아웃소싱을 효과적으로 활용하는 방법

모든 잡무를 직접 처리하면서 비용을 아끼려는 사장은 오히려 자신의 가치를 낮추는 결과를 초래할 수 있다. 스스로 여유 시간을 확보해 더 큰 수익을 창출할 기회를 포기하는 것은 물론, 자신의 노동력을 저임금 인력처럼 활용하는 꼴이 되기 때문이다. 물론, 특정 업무를 직접 경험하며 이해하려는 목적이라면 예외일 수 있다.

특히, 세무나 급여 업무처럼 매년 법 개정에 따라 지속적으로 새로운 정보를 습득하고 대응해야 하는 경우에는 외부 전문업체를 활용하는 것이 더욱 효율적이다. 또한, 핵심 업무가 아닌 분야에서 기술 변화가 빠르게 진행될 때도 아웃소싱을 고려할 필요가 있다. 예를 들어, 급여 계산은 회사 내부의 회계팀에서 처리할 수도 있지만, 외부 전문업체에 맡기면 더욱 다양한 상황을 대비할 수 있다. 헬로인사와 같은 급여 아웃소싱 업체는 규모의 경제를 갖추고 있으며, 노무사나 변호사와 같은 전문가의 지원을 받을 수 있다. 월 수십만 원의 비용으로 급여 계산 서비스를 이용하면서, 예상치 못한 상황에 대한 전문가의 조언까지 얻을 수 있으니, 이는 마치 전문가 그룹을 채용한 것과 같은 효과를 낸다. 이러한 아웃소싱을 잘 활용하면 사장이나 팀장의 시간을 절약할 수 있다.

예를 들어, 회사가 기존에 가입하지 않았던 퇴직연금 제도를 도입하면서 급여 계산 방식을 고민해야 하는 상황이 생길 수도 있다. 또는, 직원이 출퇴근 중 사고를 당했을 때 산업재해 적용 여부에 대해 전문적인 의견이 필요할 수도 있다. 이러한 경우, 외부 전문가의 도움을 받으면 빠르고 정확한 결정을 내릴 수 있다.

또한, 아웃소싱을 활용하면 내부 인력을 최소화하면서도 필요한 업무를 원활하게 처리할 수 있다. 이를 통해 급여가 높은 직원을 채용하지 않고도 경영관리 업무를 효율적으로 운영할 수 있으며, 인원이 증가하더라도 관리 인력은 최소한으로 유지할 수 있다.

회사의 입장에서, 간헐적으로 발생하는 업무를 처리하기 위해 고정 인력을 채용하는 것보다 외부 업체를 활용하는 것이 현명한 선택이 될 수 있다. 정규직 채용은 고정비로 작용하기 때문에 쉽게 줄일 수 없지만, 아웃소싱을 활용하면 필요에 따라 변동비로 조정할 수 있어 사업 운영이 훨씬 유연해진다.

특히, 창업 초기에는 사무실 임대에서도 아웃소싱 개념을 적용할 수 있다. 공용 사무공간을 제공하는 업체를 이용하면 사무실 보증금으로 큰 금액을 묶어둘 필요 없이, 비서 업무와 같은 행정 지원까지 받을 수 있다. 예를 들어, 프린터 용지가 떨어지면 자동으로 보충해주고, 새로운 직원이 입사하면 전화기와 인터넷을 연결해 주는 등의 서비스를 받을 수 있다. 또한, 우편물 수령 및 전달, 손님 응대 등의 업무도 처리해 주므로, 경영자가 본업에 집중할 수 있는 환경을 조성할 수 있다. 처음에는 월정액 요금이 부담스럽게 느껴질 수도 있지만, 총소유비용(TCO, Total Cost of Ownership)을 고려하면 장기적으로 더 경제적인 선택이 될 수 있다.

아웃소싱은 IT 인프라 관리에도 효과적으로 적용될 수 있다. 서버를 운영하는 사업의 경우, 인터넷 데이터센터(IDC) 서비스를 이용하면 서버를 직접 구매하고 유지보수하는 부담을 줄일 수 있다. IDC는 서버를 안전하게 보관하고, 인터넷 연결, 정전 대비, 바이러스 방지, 소프트웨어 임대 등의 서비스를 제공한다. 이를 통해 법인세 절감 효과를 얻을 수 있으며, 서버 관리 인력을 따로 채용할 필요도 없어진다. 만약 IDC를 활용하지 않는다면, 서버와 소프트웨어를 직접 구매해야 하며, 감가상각 처리로 인한 회계 비용 증가와 함께 유지보수 인건비까지 부담해야 한다.

궁극적으로, 기업 운영 방식 자체를 "자산을 소유하는 것이 아니라 필요한 역량을 서비스로 구매하는 형태"로 전환하면 현금 흐름이 개선되고, 최고 수준의 역량을 갖춘 공급업체의 서비스를 활용할 수 있다. 이를 통해 고객에게 더욱 높은 품질의 서비스를 제공할 수 있다.

또한, 계약직 전문가 풀을 구축하는 것도 중요하다. 예를 들어, 소프트웨어 엔지니어가 간헐적으로 필요할 경우, 상시적인 업무가 아니라면 정규직을 채용하는 것이 비효율적일 수 있다. 일이 발생할 때마다 구인 사이트를 통해 단기 계약직을 찾는 것도 방법이지만, 급하게 인력을 구해야 할 때 원하는 전문가를 확보하는 것은 쉽지 않다. 따라서, 미리 프리랜서를 발굴하고 협업 경험을 쌓으며 지속적인 관계를 유지하는 것이 중요하다. 프리랜서 역시 안정적인 일과 신뢰할 수 있는 파트너를 원하기 때문에, 회사에서 좋은 관계를 유지하면 필요할 때 언제든 우수한 인력을 확보할 수 있다. 이를 위해 프리랜서를 회사 회식에 초대하는 등 친밀한 관계를 유지하는 것도 좋은 방법이다.

자동화를 효과적으로 도입한 기업일수록 정규직 인력이 적고, 다양한 공급업체 및 계약직 전문가와 협력하는 구조를 갖추고 있다. 자동화가 잘된 기업은 환경 변화에 빠르게 대응할 수 있다. 업무량이 많아지면 네트워크를 통해 적절한 인력을 투입해 문제를 해결하고, 일이 줄어들면 변동비를 조정하여 비용을 절감할 수 있다.

결국, 아웃소싱을 전략적으로 활용하면 기업의 유연성을 극대화하고, 불필요한 고정비를 줄이면서도 전문적인 역량을 확보할 수 있다. 이를 통해 경영자는 핵심 업무에 집중할 수 있으며, 회사는 변화하는 시장 환경 속에서도 효율적으로 운영될 수 있다.

8

리더십

과연 사업에 적성이 존재할까?

사장들은 사업이 자신의 적성에 맞는지에 대한 고민을 한다. “나는 사업에 맞지 않는 것 같다”는 생각이 들 때도 있을 것이다. 그렇다면 사업과 적성은 정말로 연관이 있을까? 사업을 성공적으로 운영하는 데 특정한 성격이 필요한 것일까?

지금까지 내가 만난 사장들은 각기 다른 성격을 가지고 있었다. 창업가들의 전기를 읽어보아도 그들의 개성이 워낙 다양해, 공통점을 찾기가 어려울 정도다. 흔히 사장은 활동적이고 적극적인 성향을 가져야 한다고 생각하기 쉽지만, 극도로 내성적인 성격을 가진 사장들도 있다. 또한, 낙천적인 사람이 있는가 하면, 비관적인 태도로 신중하게 사업을 운영하는 사람도 있다. 그렇다면 과연 사장에게 적합한 성격이나 적성이란 것이 따로 존재하는 것일까?

역사 속 리더들을 살펴보면, 각자의 개성을 활용해 자신만의 리더십을 구축해 나갔다는 것을 알 수 있다. 일본 전국시대를 다룬 야마오카 소하치의 《대망》을 보면, 전국 통일 과정에서 등장한 세 명의 영웅은 각기 다른 리더십 스타일을 가지고 있었다.

먼저, 오다 노부나가는 신흥 가문의 부유한 집안에서 태어났으며, 매우 뛰어난 두뇌와 기존의 관습에 얽매이지 않는 혁신적인 사고방식을 지닌 인물이었다. 그는 판단력이 빠르고 대담한 성격을 가졌으며, 그의 부하들조차 그의 속마음을 예측하기 어려울 정도였다. 오다 노부나가는 유능한 인재들의 조언을 경청하고, 과감하게 새로운 시도를 하는 리더였다. 그러나 동시에 냉혹하고 가차 없는 면모도 있었다. 그는 자신이 필요하다고 판단하면 수천, 수만 명을 학살하기도 했으며, 미래의 위협이 될 가능성이 있는 인물이라면 가차 없이 제거했다.

그의 강력한 지도력 덕분에 전국 통일의 기반이 다져졌지만, 결국 그는 자신의 신하였던 아케치 미쓰히데의 반란으로 비극적인 최후를 맞이했다. 오다 노부나가는 뛰어난 전략가였지만, 부하들을 지나치게 엄격하게 다루었고, 그로 인해 불만을 품은 신하의 배신을 초래했다. 그의 죽음은 예기치 않은 사건처럼 보일 수도 있지만, 그의 리더십 스타일을 고려하면 언젠가는 발생할 가능성이 높았던 일이었다.

반면, 도요토미 히데요시는 천민 출신으로, 오다 노부나가에게 발탁된 인재였다. 그는 타고난 지혜와 따뜻한 성품을 바탕으로 사람들과 좋은 관계를 형성하며 입지를 다져나갔다. 교묘한 전략을 통해 전쟁에서도 승리를 이끌었으며, 심지어 적들조차 그의 꾀에 넘어가 결국 그를 따를 수밖에 없게 만드는 능력을 가졌다. 그는 오다 노부나가 사후 일본을 통일하는 데 성공했지만, 이후 무사들의 불만을 잠재우기 위해 조선을 침공하는 전략을 세우면서 어려움을 겪기도 했다. 그러나 그는 평온한 죽음을 맞이하며 생을 마감했다.

마지막으로, 도쿠가와 이에야스는 충성스러운 가신 집단을 보유한 가문의 후계자로 태어났지만, 어린 시절 볼모 생활을 하며 고난을 겪었다. 그는 자신이 볼모로 있는 동안 가신들이 목숨을 걸고 전쟁에서 싸워야 했고, 고향에서는 백성들이 무거운 세금에 시달렸다. 이러한 경험은 그에게 인내의 중요성을 깨닫게 했다.

도쿠가와 이에야스는 자신의 경쟁자들에게서 배움을 얻는 인물이었다. 그는 다케다 신겐에게서 전술을 배웠고, 오다 노부나가에게서 총기를 활용한 전쟁 기술을 익혔다. 도요토미 히데요시로부터는 정치적 책략과 회유의 기술을 배웠으며, 오사카의 상인들에게서 무역과 경제의 중요성을 깨달았다. 그는 라이벌들의 장점을 흡수하며 자신의 리더십을 완성해 갔고, 결국 도요토미 히데요시 사후 일본을 완전히 통일하며 250년간 지속될 평화의 기틀을 마련했다.

흔히 이 세 명의 리더를 "힘의 오다 노부나가, 지혜의 도요토미 히데요시, 인내의 도쿠가와 이에야스"라고 요약하지만, 실제로는 각자의 성장 배경, 성격, 개인적인 노력, 그리고 시대적 상황이 맞물려 형성된 리더십 스타일이었다. 그들이 어떤 전형적인 리더십을 타고난 것이 아니라, 자신만의 개성을 살려 리더로 성장해 나갔던 것이다.

결국, 리더십에 특정한 성격이 필요하다는 고정관념은 의미가 없다. 중요한 것은 주어진 환경에서 자신의 장점을 극대화하고, 단점을 보완하며 경험을 쌓아가는 것이다. 사업에서도 마찬가지다. 특정한 적성을 가져야만 성공할 수 있는 것이 아니라, 자신의 스타일에 맞게 전략을 세우고, 부족한 부분을 채워가면서 사업을 운영하는 것이 핵심이다.

장점이 단점이 되고,
단점이 장점이 되는 리더십 스타일

모든 사람은 장단점을 동시에 가지고 있다. 개성이란 결국 이러한 차이에서 비롯된다. 예를 들어, 말을 잘하고 활발한 성격이 장점이라고 생각해 보자. 그러나 이러한 특성은 자칫 말실수를 하거나, 경솔한 행동을 하게 만드는 단점으로 작용할 수도 있다. 반대로, 스스로 행동이 느리고 판단에 시간이 오래 걸린다고 생각해왔던 사람이 있다면, 그 단점은 오히려 신중하고 조심스러운 태도를 유지할 수 있는 장점이 될 수도 있다. 실수를 줄이고, 중요한 결정에서 신중함을 발휘하는 것은 사업 운영에서 중요한 요소다.

또한, 열정적인 성격을 자신의 강점이라고 여겼지만, 지나치게 많은 일을 벌이기를 좋아한다면 정작 하나도 제대로 추진되지 않을 가능성이 높다. 이런 경우 직원들은 방향성을 잃고 혼란을 겪을 수 있다. 따라서 사장은 자신의 성격을 명확히 이해하고, 장점이 단점으로 작용할 수 있으며, 단점도 장점이 될 수 있음을 깨닫는 것이 중요하다.

사업을 운영할 때는 수많은 요소를 고려해야 하며, 한두 가지 요소만 잘못되어도 전체적인 결과가 부정적으로 나타날 수 있다. 예를 들어, 사장이 적극적이고 결단력이 뛰어난 성향이라면, 신중하게 검토해야 할 사안까지 성급하게 처리하지는 않는지 점검해볼 필요가 있다. 결단력은 중요한 장점이지만, 지나친 성급함은 큰 실수를 초래할 수도 있기 때문이다.

반면, 꼼꼼하고 비판적인 성격을 가진 사람은 자신의 성격을 단점이라고 여길 수도 있다. 하지만 이를 사업 전반을 철저히 점검하고 문제점을 조기에 발견하는 데 활용한다면, 오히려 강력한 장점이 될 수 있다. 실제로 사람들이 상황을 가볍게 생각하다가 일을 그르치는 경우가 많다. 따라서 꼼꼼함은 사업의 리스크를 줄이고 성공 가능성을 높이는 중요한 특성이 될 수 있다. 그러나 이 역시 지나치면 위험을 감수해야 할 순간에도 망설이게 되어 기회를 놓치는 단점으로 작용할 수도 있다.

따라서 자신의 성격을 단순히 장단점으로 구분하지 않고, 다양한 상황에서 어떻게 작용하는지를 고려하는 것이 중요하다. 자신의 특성을 정확히 인식하고, 이를 의사 결정과 사업상의 주요 인간관계에서 효과적으로 활용할 수 있어야 한다. 예를 들어, 신중한 성향을 가졌다면, 과감한 결정을 내릴 수 있는 적극적이고 진취적인 파트너나 직원을 두어 균형을 맞추는 것이 좋다. 반대로, 본인이 적극적이고 열정이 넘친다면, 신중하고 분석적인 사람과 함께 일하며 보완하는 것이 바람직하다.

리더십은 정해진 틀에 맞춰지는 것이 아니라, 자신의 성향을 이해하고 상황에 맞게 조율하는 과정에서 만들어진다. 자신을 객관적으로 인식하고 부족한 부분을 보완해 나갈 때, 보다 효과적인 리더십을 발휘할 수 있을 것이다.

성격과 상관없이 가져야 할 리더의 자질

사업을 운영하는 데 있어 특정한 적성이 반드시 필요한 것은 아니다. 또한, 장단점을 단순히 평면적으로 받아들여서는 안 된다. 그렇다면 리더가 반드시 가져야 할 자질은 무엇일까? 개인의 개성과 관계없이, 사업을 하는 과정에서 반드시 필요한 리더의 자질을 살펴보자.

리더는 강한 에너지를 가져야 한다. 무엇인가를 책임지고, 결과를 만들어 내기 위해서는 높은 수준의 개인적 에너지가 필수적이다. 스스로를 관리할 능력이 없고, 쉽게 지치거나 무너지는 사람이라면 조직을 이끄는 것이 어렵다. 조용하고 내성적인 사람이라도 높은 수준의 에너지를 가질 수 있으며, 반대로 외향적이고 활발한 사람이라도 에너지가 부족할 수 있다. 중요한 것은 삶에 대한 명확한 목표를 가지고 있으며, 그 목표를 조직 전체로 확장할 수 있는 역량이 있는가 하는 점이다.

역사 속에서도 유약한 리더는 신뢰를 얻지 못하고 쉽게 자멸하는 경우가 많았다. 예를 들어, 《대망》에 등장하는 도쿠가와 이에야스의 아버지는 자기관리를 하지 못해 사람들을 쉽게 의심했고, 신뢰를 쌓지 못했다. 결국 그는 스스로를 무너뜨리고 말았다. 사업을 운영하는 리더는 수많은 인간관계를 형성하고 이해관계를 조율해야 한다. 이를 감당하려면 자신의 에너지를 긍정적인 방향으로 유지하는 것이 무엇보다 중요하다. 같은 에너지를 가지고도 어떤 사람은 도둑질이나 도박에 사용하고, 또 어떤 사람은 인류의 발전을 위해 사용한다. 결국, 에너지를 어떻게 활용하느냐가 리더로서의 성패를 가르는 중요한 요소가 된다.

에너지는 선천적인 것이 아니라, 계발할 수 있다. 무엇보다도 건강이 뒷받침되지 않으면 에너지가 넘칠 수 없다. 규칙적인 운동과 균형 잡힌 식사를 통해 육체적인 건강을 유지하는 것이 중요하다. 많은 성공한 CEO들이 운동을 필수적인 습관으로 삼고 있는 이유도 여기에 있다. 또한, 영적인 성장, 직업적인 목표 설정 등을 통해 스스로 삶을 계획하고 관리하는 훈련을 해야 한다. 이와 관련해서는 앤서니 라빈스의 《네 안에 잠든 거인을 깨워라》가 유용한 참고서가 될 수 있다.

리더는 자신의 에너지를 주변 사람들에게 전달할 수 있어야 한다. 단순히 본인이 열정적이고 에너지가 넘친다고 해서 좋은 리더가 되는 것은 아니다. 사람들을 어떻게 이끌고, 동기부여를 할 것인지가 중요하다. 어떤 리더는 카리스마로 사람들을 움직이고, 어떤 리더는 따뜻한 격려로 조직을 이끌어 나간다. 또 어떤 리더는 이해관계를 조정하며 조직을 운영한다. 하지만 공통적으로 리더는 주변 사람들에게 영향을 미치고, 그들이 리더로부터 영감을 받아 스스로 움직이도록 만들어야 한다.

지시와 통제만으로 조직을 움직일 수는 없다. 리더는 팔로워들에게 동기를 부여하고, 적극적으로 일할 수 있는 환경을 조성해야 한다. 여기에는 대인관계 기술, 공감 능력, 상대방의 입장에서 생각하는 능력이 필요하다. 중요한 것은 사람들을 몰아붙여 에너지를 소모하게 만드는 것이 아니라, 자발적으로 동기부여가 되어 최상의 결과를 내도록 이끄는 것이다. 이를 위해서는 리더가 직원들의 의견을 잘 경청할 줄 알아야 한다. 현장의 아이디어를 존중하고, 아이디어의 출처가 아니라 그 효과와 의미에 집중해야 한다. 아무리 강한 카리스마를 가진 리더라도 직원들의 목소리를 듣지 않는다면 결국 실패할 수밖에 없다. 현장 직원들의 의견 속에는 조직의 성과를 높일 수 있는 보석 같은 아이디어가 숨어 있기 때문이다.

사업을 운영하면서 가장 중요한 요소 중 하나는 결단력이다. 리더는 실행할 것인지 중단할 것인지, YES인지 NO인지 명확한 결정을 내려야 한다. 특히 불확실성이 높은 상황에서도 빠르고 정확한 분석력과 종합적인 판단이 필요하다. 결정을 내리고 쉽게 번복해서는 안 된다. 결정을 여러 번 뒤집으면 직원들은 리더의 말을 신뢰하지 않게 되고, 조직 전체의 실행력이 저하된다. 리더가 한 번 결정하면 직원들은 그에 따라 움직이게 되지만, 결정이 자주 번복되면 아무도 리더의 결정을 신뢰하지 않게 된다.

의사결정에서는 무엇을 하기로 하는 결정만큼이나, 무엇을 하지 않기로 하는 결정도 중요하다. 오다 노부나가는 강력한 전투력을 가진 다케다 신겐과의 전투에서 병력이 더 많았음에도 불구하고 전략적으로 불리하다는 이유로 신속히 후퇴를 결정했다. 만약 자존심과 체면을 생각했다면 전투를 강행했겠지만, 그는 냉정한 판단을 통해 퇴각을 선택했다. 이 결정을 통해 그는 다케다 신겐을 비롯한 당대의 영웅들에게 "쉽지 않은 상대"라는 인식을 심어주었다. 결국, 리더는 감정이 아닌 상황에 맞춰 과감한 결정을 내릴 줄 알아야 한다.

리더는 단순히 비전을 제시하는 것이 아니라, 그 비전을 실행할 수 있는 능력을 갖추고 있어야 한다. 아무리 좋은 아이디어가 있어도 실행력이 부족하면 성과를 만들어낼 수 없다. 실행력 있는 리더는 직원들에게 질문을 던지며 문제를 해결하도록 유도하고, 필요한 경우 직접 현장에 개입하여 조직을 이끌어나간다. 또한, 리더는 자신이 맡은 분야에 대해 철저한 준비가 되어 있어야 한다. 실행력이 뛰어난 리더는 함부로 약속하지 않는다. 하지만 한 번 약속한 것은 반드시 지키며, 이를 통해 조직 내 신뢰를 구축한다.

리더가 가져야 할 또 하나의 중요한 자질은 열정이다. 열정을 가진 리더는 주변 사람들에게도 긍정적인 영향을 미친다. 열정적인 사람은 끊임없이 배우고 성장하려는 욕구를 가지며, 스스로를 채찍질한다. 이러한 태도는 조직 전체에 영향을 미쳐 구성원들이 자연스럽게 높은 동기부여를 가지도록 만든다. 열정은 단순한 업무 태도가 아니라, 삶을 대하는 근본적인 자세에서 비롯된다. 진정한 리더는 어떤 상황에서도 열정적인 태도를 유지하며, 그것을 주변에 전파할 수 있는 사람이다.

결국, 리더십은 특정한 성격이나 스타일에 의존하지 않는다. 중요한 것은 리더가 강한 에너지를 가지고 있으며, 조직에 긍정적인 영향을 미치고, 명확한 결단을 내리며, 실행력을 갖추고, 열정을 전파할 수 있는가 하는 점이다. 성격이 내성적이든, 외향적이든, 신중하든, 결단력이 있든 그것은 중요하지 않다. 중요한 것은 자신의 강점을 활용하고, 부족한 부분을 보완하며, 리더로서 조직을 효과적으로 운영할 수 있는 능력을 키우는 것이다.

관심과 주의력 총량 보존 법칙

사람들의 주의력은 일정한 총량을 가지고 있으며, 이는 어떤 일이든 고민거리로 채워지기 마련이다. 사람들이 고민이 없더라도 새로운 고민거리를 만들어내는 것은 본능적인 현상이다. 이를 관심과 주의력 총량 보존 법칙이라 할 수 있다.

예를 들어, 한 사람이 과거의 빚을 갚는 문제로 인해 극심한 경제적 스트레스를 받고 있다고 가정해 보자. 그의 모든 고민은 돈과 관련된 문제로 집중될 것이다. 하지만 만약 그가 불치병에 걸려 시한부 선고를 받는다면, 더 이상 경제적인 문제는 그의 주요 고민이 아닐 것이다. 그 대신, 삶과 죽음의 의미에 대한 고민이 그의 주의력을 차지하게 된다.

삶에 큰 걱정이 없는 사람은 저녁 식사 메뉴를 고르는 문제에 깊은 고민을 할 수도 있고, 골프 스윙이 원하는 대로 되지 않아 스트레스를 받을 수도 있다. 어떤 젊은이는 좋아하는 사람의 마음을 얻지 못해 괴로워하고, 또 다른 사람은 단순한 인간관계 문제로 하루 종일 고민하기도 한다. 대기업의 과장과 중소기업의 사장이 만나 대화를 나눈다고 가정해 보자. 중소기업 사장은 직원들의 급여를 맞추기 위해 어떻게든 수금해야 한다는 고민을 하고 있지만, 대기업 과장은 여름휴가 계획을 세우느라 고민하고 있을 수도 있다.

이처럼 사람들은 각자의 환경과 처지에 따라 일정한 주의력을 사용하며, 항상 무엇인가에 대해 고민한다. 이러한 점을 고려할 때, 리더는 자신의 행동이 직원들의 한정된 주의력을 어디에 소모시키고 있는지를 신중히 따져볼 필요가 있다.

예를 들어, 회사 내에서 위계질서가 지나치게 엄격하여 직원들이 상사의 눈치를 보는 데 많은 신경을 써야 한다면, 그만큼 고객을 응대하는 데 쓸 주의력이 분산될 것이다. 회사가 동시에 여러 가지 새로운 프로젝트나 정책을 추진할 경우, 직원들은 자신의 핵심 업무 외에도 그 프로젝트에 대한 고민을 해야 한다. 결국, 직원들이 본업에 집중해야 할 주의력이 여러 군데로 분산되어 비효율적인 상황이 발생하게 된다.

어떤 회사에서는 상사가 직원의 머리 모양이 마음에 들지 않는다며 지적하는 경우도 있다. 또는, 사장이 사업의 본질과 관련 없는 사무실 인테리어에 지나치게 신경을 쓰면서 직원들에게 각종 요구를 하기도 한다. 이러한 행동들은 회사의 성과와는 직접적인 연관이 없음에도 불구하고, 직원들의 주의력을 불필요하게 빼앗는다. 결국, 직원들은 고객을 상대하거나 업무를 수행하는 데 집중하는 것이 아니라, 상사의 기분을 맞추거나 불필요한 요소에 신경을 쓰게 된다.

만약 직원들이 업무에 전념하며 성과를 내길 원한다면, 그들의 주의력을 빼앗는 요소들을 제거해야 한다. 직원들이 온전히 업무에 몰입할 수 있도록 환경을 조성하는 것이 중요하다. 이러한 관점에서 회사의 복지 정책도 살펴볼 필요가 있다.

세계적인 비즈니스 인텔리전스 기업인 SAS는 직원들이 최고의 업무 환경에서 몰입할 수 있도록 지원하는 것으로 유명하다. 이 회사는 "세계에서 가장 일하기 좋은 회사"라는 평가를 받을 만큼 독창적인 복지 시스템을 운영한다. SAS는 직원들이 불필요한 고민을 하지 않도록 하기 위해, 다른 회사에서는 생각지도 못한 방식으로 지원을 제공한다. 예를 들어, 미혼 남성 직원들이 집안일 때문에 주의력이 분산될 것을 고려하여 가사 서비스를 지원한다. 회사 캠퍼스에는 운동 시설이 잘 갖춰져 있으며, 직원들이 야외에서 선탠을 즐기면서 일할 수도 있다. 또한, 직원들의 은퇴 준비를 돕는 프로그램, 가족을 배려하는 다양한 정책, 건강 관리를 위한 각종 서비스도 제공한다.

이러한 정책들은 단순한 복지 차원을 넘어, 직원들이 장기적으로 업무에 몰입할 수 있도록 환경을 조성하는 데 목적이 있다. 결국, 직원들의 주의력이 회사의 성과를 창출하는 데 온전히 집중될 수 있도록 돕는 것이다.

물론, SAS처럼 수익성이 높고 안정적인 기업이 아닌, 생존 자체가 중요한 기업들에게는 이러한 복지 정책이 부담스러울 수 있다. 그러나 주의력을 효과적으로 관리하는 방법은 꼭 비용이 많이 드는 것이 아니다.

예를 들어, 직원들이 불필요한 보고서를 작성하느라 시간을 낭비하지 않도록 할 수 있다. 상사의 눈치를 보느라 정해진 시간에 퇴근하지 못하는 문화가 있다면 이를 개선해야 한다. 또한, 핵심 업무 외에 추가적인 가치를 창출하지 않는 불필요한 업무들은 없앨 필요가 있다. 이를 위해 워크아웃 프로그램을 도입해 직원들의 의견을 적극적으로 청취하고, 실제로 도움이 되지 않는 업무 관행들을 개선하는 것이 바람직하다.

무엇인가 새로운 제도를 도입하거나, 직원들에게 새로운 업무를 부여할 때는 반드시 질문해야 한다. 이 일이 정말 필요한가? 직원들의 주의력을 새롭게 분산시킬 만큼 의미 있는 일인가? 단순히 변화 자체를 위한 변화가 아니라, 직원들의 관심과 에너지를 효과적으로 활용할 수 있는 방향인지 고민해야 한다.

리더는 조직의 성과를 극대화하기 위해 직원들의 주의력이 어디에 집중되는지를 항상 자세히 살펴보아야 한다. 주의력을 분산시키는 요소를 제거하고, 직원들이 본연의 업무에 몰입할 수 있는 환경을 제공하는 것이야말로 조직의 성장을 위한 핵심적인 요소가 될 것이다.

책임감 중독에서 벗어나라

성공하기 위해서는 세부적인 부분까지 철저히 챙기고, 모든 일을 꼼꼼하게 처리해야 한다는 생각이 일반적이다. 동시에, 리더가 직원들을 너무 세세하게 관리하는 것은 오히려 부정적인 영향을 미칠 수 있다는 의견도 있다. 마이크로 매니지먼트, 즉 직원들이 해야 할 일을 리더가 일일이 간섭하고 통제하는 방식은 직원들의 동기를 해칠 수 있기 때문이다. 그러나 현실에서 성공한 사람들을 보면 상당히 꼼꼼한 성향을 가지고 있다. 이를테면, 히딩크 감독은 경기 당일 잔디 상태까지 직접 확인하며 전략을 수립할 정도로 세부적인 부분까지 신경 썼다. 그는 2002년 월드컵 당시 스페인과의 경기가 승부차기로 갈 가능성을 예상하고, 경기 전날 일부러 선수들에게 야유를 퍼부어 긴장감 속에서 연습하도록 했다. 그리고 실제 경기에서 선수들은 이 긴장감을 이겨내며 승리를 거두었다. 이렇게 꼼꼼함은 대한민국 축구를 4강에 올려놓는 데 큰 역할을 했다.

그러나 리더가 세부 사항에 강한 것과 마이크로 매니지먼트를 하는 것은 분명히 다른 문제다. 꼼꼼한 리더는 조직 내 여러 문제를 한눈에 알아차릴 수 있다. 그러다 보면 리더가 세부적인 사항까지 일일이 지적하게 되고, 직원들은 "이렇게 사소한 것까지 신경 써야 하나?"라는 생각을 하게 된다. 물론 사소한 것 하나하나가 쌓여서 전체를 이루는 것은 사실이다. 하지만 중요한 것은 직원들이 리더의 꼼꼼함을 공감하고 받아들일 수 있도록 만드는 것이다. 단순히 리더가 자신의 철저함을 과시하면서 직원들에게 같은 수준의 꼼꼼함을 요구하는 것은 바람직하지 않다. 오히려 직원들이 스스로 문제의 중요성을 인식하고, 주도적으로 세부적인 부분을 챙길 수 있도록 도와주는 것이 효과적이다.

직원들이 책임감을 가지고 세세한 부분까지 신경 쓰게 만들려면, 리더는 일을 위임하고 직원들이 실수를 통해 배우도록 해야 한다. 모든 일을 리더가 직접 챙기고 직원들에게 세세한 지시를 내리면, 직원들은 책임감을 갖기 어려워진다. 리더가 모든 책임을 지고 있으면 직원들은 오히려 "어차피 상사가 다 챙길 테니 나는 크게 신경 쓰지 않아도 된다"는 태도를 가지게 된다.

로저 마틴은 《책임감 중독》이라는 책에서 리더의 과도한 책임감이 어떻게 직원들의 책임감을 빼앗아 가는지를 설명한다. 그는 리더가 지나치게 많은 책임을 떠안게 되면, 반대로 직원들은 점점 더 책임을 방기하게 된다고 이야기한다. 이 현상은 조직에서 흔히 발생한다.

사람들이 책임감 중독에 빠지는 이유는 인간의 본능적인 방어기제 때문이다. 사람은 문제가 발생했을 때, 두 가지 방식으로 반응하는 경향이 있다. 하나는 모든 책임을 떠안고 해결하려는 것이고,

다른 하나는 아예 책임을 회피하며 리스크를 최소화하려는 것이다. 특히, 능력이 뛰어나거나 지위가 높은 사람일수록 더 많은 책임을 떠안는 경향이 있다. 이들은 자신의 뛰어난 역량을 활용해 마치 영웅처럼 문제를 해결하려고 한다. 하지만 문제는 여기서 끝나지 않는다. 리더가 책임을 떠안을수록 직원들은 오히려 책임을 회피하게 되고, 점점 더 소극적인 태도를 보이게 된다. 처음에는 적극적으로 일하던 직원들도 점차 자신이 할 역할이 줄어든다고 느끼고, 기여할 바가 없다는 생각에 빠져든다. 결국, 조직 전체적으로 리더 한 사람만 과도한 책임을 떠안고, 직원들은 무기력해지는 악순환이 반복된다.

이러한 상황이 발생하는 또 다른 이유는 사람들은 서로의 책임과 역할을 명확히 논의하는 것을 불편하게 여기기 때문이다. 서로의 기대를 조정하는 대화를 하지 않고, 스스로 판단하여 "이 정도면 내가 해야 할 일"이라고 지레짐작하는 경우가 많다. 하지만 이런 식의 소통 부재는 오히려 책임감 중독을 심화시킨다. 서로의 역할을 논의하고 책임을 나누는 과정이 없다면, 결국 리더가 모든 책임을 떠안게 되고, 직원들은 점점 더 수동적인 태도를 보이게 된다.

직급이 낮을수록 직무의 경계가 명확하기 때문에 책임감 중독의 문제가 크게 발생하지 않는다. 하지만 경영진 레벨로 갈수록 업무의 성격이 모호해지고, 책임의 경계가 불분명해진다. 특히 CEO, COO, CFO 등 C레벨에서는 이러한 문제가 더욱 심각하게 나타난다. 많은 동업 관계가 책임 분담의 실패로 인해 깨지는 것도 같은 이유 때문이다.

사장의 경우, 회사의 성패가 자신의 인생에 직접적인 영향을 미치기 때문에 더욱 많은 책임을 짊어질 수밖에 없다. 직원들이야 월급을 받고 다른 회사로 이직할 수 있지만, 사장은 회사의 채무에 대해 연대 보증을 섰거나, 자신의 평판과 경력을 회사의 성과에 걸었을 수도 있다. 이런 이유로 사장은 누구보다도 책임감 중독에 빠지기 쉬운 위치에 있다. 문제는 사장이 이러한 책임감에 압도될수록, 조직 내 다른 경영진과 직원들의 책임감이 오히려 감소하는 현상이 발생한다는 것이다.

책임감 중독에서 벗어나기 위해서는 리더가 모든 문제를 스스로 해결하려고 하는 태도에서 벗어나야 한다. 자기 손으로 모든 일을 처리하며 만족감을 느끼는 것이 아니라, 대화와 협력을 통해 다른 사람들의 도움을 받아도 좋은 결과를 낼 수 있다는 것을 경험해야 한다. 이를 위해서는 직원들이 어떤 기분으로 일하고 있는지 이해하고, 대화를 통해 그들의 의견을 경청하는 것이 필수적이다. 리더는 단순히 업무 지시를 내리는 역할을 넘어, 책임을 나누고 공유하는 방법을 익혀야 한다. 사람들이 직장에서 서로의 기대와 역할을 솔직하게 논의하는 것에 어려움을 느낀다. 그러나 해결책은 단순하다. 대화다. 마음을 열고 허심탄회하게 대화를 나누는 것이야말로 직장에서 성과를 높이는 중요한 방법이다.

책임의 분담뿐만 아니라, 사장은 직원들의 에너지를 관리하는 역할도 해야 한다. 직원들이 회사에서 긍정적인 에너지를 느끼면서 일할 수 있도록 배려해야 한다. 만약 치열한 경쟁 속에서 동료나 상사로부터 지속적으로 부정적인 피드백과 성과 압박을 받는다면, 직원들은 효율적인 행동을 할 수 없다.

직원들은 단순한 노동력이 아니라 감정을 가진 사람들이다. 사장은 이 점을 인식하고, 직원들이 활기차게 일할 수 있도록 환경을 조성해야 한다. 긍정적인 피드백을 주고, 직원들이 충분한 휴식과 휴가를 사용할 수 있도록 장려해야 한다. 회사가 균형 잡힌 식사를 지원할 수 있는 방법을 고민하고 실행하는 것도 도움이 된다. 또한, 직원들이 충분한 운동을 통해 에너지를 충전할 수 있도록 배려하는 것도 필요하다. 최근 하버드 비즈니스 리뷰에서는 직원의 에너지 관리에 대한 연구를 지속적으로 발표하고 있으며, 더에너지프로젝트에서는 직원들의 에너지를 효과적으로 관리하는 방법에 대한 프로젝트를 진행하고 있다.

결국, 책임감 중독에서 벗어나기 위해서는 리더가 모든 것을 스스로 해결하려는 태도를 버리고, 직원들과의 협업과 소통을 통해 역할을 나누는 것이 중요하다. 이를 통해 조직은 더욱 건강하게 성장할 수 있으며, 직원들은 책임감과 동기부여를 갖고 자신의 역할을 충실히 수행할 수 있게 된다.

사람을 바꾸는 것이 가능할까?

사장들은 직원들이 자신의 기대만큼 움직여주지 않는다는 이유로 스트레스를 받는다. 이는 직원들에 대한 기대치가 지나치게 높기 때문인 경우가 많다. 어떤 사장은 우수한 인재를 찾아내는 데 몰두하고, 그 인재의 장점을 보며 마치 회사의 모든 문제가 해결될 것처럼 기대한다. 그러나 시간이 지나면서 그 인재의 단점을 발견하게 되면 실망하고, 결국 또 다른 우수한 인재를 찾으려 한다. 이러한 과정을 반복하면서 결국 사장은 누구에게도 만족하지 못하는 상태에 빠지게 된다.

기업이 성장하기 위해서는 유능한 인재들이 많아야 한다는 점은 분명한 사실이다. 하지만 기존의 회사에서 오랜 시간 충성스럽게 일해 온 직원들을 당연한 존재로 여기고, 잡은 물고기 취급하는 사장들이 생각보다 많다. 반대로, 새로 채용한 직원들에게는 비현실적으로 높은 기대를 걸고, 이들이 완벽할 것이라는 착각에 빠지곤 한다. 그러나 결국 누구에게나 단점은 있기 마련이며, 단점이 드러나는 순간 실망하는 일이 반복된다.

직원에 대한 불만이 생길 때, 사장들은 그 직원을 자신의 뜻대로 변화시키고 싶어 한다. 그러나 사람의 성격과 장단점은 쉽게 변하지 않는다. 개인이 가지고 있는 특성은 어린 시절의 경험, 부모와 친구로부터 받은 영향, 그리고 성인이 된 후 자신의 선택들에 의해 형성되며, 오랜 시간에 걸쳐 만들어진 성향은 쉽게 바뀌지 않는다. 회사 내에서 상사가 특정 문제를 지적하며 다그친다고 해서 직원이 바뀌는 것은 아니다. 오히려 직원들은 겉으로는 수긍하는 척할지 몰라도, 속으로는 불만을 가지거나 방어적인 태도를 보일 수 있다.

사람이 단점과 결점을 가질 수밖에 없는 존재임을 인정하는 것이 중요하다. 직원의 단점을 바꾸려는 시도보다는, 어떻게 하면 그들의 장점을 살려 성과를 낼 수 있을지를 고민하는 것이 더 현실적인 접근이다. 만약 직원이 변화해야만 하는 상황이라면, 단순한 지시나 강제적인 방법보다는 다른 접근법을 활용하는 것이 효과적이다. 사람들은 스스로 깨닫고 변화를 받아들일 때 가장 자연스럽게 성장한다.

리더십 전문가인 워렌 베니스는 "고양이를 길들이듯 사람을 리드하라"는 말을 했다. 고양이는 독립적인 동물이며, 강압적인 방식으로 길들이려 해도 쉽게 변화하지 않는다. 사람도 마찬가지다. 사람들은 스스로 판단하고 행동하며, 강압적으로 바꾸려 할수록 반발하게 된다.

소크라테스는 질문을 통해 사람들이 스스로 진리를 깨닫도록 유도했다. 누군가에게 직접적인 지시를 내리면 반발심이 생길 수 있지만, 질문을 던지면 그 질문에 대해 고민하게 된다. 그리고 그렇게 고민하는 과정에서 사람의 인식이 변하게 된다. 오늘 누군가를 변화시키고 싶다면, 정답을 일방적으로 제시하고 그대로 따르라고 하는 것은 효과가 없다. 오히려 깊이 있는 질문을 던지고, 상대방이 스스로 생각하고 답을 찾을 시간을 주는 것이 더 바람직하다.

결국, 사람은 쉽게 바뀌지 않는다. 하지만 적절한 환경과 동기부여가 있다면, 서서히 변화할 수 있다. 중요한 것은 직원의 단점을 고치려고 애쓰는 것이 아니라, 그들의 강점을 어떻게 활용할 수 있을지를 고민하는 것이다.

직원들을 움직이게 만들기 위한 핵심 키워드 3E

직원들에게 강압적인 지시를 내리기보다는 대화를 통해 일을 진행하는 것이 더 효과적이다. 그러나 일부 경영자들은 성과에 대한 압박을 받으며, 그로 인해 주변 상황을 고려하지 못하고 직원들을 몰아붙이곤 한다. 사장들은 종종 다급한 상황에 처하게 된다. 어렵게 투자를 받아낸 뒤 성과를 빠르게 내야 한다는 압박감에 시달리다 보면, 직원들에게 비전을 충분히 설명하거나 설득할 시간이 부족해진다. 결국, 강제적인 지시와 압박을 통해 업무를 추진하는 경향이 강해진다. 특히 어려운 상황에 부닥칠수록 직원들을 다그치는 방식 외에는 특별한 해결책을 찾지 못하는 리더들도 있다. 그러나 이러한 방식은 직원들의 동기부여를 떨어뜨리고, 결국에는 그들의 마음이 떠나게 만들며, 이는 사업의 위기로 이어지는 악순환을 초래한다.

기업은 결국 사람이 모여서 일하는 공간이며, 직원들이 공감하고 협력해야 업무가 성공적으로 진행될 수 있다. 따라서 경영자는 효과적으로 대화하는 방법을 익혀야 한다. 자신이 가진 비전과 전략을 직원들에게 설득력 있게 전달할 수 있어야 하며, 조직의 주요 의사 결정을 독점하는 것이 아니라 직원들이 적극적으로 참여할 수 있도록 해야 한다. 직원들이 중요한 의사 결정 과정에 함께할 때, 그들은 더 깊은 책임감을 느끼며 조직에 대한 헌신도를 높일 수 있다.

김위찬 교수의 《블루오션 전략》은 혁신적인 비즈니스 전략을 다루는 책이지만, 혁신을 주도하는 과정에서 리더가 어떻게 커뮤니케이션을 해야 하는지를 설명하는 부분도 있다. 그는 리더의 커뮤니케이션 방식을 효과적으로 정리한 개념으로 3E를 제시했다. 이는 조직 내에서 변화를 이끌어내는 핵심적인 요소로, 참여(Engagement), 설명(Explanation), 기대(Expectation)로 구성된다.

첫 번째 요소는 참여(Engagement)이다. 중요한 의사 결정이 내려질 때, 그 결정의 영향을 받는 사람들이 의사 결정 과정에 참여해야 한다. 설령 리더가 정답을 알고 있다고 하더라도, 직원들을 배제한 채 독단적으로 결정을 내리면 조직 내 반발이 생길 수 있다. 사람들은 자신이 참여한 의사 결정을 더 지지하며, 반대로 자신이 배제된 의사 결정에는 쉽게 반감을 가진다. 위에서 일방적으로 내려진 결정은 직원들에게 받아들여지기 어려운 경우가 많다. 시간이 조금 더 걸리더라도, 실행 단계에서 원활하게 추진력을 얻기 위해서는 영향을 받는 사람들을 의사 결정 과정에 적극적으로 참여시켜야 한다. 또한, 리더의 판단이 항상 정답일 수 없다는 점을 인정하는 것이 중요하다. 현장의 직원들이 의사 결정 과정에 참여하면, 더 나은 정보와 아이디어를 얻을 수 있고, 기존 계획을 수정하거나 폐기하는 것이 더 나은 선택일 수도 있음을 깨닫게 될 것이다.

두 번째 요소는 설명(Explanation)이다. 직원들을 의사 결정 과정에 참여시켰다고 해서, 그것만으로 충분한 것은 아니다. 리더가 조직이 나아가야 할 방향과 비전을 직원들에게 명확하게 설명해야 한다. 단 한두 번의 설명으로는 부족하며, 지속적으로 반복해서 설명해야 한다. 한국전기초자의 서두칠 사장은 직원들에게 회사의 비전과 경영 현황을 설명하기 위해 하루 세 번씩 현장을 돌며 직접 대화를 나누는 노력을 수년간 지속했다. 또한, 잭 웰치는 조직을 변화시키려면 CEO가 메시지를 수백 번 반복해야 한다고 강조했다. 리더가 특정한 목표를 이루고자 한다면, 그 목표가 조직 내에서 자연스럽게 스며들도록 지속적으로 메시지를 전달해야 한다. 명확한 설명과 반복적인 커뮤니케이션이 이루어질 때, 조직의 구성원들은 비전을 이해하고 자발적으로 움직이게 된다.

세 번째 요소는 기대(Expectation)이다. 직원들이 의사 결정 과정에 참여했고, 비전에 대한 충분한 설명을 들었더라도, 구체적인 기대치를 설정하지 않으면 실행으로 이어지지 않을 가능성이 높다. 따라서 각 직원에게 기대하는 바가 무엇인지 명확하게 전달하는 것이 중요하다. 조직의 목표와 방향을 설정한 뒤, 직원들에게 어떤 행동을 기대하는지 구체적으로 알려야 한다. 또한, 기대한 결과를 성취했을 때 적절한 보상을 제공하는 것도 동기부여의 중요한 요소가 된다.

예를 들어, 컨티넨탈 항공사는 한때 최악의 항공사로 평가받았지만, CEO였던 고든 베튠은 회사를 혁신하기 위해 직원들의 행동 변화를 유도했다. 그는 정시 출발을 가장 중요한 목표로 설정하고, 이를 달성했을 때 모든 직원에게 65달러씩 지급했다. 이를 통해 직원들은 정시 출발이 단순한 회사 방침이 아니라, 자신에게도 직접적인 영향을 미치는 중요한 요소라는 것을 인식하게 되었다. 명확한 기대치를 설정하면, 직원들은 조직이 요구하는 바를 정확히 이해하고 그에 맞게 행동할 수 있다.

위의 세 가지 요소를 효과적으로 활용하면, 조직의 변화를 성공적으로 이끌어갈 수 있다. 그러나 일부 경영자들은 단순히 조직의 미래가 밝고 긍정적일 것이라는 이유만으로 직원들이 자연스럽게 따라올 것이라고 착각한다. 물론 조직이 올바른 방향으로 나아가는 것이 가장 중요한 요소이지만, 좋은 비전을 제시했다 하더라도 효과적인 커뮤니케이션이 이루어지지 않으면 직원들이 이를 이해하지 못하고 실행에 옮기지 않을 가능성이 크다.

경영자는 직원들이 조직의 비전을 공유하고 실천할 수 있도록 3E 원칙을 실천해야 한다. 직원들이 단순히 업무를 수행하는 것이 아니라, 조직의 목표에 공감하고 자발적으로 움직일 수 있도록 하는 것이 리더십의 핵심이다. 좋은 비전이 조직의 연료라면, 3E는 그 연료를 직원들의 마음속에 불을 붙이는 도구가 된다. 조직의 목표를 달성하기 위해서는 직원들이 공감하고 자발적으로 움직일 수 있는 환경을 조성해야 하며, 이를 위해서는 리더의 지속적인 소통과 참여 유도가 필수적이다.

9

부자본능 이야기

성공한 사업가로부터 배우자

대부분의 처세론이나 성공학 서적은 실제로 성공한 기업가들이 직접 쓴 것이 아니다. 오히려, 처세론과 성공학을 연구하고 글을 쓰는 전문가들이 이러한 책을 집필하는 경우가 많다. 이들은 성공한 사람들의 이야기를 분석하고 정리하는 방식으로 책을 만들어낸다. 대표적인 예로 앞서 짧게 언급했던 앤서니 라빈스의 네 안에 잠든 거인을 깨워라 같은 책이 있다. 이 책은 사람들에게 긍정적인 영향을 주었고, 베스트셀러가 되기도 했다. 하지만 이러한 책들이 성공한 기업가들이 실제로 경험한 생생한 비밀을 담고 있는지는 다시 생각해볼 필요가 있다.

사업적인 성공을 원한다면, 직접 창업하여 성공한 사람들의 이야기를 참고하는 것이 가장 현실적인 방법이다. 실제로 성공한 사업가들의 경험을 담은 전기나 자서전은 그들이 어떤 과정을 거쳐 성공했는지를 보다 생생하게 전달한다. 전략적 직관에 대한 연구에서도, 전략적 직관을 키우는 데 가장 도움이 되는 것이 성공한 기업가들의 전기라고 설명한다. 다시 말해, 실제 사업을 일으키고 성공을 경험한 사람들의 이야기가 가장 훌륭한 성공학 교과서가 될 수 있다.

이런 점에서 맥심의 창업자 펠릭스 데니스가 쓴 부자 본능은 특별한 의미를 가진다. 그는 처세론이나 성공학 서적을 읽으며 항상 무언가 부족하다고 느꼈다. 그 이유는 많은 성공학 서적이 실제로 사업을 운영하며 부자가 된 사람들의 경험을 반영하지 못했기 때문이다. 그는 "내가 어떻게 부자가 되었는지"를 있는 그대로 전달하고 싶어 책을 집필했다. 이 책이 특별한 이유는 단순히 이론적인 성공 전략을 설명하는 것이 아니라, 실제로 큰 부를 이룬 기업가가 자신의 경험을 솔직하게 풀어놓았기 때문이다.

그는 사업을 하면서 스스로 위험을 감수하는 법을 배웠고, 유능한 사람을 발굴하여 적절한 업무를 위임하는 능력을 키웠다. 또한, 사업이 어느 정도 성장하면 이를 필요로 하는 대기업과 협상을 진행하여 회사를 매각하는 전략을 활용했다. 그는 이러한 과정에서 실패에 대한 두려움을 극복하는 방법과 사업에 집중하는 태도에 대해 설명한다. 또한, 인재를 찾고 적절히 역할을 분배하는 방법, 그리고 맨손으로 시작해 큰 부자가 되기까지 자신이 어떤 결정을 내렸는지를 이야기한다.

이처럼 성공한 사업가들의 이야기는 실제 창업과 경영에서 맞닥뜨릴 수 있는 현실적인 문제들을 다루고 있으며, 단순한 동기부여를 넘어 실질적인 교훈을 제공한다. 따라서, 사업을 성공적으로 운영하고 싶다면 이론적인 성공학 서적뿐만 아니라, 실제로 성공한 기업가들의 전기를 읽고 그들의 경험에서 직접 배워야 한다.

사업을 하면 독해진다

존 F. 케네디는 하원과 상원을 거쳐 대통령이 되었다. 대통령이 된 후 그는 과거 자신을 지지했던 시민 사회 세력과 일정한 거리를 두며 신중하게 정치력을 행사했다. 그가 대통령으로서 원하는 바를 달성하기 위해서는 사안별로 신중한 의사 결정을 내리는 것이 필수적이었기 때문이다. 이를 본 시민 사회 세력은 그가 변했다며 실망했고, 일부 사람들은 그를 그저 정치적 상황에 따라 움직이는 "의사 결정 기계"라고 비난하기도 했다.

사업을 운영하는 과정에서도 이와 비슷한 일이 벌어진다. 사업에서 성공하기 위해서는 감정적으로 행동하기보다 철저히 논리적이고 합리적인 의사 결정을 내려야 한다. "의사 결정 기계"라는 표현이 다소 부정적으로 들릴 수 있지만, 사실 이는 사업을 운영하는 리더에게 필수적인 태도다. 감정에 휘둘리지 않고 공정하게 판단하며, 최적의 결정을 내려야 기업이 지속적으로 성장할 수 있다.

사업을 하다 보면 예측이 빗나가거나 계획이 실패하는 경우가 반드시 생긴다. 유동성 위기에 빠지면 직원들에게 급여를 지급하지 못하는 상황이 발생할 수도 있다. 이런 상황이 장기화되면 아무리 친밀했던 직원도 결국 회사를 떠나게 되고, 시간이 지나면 그 직원은 채권자로 돌변한다. 물론 사람마다 차이는 있지만, 대부분 이 패턴에서 크게 벗어나지 않는다. 초보 경영자들은 이런 상황을 처음 겪을 때 큰 충격을 받는다. 단순히 직원이 회사를 떠나는 것에서 끝나지 않고, 급여 문제로 인해 노동청에 신고하거나 법적 절차를 밟기도 한다. 전에는 함께 미래를 꿈꾸던 직원이 이제는 법적 대응을 준비하는 채권자가 되는 것이다. 심지어 감정이 격해져 서로에게 심한 말을 주고받는 상황까지 발생하기도 한다. 사장과 직원이 함께 회사를 키워나가고 싶다는 선한 의도를 가지고 있었다 해도, 현실적인 문제 앞에서는 그 관계가 급격히 변할 수밖에 없다.

직원의 입장에서도 급여를 받지 못하는 것은 심각한 문제다. 경제적으로 불안정한 상황에 놓이면 실망과 분노가 쌓이기 마련이다. 따라서 직원이 사장에게 법적 조처를 하는 것은 어찌 보면 당연한 일일 수도 있다. 하지만 경영자의 입장에서 보면, 이런 극한 상황을 경험해야만 비로소 진정한 사업가로 거듭나는 경우가 많다.

사업을 시작하는 사람들 대부분은 태어날 때부터 경영자가 아니었다. 초보 경영자들은 조직 운영에 익숙하지 않으며, 종종 감정적인 결정을 내리곤 한다. 실적이 나오지 않는 직원이 있어도 쉽게 해고하지 못하고, 급여를 계속 지급하면서 그 관계를 유지하려 한다. 이는 회사가 하나의 가족이라는 생각, 우리는 같은 팀이라는 착각, 그리고 서로의 이해관계가 일치한다는 믿음에서 비롯된다. 또한, 과거에 자신이 내렸던 채용 결정, 그동안 함께 일했던 시간, 직원에 대한 신뢰, 그리고 조직의 우수성을 강조해온 자신의 말을 부정하는 것이 쉽지 않기 때문이다. 하지만 이러한 감정적인 결정을 반복하다 보면 결국 기업 운영이 점점 더 어려워진다.

경영자는 시간이 지나면서 인간관계의 극한을 경험하게 되고, 이 과정을 거친 후에야 진정한 경영자로 성장한다. 문제를 일으키거나 조직 내에서 지속적으로 갈등을 유발하는 직원을 바라볼 때, 이제는 단순한 감정이 아니라 철저한 사업적 관점에서 평가할 수 있어야 한다. 이 직원이 정말로 회사에 기여하는 사람인지, 급여를 지급할 만큼의 가치를 만들어내고 있는지를 냉정하게 판단해야 한다. 더 나아가, 만약 이 직원이 훗날 채권자로 돌변했을 때 어떤 문제가 발생할지를 미리 고려할 수 있어야 한다.

회사의 모든 구성원은 각자의 역할을 다해야 한다. 급여를 받는다는 것은 그에 상응하는 가치를 회사에 제공해야 한다는 의미다. 더 많은 급여를 받는 사람이라면 그만큼의 기여를 해야 하고, 적은 급여를 받더라도 회사가 기대하는 역할을 수행해야 한다. 직원이 회사에 서비스를 제공하는 프로페셔널이라면, 경영자 역시 원칙을 지키는 사람이 되어야 한다. 사업을 운영하는 데 있어 감정적인 판단을 배제하고 합리적인 의사 결정 기계가 되어야 한다.

경영자의 역할을 프로 스포츠 감독에 비유하는 것은 매우 적절하다. 승리하는 팀의 감독은 문제가 있는 선수 때문에 고민하지 않는다. 물론 선수를 훈련시키고 기회를 주지만, 결과가 좋지 않거나 태도가 문제라면 과감히 교체한다. 선수의 입장에서는 좌절과 실망이 있을 수 있지만, 감독은 전체 팀을 바라보며 최상의 성과를 내야 한다. 감독이 승리를 이끌지 못하면 아무런 의미가 없다. 선수는 기회를 찾아 다른 팀으로 이적할 수도 있지만, 감독은 실패하면 팀을 떠나야 할 수도 있다.

경영자가 감독이라는 사실을 망각하고, 마치 선수처럼 감정적으로 조직을 운영한다면 문제는 커질 수밖에 없다. 뼛속 깊이 경영자로서의 신분을 자각하고, 감정에 휘둘리지 않는 냉정한 판단력을 갖추어야 한다.

이런 사실들은 말로 가르치기 어렵다. 필자 역시 사업 초창기에 극한의 어려움을 경험했기 때문에 경영자의 입장과 직원의 입장이 다르다는 점을 누구보다도 잘 이해하고 있다. 초보 사업가들에게 이러한 현실을 설명하고 경고해 보려 했지만, 직접 경험하지 않고서는 이해하기 어려운 부분이 많았다.

사업을 하면 사람은 변할 수밖에 없다. 처음에는 이상을 품고 시작하지만, 현실적인 문제를 겪으며 더욱 냉정하고 단호한 사람이 되어간다. 결국, 사업을 하다 보면 독해질 수밖에 없다. 하지만 이것이 냉정하고 비인간적인 사람이 되어야 한다는 의미는 아니다. 다만, 경영자는 감정과 현실을 구분하고, 올바른 결정을 내릴 수 있는 사람이 되어야 한다. 인간적인 정을 유지하면서도, 회사의 지속가능성을 위해 냉철한 판단을 내릴 줄 아는 것이 진정한 사업가로 성장하는 과정이다.

동업을 어떻게 볼 것인가?

사업을 시작할 때 사람들이 동업을 고려한다. 개인의 능력에는 한계가 있기 마련이므로, 뛰어난 역량을 가진 파트너와 함께하고 싶은 것은 자연스러운 일이다. 펠릭스 데니스는 그의 저서 〈부자 본능〉에서 동업에 대해 다음과 같은 조언을 남겼다.

"당신이 이미 성공적으로 운영하고 있으며 완전히 소유하고 있는 사업이 아니라면, 가급적 동업을 피하라. 새롭게 시작한 사업이든 인수한 사업이든, 최대한 많은 지배권을 확보하는 것이 중요하다. 파트너를 찾아 새로운 기회를 모색하는 일은 나중으로 미뤄라. 자신의 소유권을 확보하는 것이 오히려 리스크를 관리하는 데 효과적이다. 동업은 매력적인 기회처럼 보일 수 있지만, 동시에 신경 써야 할 일이 많다. 반면, 자신이 완전히 소유한 사업을 기반으로 확장하는 것이 더 안정적인 전략이다. 사업이 잘 풀리지 않을 때 괜한 죄책감을 가질 필요도 없고, 중요한 결정을 내릴 때 파트너를 설득하는 과정에서 시간을 낭비하지 않아도 된다. 이렇게 하면 사업 확장과 수익 창출에만 집중할 수 있고, 설령 실패하더라도 온전히 자신의 책임으로 받아들이면 된다."

그러나 불가피하게 동업을 해야 한다면, 시작 단계에서부터 원만한 종료 방안을 고민하는 것이 필요하다. 대부분의 동업 관계는 장기적으로 유지하기 어려우며, 결국 갈등이나 이견으로 인해 결별을 맞이하는 경우가 많다. 처음에는 서로 신뢰하고 좋은 관계를 유지하고 있기에 이런 상황을 예상하기 어렵지만, 사업이 진행됨에 따라 관계가 변할 가능성이 높다. 실제로 많은 기업가가 동업 관계에서 갈등을 겪고 있으며, 이러한 문제를 쉽게 해결하기란 쉽지 않다. 동업자 간의 의견 차이를 조율하는 것은 생각보다 훨씬 어려운 일이기 때문이다.

만약 동업을 결정했다면, 미리 분쟁 해결 방법을 명확히 정해두는 것이 바람직하다. 이를 위해 회사 정관에 심각한 분쟁이 발생했을 때 해결할 수 있는 조항을 포함시키는 것이 좋다. 예를 들어, 동업자 간의 합의가 어려운 상황이 발생하면, 각자가 회사 전체를 얼마에 인수할 의향이 있는지를 평가한 후, 그 금액을 봉투에 적어 변호사에게 전달하는 방식이 있다. 이후 변호사가 봉투를 개봉해 가장 높은 금액을 제시한 사람이 회사를 인수하고, 그 가격을 기준으로 차액을 상대방에게 지급하는 방식으로 결별을 진행할 수 있다. 이렇게 동업을 시작할 때부터 헤어지는 방법에 대해 미리 합의하고 이를 기록으로 남기는 것이 필요하다.

동업을 할 때는 지분과 역할 분배 역시 신중하게 결정해야 한다. 중요한 고려 사항은 두 가지다. 첫째, 누가 사업에 얼마만큼의 자본을 투자했는가? 둘째, 누가 사업 운영에서 어떤 역할을 담당하는가? 이 두 가지 요소를 명확하게 정의해야 불필요한 갈등을 줄일 수 있다.

기업 내 인간관계는 필연적으로 권력 관계를 형성한다. 같은 파트너십이라 해도 지분율에 따라 영향력이 다를 수 있으며, 투자자로서 회사를 좌우하는 사람이 있는가 하면, 실질적인 경영을 담당하는 사람이 따로 있을 수도 있다. 처음에는 서로 뜻이 잘 맞더라도, 시간이 지나면서 관점이 달라질 가능성이 크다.

그렇다면 좋은 동업자는 어떤 사람일까? 공통점이 많고 비슷한 기능을 수행하는 사람끼리의 동업은 오히려 바람직하지 않을 수 있다. 서로 다른 능력과 성격을 가진 사람이 모여 각자의 부족한 부분을 보완하는 것이 이상적이다. 또한 감정적인 신뢰보다도 현실적인 계산이 명확한 관계가 더 건강한 동업을 유지하는 데 도움이 된다.

동업을 통해 자신의 부족한 점을 보완할 수도 있지만, 반드시 동업이 최선의 선택은 아니다. 유능한 직원을 채용해 업무를 위임하는 것도 하나의 대안이 될 수 있다. 사업을 하다 보면 근본적으로 혼자 결정을 내려야 하는 순간이 많다. 단순히 누군가와 함께한다는 이유로 동업을 선택하기보다는, 독립적인 의사결정을 내릴 준비가 되어 있는 상태에서 필요에 따라 동업을 고려하는 것이 바람직하다. 나아가, 동업자는 언제든 헤어질 수 있는 관계라는 점을 염두에 두고 신중하게 접근해야 한다.

아는 사람을 직원으로 두는 것

동업은 아니지만, 잘 알고 지내던 사람을 직원이나 경영진으로 두고 사업을 시작하는 경우가 많다. 실제로 많은 회사에서 사장의 친구가 경영진에 앉아 있거나, 친척과 가족들이 주요 직책을 맡고 있는 경우를 흔히 볼 수 있다.

친숙한 사람과 함께 일하는 것은 여러 장점이 있다. 특히 규모가 작은 회사일 경우, 신뢰할 수 있는 사람들과 같은 목표를 향해 나아가기가 비교적 수월하다. 소규모 창업 기업은 우수한 인재를 채용하는 것이 쉽지 않으므로, 가까운 지인을 모아 사업을 함께하는 것이 인력 부족 문제를 해결하는 데 도움이 될 수도 있다. 그러나 회사가 성장하면서 이러한 관계는 점점 부담이 될 가능성이 크다. 사업상의 인간관계가 가족처럼 평생 지속될 것이라 기대해서는 안 된다. 결국, 직원도 일정 기간 함께하다가 떠날 수밖에 없는 존재이며, 필요에 따라 관계를 정리해야 하는 순간이 올 수도 있다. 그러나 친구나 가족일 경우, 이별이 더욱 어렵고, 관계에 깊은 상처를 남길 위험이 크다.

초기에는 사업이 어려운 만큼, 사장은 친분이 있는 사람에게 희생을 요구하는 경우가 많다. 희생을 감수한 직원은 이에 대한 보상을 기대하게 되며, 사장은 이러한 기대가 쌓이면서 보이지 않는 "정신적 채무"를 지게 된다. 시간이 지나 회사가 성공하더라도, 이 빚을 완전히 청산하기는 쉽지 않다. 사장은 회사의 소유주이지만, 희생한 친구나 친척은 여전히 직원일 뿐이기 때문이다. 흔히 "채무자는 쉽게 잊지만, 채권자는 결코 잊지 않는다"는 말이 있는데, 이와 같은 상황에서 특히 잘 적용된다.

더 큰 문제는 지분 분배에서 발생할 수 있다. 사업의 지분 소유에 대해 깊이 고민하지 않은 사장들은 종종 직원이나 친척과 함께 일한다는 이유로 쉽게 지분을 나눠준다. 그러나 이는 심각한 문제가 될 수 있다. 직원이 실제로 자본을 투자한 것이 아니라면, 지분을 받는 순간 이를 자신의 능력과 공헌도에 대한 정당한 보상으로 여기게 된다. 그러다 보니 이후 입사한 직원 중 더 뛰어난 성과를 내거나 기여도가 높은 사람이 나타나면, 자연스럽게 지분을 요구하는 흐름이 생긴다. 이 과정에서 사장은 예상치 못한 압박을 받게 되고, 직원 수가 늘어날수록 추가적인 지분 분배 요구에 시달리게 된다.

벤처기업을 운영하는 많은 대표들이 이 문제로 고민하고 있다. 처음부터 직원들이 지분을 요구하는 경우는 드물다. 대부분의 사장들은 단순히 좋은 의도로, "나중에 회사가 성장하면 함께 잘되자"는 마음으로 초창기 멤버들에게 지분을 나눠준다. 하지만 시간이 지나면서 직원이 늘어나고, 서로의 공헌도를 비교하기 시작하면서 불만이 생긴다. 결국, 지분 분배 문제로 인해 곤란한 상황에 처하게 되고, 그제야 문제의 심각성을 깨닫는다.

사장은 지분을 나눠줌으로써 직원들이 회사를 자신의 것처럼 여기고 헌신적으로 일할 것이라 기대하지만, 현실은 다르다. 지분을 나누어 준다고 해서 희생에 대한 채무가 자동으로 해결되는 것은 아니다. 오히려, 사장은 직원들에게 작은 벤처기업에서 경험을 쌓을 기회를 제공했다고 생각하는 편이 낫다. 보상 조건이 맞지 않는다면 애초에 채용을 포기하고, 자신이 제공할 수 있는 조건에 맞는 인재를 찾아야 한다. 직원이 좋은 성과를 내면 현금 성과급을 제공하면 된다. 불필요한 심리적 채권을 만들 필요 없이, 직원들의 노력에 감사하고 그에 걸맞은 대우를 해주는 것이 더 건강한 방식이다. 성과를 낸 직원에게 승진, 급여 인상, 더 많은 기회와 재량권을 제공하는 방법도 있다. 결국 중요한 것은 "공정한 보상"이지, 모호한 채무 의식이 아니다.

사장에게 지분은 단순한 숫자가 아니라, 사업을 하는 핵심 이유일 정도로 중요한 요소다. 이 개념은 부자 본능(펠릭스 데니스)과 4시간(티모시 페리스)에서도 강조된다. 물론, 초기 자금을 실제로 투자하고 위험을 감수한 공동 창업자는 예외로 할 수 있지만, 단순히 사업 초기에 합류했다는 이유로 직원이나 친척에게 지분을 나눠주는 것은 피해야 한다.

나 역시 벤처기업에서 지분을 받고 오너를 돕는 역할을 한 경험이 있다. 그 당시에는 내 기여가 정당하게 평가받지 못한다고 생각하며 불만을 가졌었다. 이후 직접 오너가 되어 직원들에게 지분을 나눠주는 입장이 되어 보니, 반대의 상황을 경험했다. 결국 나는 직원들에게 나눠주었던 지분을 설득을 통해 다시 회수했다.

회사가 성장하면서 기존의 경영진보다 더 유능한 인재를 필요로 하는 순간이 온다면, 사장은 어떻게 대응해야 할까? 예를 들어, 친구를 경영지원팀장으로 두었지만, 회사가 급성장하여 매출이 크게 증가하면 CFO(최고재무책임자)를 따로 영입해야 할 수도 있다. 과거에는 사장과 격의 없이 사업을 논의하던 친구였지만, 이제는 사장이 CFO와 주요 의사결정을 논의하는 상황이 된다. 이는 조직의 자연스러운 변화지만, 기존 관계에 영향을 미칠 수밖에 없다.

물론, 우정을 희생하더라도 사업의 성공을 선택하겠다는 마음가짐을 가질 수도 있다. 그러나 시간이 흐르면 상황이 바뀌고, 상황이 바뀌면 관계도 변한다. 기업 내에서 모든 직책은 권력을 수반하며, 이는 조직의 역학을 변화시키는 주요 요인이 된다.

친구나 친척 같은 개인적인 인연으로 직원을 뽑기보다는, 업무를 통해 신뢰를 쌓은 사람들과 함께 일하는 것이 더 바람직하다. 사업을 위해 필요한 인재를 객관적인 기준으로 채용해야 하며, 관계와 신뢰는 함께 일하면서 만들어 가면 된다. 오히려 친구보다 경쟁관계에 있던 사람과 협업하는 것이 더 나을 수도 있다. 적과 손을 잡고 일하면 이해관계를 명확히 설정하고 서로 윈윈하는 전략을 고민하게 된다. 반면, 친구와 함께 일하면 "알아서 해주겠지"라는 기대감이 생기고, 결국 실망하거나 배신감을 느낄 가능성이 커진다. 만약 친구가 기대에 미치지 못할 경우, 그 관계는 더욱 복잡해진다.

《유혹의 기술》, 《권력을 경영하는 48가지 법칙》, 《전쟁의 기술》 등의 저서를 통해 권력의 본질을 연구한 로버트 그린은, 가까운 사람에게 배신당하는 사례가 비일비재하다고 지적한다. 하지만 이런 상황을 초래한 것은 결국 리더 스스로다.

나 역시 사업을 처음 시작할 때 친구들과 함께 일했으며, 그 과정에서 위에서 언급한 모든 문제를 경험했다. 시간이 지나면서 사업에서 인간관계를 다루는 방법을 터득하게 되었고, 더는 이러한 문제가 내게는 큰 걸림돌이 되지 않는다. 물론, 친구나 친척이 회사의 특정 직무에 적합하다면 함께 일할 수도 있다. 하지만 지금의 나는 굳이 그럴 필요성을 느끼지 않는다. 그것이 내 회사가 성장했기 때문이 아니라, 이제는 필요한 인재를 객관적으로 찾아 채용하고, 신뢰를 쌓아가면서 관계를 형성하는 것이 더 효과적이라는 것을 깨달았기 때문이다.

친구나 친척과 함께 일하더라도, 희생을 강요해서는 안 된다. 충분한 급여와 동기를 제공해야 하며, 보상 체계를 명확히 해야 한다. 그렇지 않으면 결국 해결하기 어려운 정신적 부채를 쌓게 될 뿐이다.

사업을 하면서 빠져나갈 구멍을 가진다는 것

데이브 롱거버거는 트럭 운전을 하면서 제품 배달 사업을 시작했고, 그 사업을 기반으로 레스토랑을 운영하며 현금 흐름을 창출했다. 이후 그는 이 자금을 바탕으로 바구니 사업에 뛰어들어 성공적인 기업가가 되었다. 《기적의 바구니회사 롱거버거 스토리》에는 그가 겪은 어려움과 이를 극복한 과정이 상세히 담겨 있다.

그가 힘든 시기를 보낼 때마다 했던 생각은 단순했다. 바구니 사업이 어려워지면 레스토랑 사업으로 돌아가고, 그마저 힘들어지면 다시 트럭 운전을 하면 된다는 것이었다. 그는 항상 자신이 이전에 했던 사업으로 돌아갈 준비가 되어 있었고, 이를 기반으로 다음 단계를 계획했다.

사람들이 사업을 할 때 망할 가능성을 고려해야 하며, 빠져나갈 구멍을 마련해 두어야 한다고 말한다. 처음에는 이 말을 이해하지 못했지만, 직접 사업의 어려움을 겪어 본 후 그 중요성을 절실히 깨달았다.

그렇다면, 어떻게 빠져나갈 구멍을 만들 수 있을까? 이미 하나의 사업이 어려워지면, 대부분의 자금을 그 사업에 쏟아붓게 되므로 재기하기란 쉽지 않다. 실제로 많은 사업가들이 실패한 후 극도로 힘든 생활을 하고 있으며, 심지어 한때 성공했던 사람들도 사업이 무너지면 심리적으로도 크게 흔들리는 경우가 많다.

나 역시 이에 대한 답을 데이브 롱거버거의 사례에서 찾았다. 첫 번째 사업은 반드시 자신의 능력을 기반으로 시작해야 하며, 반드시 성공해야 한다. 그렇게 해서 발생한 현금 흐름을 바탕으로 미래의 사업을 준비해야 한다. 새로운 사업을 시작했을 때 예상치 못한 어려움이 닥치더라도, 이전의 사업으로 다시 돌아갈 수 있어야 한다. 이는 첫 번째 사업이 자신의 능력과 경험을 바탕으로 한 것이기에 가능한 일이다. 결국 사업이란 CEO가 가진 능력의 확장에 따라 다각화되어야 하며, 언제든 현재 사업이 어려워지면 과거의 사업으로 돌아갈 수 있는 기반을 갖추는 것이 중요하다.

또한, 성공했다면 인간관계에도 투자해야 한다. 사업이 잘될 때는 점점 더 큰 사업을 벌이게 되고, 이 과정에서 사람들과 관계를 맺게 된다. 이때 인심을 써서 인간관계라는 보험을 들어 놓는 것이 중요하다. 물론, 나중에 힘들어졌을 때 과거에 도움을 줬던 사람들이 반드시 보답할 것이라는 보장은 없다. 그러나 최소한 자신이 완전히 무너지지만 않는다면, 과거의 사업으로 돌아가 다시 일어설 수 있을 때 주변에서 도와줄 사람들이 나타날 가능성이 크다.

기회란 결국 사람을 통해 온다. 과거에 자신이 힘이 있을 때 누군가에게 기회를 준 적이 있다면, 당시에는 별것 아닌 도움이라고 생각했을지 모르지만, 그 사람에게는 큰 의미가 있었을 수도 있다. 그리고 시간이 지나 그 사람이 성공했다면, 과거의 도움을 기억하고 기꺼이 손을 내밀 수도 있다.

사업이든 인생이든 중요한 것은 기회를 잡을 수 있는 태도와 마음가짐이다. 장기적인 관점에서 보면, 지금 자신이 성공했다고 해서 주변 사람들을 함부로 대하거나 무시하는 태도는 결국 대가를 치르게 된다. 주변에 있는 사람들에게 기회를 주고, 겸손한 태도를 유지하며, 따뜻한 말 한마디라도 건네는 것이 중요하다.

나는 사업적으로 힘든 시기를 보낼 때, 나를 이용하거나 상처 준 사람들에 대한 분노와 억울함에 속으로 이를 악문 적이 있었다. 그때의 상처는 시간이 흐르며 아물었지만, 기억만큼은 쉽게 사라지지 않았다. 그러나 그 아픔의 기억은 오히려 내가 반드시 성공해야겠다는 강력한 동기가 되어 주었다. 그러나 정작 성공한 이후에 깨달은 것은, 내 주변에 선의를 베푸는 사람들이 많았다는 사실이었다. 돌이켜보니 나는 도움받았던 소중한 순간들을 잊고 있었을 뿐, 늘 좋은 사람들이 가까이에 있었다.

사업을 하면서 빠져나갈 구멍을 만든다는 것은 단순히 돈을 숨겨두거나 비상금을 마련하는 이야기가 아니다. 그것은 자신의 역량을 바탕으로 사업을 확장하는 것과 인간관계에 진심을 다해 투자하는 두 가지 측면을 의미한다. 한 가지 사업이 어려워지더라도 다시 시작할 수 있는 능력을 길러야 하고, 주변의 사람들과 좋은 관계를 맺어야 한다. 결국 사업에서 살아남는 것은 단순한 운이 아니라, 철저한 준비와 관계의 힘에 달려 있다.

관성에서 빠져 나오기,
문제를 본질적으로 해결하기

우리는 살아가면서 수많은 문제에 직면한다. 문제를 해결하기 위해 노력하지만, 많은 경우 단순한 노력만으로는 해결되지 않는다. 해결의 실마리를 찾기 위해서는 문제의 본질을 깊이 이해하고, 확률과 관성이라는 요소를 고려하며 새로운 관점에서 접근해야 한다.

사업가들은 대부분 의욕적이고 낙관적이며, 능력이 뛰어나고 무엇이든 열심히 하려는 사람들이다. 그래서 문제가 발생하면 자신의 능력을 총동원해 해결하려고 분주히 뛰어다닌다. 그러나 현실적으로 사업에서 발생하는 많은 문제는 단순한 낙관과 희망만으로 해결되지 않는다. 설령 경영진이 훌륭하고 성실하더라도, 진입 장벽이 낮고 점점 쇠퇴하는 시장에서 사업을 운영한다면 아무리 신규 투자를 해도 금방 경쟁자들에게 따라잡히고, 수익은 계속해서 빠져나간다.

예를 들어, 뛰어난 게임 개발 능력을 가진 회사라 하더라도, 시장에 비슷한 게임을 개발하는 업체들이 너무 많다면 좋은 게임을 만들어도 제값을 받기 어려워진다. 인건비를 충당하기조차 힘든 현실 속에서, 경영진은 시장을 바꾸거나 전략을 수정하기보다는 더욱 열심히 일하려고만 한다. 그러나 한 번 지속적으로 에너지와 자금을 투입한 사업을 포기하는 것은 그리 쉬운 일이 아니다. 사람은 본능적으로 자신이 하는 일을 계속해서 잘해내고 싶어 하기 때문이다.

이러한 문제는 인재 관리에서도 마찬가지로 나타난다. 어떤 직원을 채용했을 때 문제가 발생하면, 그 문제를 해결하려고 노력한다. 하지만 사람은 쉽게 바뀌지 않는다. 직원이 가진 문제를 고치려는 대부분의 노력은 결국 무의미하게 끝나는 경우가 많다. 마치 충치가 있는 이를 붙잡고 어떻게든 고쳐 보려 하는 것처럼, 해결되지 않는 문제를 붙들고 씨름하는 일이 반복된다.

문제를 단순한 현상으로만 이해하면, 근본적인 해결이 어렵다. 《제5경영》의 피터 센게와 《시스템 사고》의 김동환이 강조한 "시스템 사고"를 적용해야 한다. 두 요소가 갈등하는 상황을 보면, 표면적으로는 대립하는 것처럼 보이지만, 그 이면에는 상호의존적인 관계가 형성되어 있는 경우가 많다. 예를 들어, 부부가 서로의 기분에 영향을 주고받으며 상호의존적인 관계를 형성하는 것처럼, 사업에서도 경쟁자와의 관계, 시장의 흐름, 고객의 행동이 서로 맞물려 있다. 부자는 가난한 사람이 있음으로써 존재하며, 강자는 약자가 있음으로써 존재한다. 공산주의의 위협이 없다면, 반공을 이념으로 하는 정권도 존재할 수 없다.

이와 같은 시스템적 사고가 부족하면, 문제 해결이 아닌 새로운 문제를 만들어내기도 한다. 한 사례로, 동물 애호가들이 자연공원을 방문했을 때 사슴이 사자에게 사냥당하는 모습을 보고 이를 잔인하게 여겼다. 그들은 사슴을 보호하기 위해 사자 사냥을 허용하는 운동을 펼쳤다. 그 결과 사자의 숫자가 줄어들자 사슴 개체 수가 급격히 늘어났다. 그러나 몇 년 후, 사슴이 지나치게 많아지면서 초지가 부족해졌고, 많은 사슴이 굶어 죽었다. 이를 해결하기 위해 다시 사자 사냥을 금지하자, 이번에는 사자의 개체 수가 폭발적으로 증가했다. 먹이가 풍부해진 덕분이었다. 그러나 사슴의 개체 수가 다시 줄어들자, 결국 사자들까지 굶주리게 되었다. 애초에 사슴과 사자는 상호의존적인 관계를 형성하고 있었지만, 표면적인 현상만 보고 문제를 해결하려다 오히려 더 큰 비극을 초래한 것이다.

사업에서도 이러한 상호의존성을 무시하면 비슷한 문제가 발생한다. 예를 들어, 직원의 문제를 해결하려는 사장은 종종 그 직원과 자신이 상호의존적인 관계에 있다는 사실을 간과한다. 단순한 대립처럼 보이는 관계가 실은 양방향적인 인과관계를 가지고 있을 가능성이 높다. 따라서 문제를 해결하기 위해서는 시스템 사고를 활용해 관계를 깊이 이해하고, 각 주체의 동기와 보상을 분석한 후 인센티브 시스템을 새롭게 설계해야 한다.

워렌 버핏은 경영자의 관성을 이해하고 이를 극복할 수 있는 시스템을 만들었다. 이는 그가 초창기에 투자했던 섬유 회사인 버크셔 헤서웨이에서 얻은 경험에서 비롯되었다. 당시 섬유업계는 경쟁이 치열했고, 회사가 새로운 기술과 설비에 투자해도 그 과실을 온전히 가져가지 못하는 구조였다. 경쟁이 심화되면서 제품 가격이 지속적으로 하락했고, 해외 저가 섬유업체들의 공세도 거셌다. 버핏은 이런 상황 속에서도 사업에 깊이 개입했고, 결과적으로 큰 손실을 입었다.

그는 자신의 실패를 돌아보며 이렇게 말했다. "개구리에게 키스를 한다고 해서 왕자로 변하지는 않는다." 그는 뛰어난 경영진과 자금을 보유하고 있다고 해서 사업이 반드시 성공하는 것은 아니라는 사실을 깨달았다. 경쟁 우위가 없는 사업에서는 아무리 훌륭한 경영자가 있더라도 좋은 성과를 내기 어렵다는 점도 배웠다. 또한, 경영자는 사업을 운영하는 동안 해당 사업에 점점 더 깊이 빠져들며, 쉽게 빠져나오지 못하는 경향이 있다는 것도 깨달았다.

이후 버핏은 버크셔 해서웨이를 통째로 인수한 후 섬유 사업을 정리하고 투자 회사로 변모시켰다. 그는 개별 사업의 경영진이 관성에 빠지더라도, 버크셔 해서웨이와 자신은 관성에서 벗어나야 한다고 생각했다. 그래서 경쟁 우위를 가진 사업을 운영하는 기업들을 통째로 인수하고, 원래의 소유주가 계속 경영할 수 있도록 했다. 그는 기존 경영진이 오랜 기간 해당 회사를 운영해왔기 때문에 관성에서 벗어나기 어렵다는 점을 알고 있었고, 이를 역으로 활용했다.

버핏은 자회사 경영자들이 자기자본수익률(ROE)을 유지하도록 인센티브를 설계했고, 자본 비용을 고려해 기대 수익률을 충족하지 못하는 자금은 본사로 송금하도록 했다. 이를 통해 개별 사업의 운영에는 관여하지 않으면서도, 자본 수익률을 유지하며 경쟁 우위를 가진 사업을 확보하는 전략을 세웠다.

관성을 극복하는 시스템을 구축할 수 있었던 것은, 버핏이 젊은 시절 섬유업에 종사하면서 조직의 관성을 직접 체험했기 때문이다. 그는 아무리 투자를 많이 하더라도 구조적으로 지속 가능하지 않은 사업은 결국 실패할 수밖에 없다는 사실을 배웠다. 또한, 그의 동업자인 찰리 멍거의 영향을 받아 시스템 사고를 적용하고 문제를 구조적으로 분석하는 능력을 갖추게 되었다.

어떤 사업은 애초에 구조적인 문제를 안고 있다. 문제의 본질을 깊이 파악하고, 한 차원 높은 곳에서 해결책을 찾아야 한다. 사업을 시작하기 전에 해당 시장의 구조와 위험 요소를 철저히 분석하고, 문제를 피할 수 있는 전략을 갖춘 상태에서 접근해야 한다. 이미 특정 사업 구조에 발을 들였더라도, 신속하게 경쟁 우위가 있는 분야로 재정비해야 한다.

관성에 갇혀 있는 한, 문제는 반복될 수밖에 없다. 단순한 낙관과 거짓 희망으로 스스로를 속이는 것이야말로 가장 큰 실패다. 상황에 끌려다니지 말고, 상황을 선택하라.

반복 가능해야 성장할 수 있다

크리스 주크의 《핵심을 확장하라》에서는 장기간 높은 성장을 지속한 기업들의 핵심 전략으로 "반복"을 강조한다. 성공적인 기업들은 강력한 핵심 사업을 기반으로 점진적으로 인접 분야로 확장해 나간다. 그리고 이 인접 분야가 지속적으로 반복 가능한 형태일 때, 장기적인 성장이 가능해진다. 다시 말해, 기업이 수익을 창출할 수 있는 자신만의 공식을 발견하면, 이를 끊임없이 반복하는 방식으로 성장을 이어갈 수 있다는 개념이다.

이 원칙을 활용한 대표적인 사례가 델, 나이키, 그리고 사우스웨스트 항공이다. 델은 직접 판매 모델을 기반으로 개인용 컴퓨터에서 노트북, 서버 등으로 제품군을 확장했다. 나이키는 특정 스포츠의 운동화로 시작해 의류와 스포츠 장비로 카테고리를 넓혀갔고, 이 전략을 반복하여 다양한 스포츠 분야에서 입지를 다졌다. 사우스웨스트 항공은 대형 항공사가 외면한 지역 공항을 중심으로 점대점(point-to-point) 비행 노선을 확장하며 성장했다. 이들 기업의 공통점은 자신들의 핵심 성공 모델을 유지하면서, 이를 반복 가능한 방식으로 확장했다는 점이다.

이러한 반복의 개념은 짐 콜린즈가 좋은 기업을 넘어 위대한 기업으로에서 "고슴도치 원리"라 명명한 바 있다. 또한, 일본의 검객 미야모토 무사시가 《오륜서》에서 강조한 끊임없는 기본 훈련과도 연결된다. 스포츠에서도 마찬가지로 기본 자세를 지속적으로 연습하는 것이 실력 향상의 필수 요소다.

그러나 모든 기업이 인접 확장을 통해 성장할 수 있는 것은 아니다. 취약한 사업 구조를 가진 기업이 무작정 인접 확장을 시도하는 것은 바람직하지 않다. 인접 확장을 고려할 때는 몇 가지 핵심 평가 기준이 필요하다. 첫째, 장기적인 수익 창출 가능성이 있는가? 둘째, 기존 핵심 사업과의 연관성이 충분한가? 셋째, 새로운 시장에서 선두 업체로 자리 잡을 수 있는 잠재력이 있는가? 이러한 요소들은 정량적으로 측정하기 어려운 경우가 많아, 경험과 직관이 중요한 역할을 한다.

무분별한 인접 확장은 오히려 기업이 가진 강력한 핵심 사업의 성장 잠재력을 훼손하는 결과를 초래할 수도 있다. 하지만 과거에 성공적인 확장을 경험한 기업들은 그 과정에서 배운 교훈을 바탕으로 확장 전략을 보다 신중하게 평가하고 진단할 수 있는 높은 수준의 기준을 갖게 된다. 기업이 성장할수록 제품, 시장, 조직이 복잡해지고, 이 복잡성을 효과적으로 관리할 수 있는지가 수익성 있는 성장으로 이어지는 중요한 요소가 된다.

반복 가능한 성장 공식을 가진 기업은 이러한 복잡성을 관리하는 능력이 뛰어나다. 반면, 명확한 성장 공식 없이 매번 새로운 사업 영역에서 경쟁해야 하는 기업은 복잡성에 압도되어 실패할 가능성이 높다. 따라서 지속적인 성장을 위해서는 자신의 성공 공식을 발견하고, 이를 끊임없이 반복하는 것이 필수적이다.

개인 능력의 한계 바로 알기

인간의 능력에는 한계가 있으며, 이를 명확히 파악하는 것이 성공적인 전략을 수립하는 첫걸음이 된다. 철저한 계획을 세우고, 자신의 한계를 인식하며, 가능한 모든 변수를 고려해 대비하는 것이 중요하다. 남극 탐험가 로알 아문센의 사례는 이를 잘 보여준다. 그는 남극을 탐험하며 전 대원이 안전하게 귀환할 수 있도록 철저한 준비를 했고, 심지어 탐험이 끝난 후에는 체중이 증가할 정도로 안정적인 식량과 계획을 유지했다. 반면, 보다 대규모 원정을 조직하고 더 많은 주목을 받았던 로버트 스콧은 결국 전 대원이 남극에서 목숨을 잃는 비극을 맞았다.

자신의 능력을 객관적으로 바라볼 수 있는 사람만이 전략적으로 행동할 수 있다. 반면, 강한 의지를 가진 사람들은 자신의 의지만으로 모든 것을 해결할 수 있다고 믿으며, 종종 이를 타인에게도 강요하는 실수를 범한다. 능력 있는 사람이 조직을 이끌 때, 그는 자신의 방식대로 어려움을 극복할 수 있다고 생각하며, 부하들도 자신과 같은 역량을 갖추고 있을 것이라 오판하기 쉽다. 이러한 사고방식이 조직 운영에 적용되면, 모든 구성원이 어려운 상황에서도 끝까지 버티고 결국 성과를 낼 수 있을 것이라고 믿게 된다. 그러나 현실은 다르다. 뛰어난 개인 능력을 지닌 사장일수록 사업이 어려워지는 경우가 많은 이유도 바로 여기에 있다. 사람들은 각기 다른 능력과 성향을 가지고 있으며, 개인의 역량만으로 조직 전체를 끌어가는 것은 불가능하다.

유방과 항우를 보면 리더 개인의 역량이 전략적 측면에서 얼마나 중요한지 잘 알 수 있다. 유방과 항우는 완전히 다른 성향을 가진 리더였으며, 두 사람의 대결은 천하 통일을 향한 중요한 역사적 전환점이었다. 유방은 부하들의 의견을 경청하고, 사리 분별을 통해 그들의 의견을 받아들였다. 또한, 출신에 관계없이 공적을 세운 자에게 상을 내리고, 부하들을 아끼며 신뢰를 쌓았다. 그는 부족한 점이 많았음에도 불구하고 뛰어난 인재들을 끌어들이고, 시대를 풍미할 수 있는 지도자가 될 수 있었다.

반면, 항우는 뛰어난 능력과 강한 힘을 가졌으며, 부하들을 엄격하게 통제했다. 그러나 그는 인사에 있어서 불공정한 태도를 보였고, 친척들을 요직에 배치하는 등 인재를 신뢰하지 않았다. 그는 부하들의 의견을 듣기보다 자신의 능력을 믿고 직접 전투를 지휘했다. 전투에서의 그의 능력은 막강했다. 100번 싸우면 99번을 이길 정도였다. 그러나 유방과의 싸움에서 결국 패배했다. 항우는 99번의 승리를 거두었지만, 동시에 99번의 실수를 했다. 그는 민심을 잃었고, 부하 장수들의 신뢰를 얻지 못했으며, 전략적 요충지를 놓쳤다. 반면, 유방은 매번 도망치는 듯 보였지만, 실리를 챙기며 백성들의 마음을 얻고 전략적 거점을 확보했다. 결국, 유방의 실리적인 접근과 큰 덕이 항우의 강한 개인 능력을 넘어설 수 있었다.

이와 같은 원리는 현대 기업 경영에도 그대로 적용된다. 기업이 뛰어난 인재를 확보하는 것은 매우 어려운 일이며, 기존 직원들의 역량을 최대한 끌어올리는 것 또한 한계가 있다. 따라서 조직을 운영할 때는 평범한 인재들로도 충분히 성과를 낼 수 있도록 전략을 수립하는 것이 중요하다. 사업 대부분은 경쟁 환경에서 운영되며, 경쟁자들도 최선을 다하고 있다. 따라서 조직이 경쟁에서 살아남으려면 전략적으로 접근해야 한다. 이길 수 있는 상대를 신중하게 선택하고, 승산이 충분한 싸움만을 시작해야 한다.

중소기업의 경우, 사장을 제외하면 핵심 인력이 장기간 회사에 남아 있을 가능성이 낮다. 시장과 경쟁 환경도 언제 어떻게 변할지 예측할 수 없다. 때로는 운이 좋아서 뛰어난 인재를 채용할 수도 있지만, 반대의 상황도 충분히 발생할 수 있다. 따라서 기업은 인재에 의존하기보다는 쉽게 실행할 수 있는 전략을 마련해야 한다. 쉽게 실행할 수 있는 전략조차도 현실에서는 예기치 않은 장애물이 많기 때문에, 직원이 바뀌어도 원활하게 운영될 수 있는 체계적인 프로세스를 구축해야 한다. 이를 위해 명확한 목표 설정, 차별화된 강점, 고객에게 제공할 수 있는 명확한 가치 등이 필수적이다.

리더가 반드시 앞장서서 조직을 이끌어야 하는 것은 아니다. 때로는 사장이 한 발짝 물러나 조직이 자율적으로 운영될 수 있도록 해야 한다. 대표이사가 지나치게 많은 부담을 짊어지고 있다면, 그것은 본인이 직접 초래한 문제일 가능성이 크다. 무리하게 조직을 이끌어야 하는 상황이 지속된다면, 그것은 경영 전략을 다시 점검해야 한다는 신호다.

10

사업에서의 운

사업에서 성공하는 것은 운일까 실력일까?

사업에서 성공을 결정하는 요인은 운일까, 아니면 실력일까? 이는 사업을 하는 사람들이 한 번쯤 깊이 고민해보았을 법한 문제다. 크리스 블레이크의 《결정의 기술》은 경영자가 직면하는 의사 결정의 문제를 다루며, 특히 운과 실력의 영향을 탐구한다.

사업을 처음 시작하는 사람은 이전에는 경험하지 못했던 다양한 문제에 직면하게 된다. 경영자의 의사 결정은 연쇄적으로 결과를 만들어내며, 그 과정에서 예상치 못한 어려움이 발생할 수 있다. 나 역시 사업을 경영하면서 접하는 많은 상황이 처음 겪는 문제였고, 매번 어떤 결정을 내리든 또 다른 문제가 이어지는 경험을 했다. 때로는 어떤 선택을 하든 불가피한 문제가 발생하는 상황에 몰리기도 했다.

사업을 운영하다 보면, 때때로 무엇을 모르는지조차 알 수 없는 상황이 발생한다. 자신의 무지를 인식하고 부족한 부분을 채울 수 있다면 문제를 해결할 가능성이 높아진다. 하지만 무엇을 모르는지조차 모르는 상태에서는 불안과 두려움이 커진다. 경영자는 이러한 불확실성 속에서도 신속하게 필요한 지식을 습득하고, 제한된 시간 안에 최적의 결정을 내려야 한다. 그리고 이러한 결정을 반복적으로, 그리고 효과적으로 내려야만 성공할 수 있다.

경험이 쌓이고 특정한 사업 환경에 익숙해지면 의사 결정 능력도 향상된다. 하지만 경험이 풍부하다고 해서 모든 상황에서 실수를 피할 수 있는 것은 아니다. 새로운 사업에 진출하거나, 기존 시장과는 완전히 다른 환경에 놓이면 여전히 시행착오를 겪을 수밖에 없다. 사업의 유형에 따라 의사 결정 방식도 다르다. 익숙한 환경에서 작은 위험을 반복적으로 관리하는 사업이 있는 반면, 낯선 환경에서 상당한 위험을 감수해야 하는 사업도 있다.

예를 들어, 출판업은 책을 출간할 때마다 투자 결정을 내려야 하지만, 여러 건의 출판 중 몇 권의 베스트셀러가 전체 수익을 책임지는 구조다. 즉, 상대적으로 작은 위험을 지속적으로 감당하는 형태의 사업이다. 반면, M&A나 투자업은 성격이 다르다. 개별 투자 결정이 매우 크고, 한 번의 판단 실수가 엄청난 손실을 초래할 수도 있다. 기업 인수 결정은 그 규모가 크고 장기적인 영향을 미치기 때문에, 잘못된 판단을 하면 기업 가치가 심각하게 훼손될 수 있다. 물론, 성공하면 엄청난 수익을 가져올 수도 있다.

만약 자원이 부족한 중소기업을 운영하고 있다면, 몇 번의 실수만으로도 심각한 위기에 빠질 수 있다. 따라서 중소기업 경영자는 자신이 통제할 수 있는 영역에서 익숙한 위험을 반복적으로 다루는 사업을 선택하는 것이 바람직하다. 매번 새롭게 학습해야 하며, 한 번의 실수로 기업의 존립이 위태로워질 수 있는 대규모 거래를 반복적으로 해야 한다면, 성공 확률이 낮아질 뿐만 아니라 경영자의 정신적 부담도 커질 수밖에 없다.

낯선 환경에서 중요한 결정을 내려야 한다면 전문가의 경험을 활용하는 것이 필수적이다. 하지만 전문가에게 의존하는 데도 한계가 있다. 전문가들은 특정 산업에서 오랜 경험을 쌓으며 풍부한 정보를 가지고 있지만, 오히려 가능성이 낮은 문제까지 지나치게 고려하는 경향이 있다. 또한, 전문가들은 자신을 고용한 사람을 위해 일하기 때문에, 자신의 소신보다는 고객에게 유리한 조언을 하는 경우도 많다. 그렇기 때문에 경영자는 전문가의 의견을 무조건 따르는 것이 아니라, 스스로 산업의 지도를 그려 나가며 직접 배워야 한다.

새로운 사업을 시작할 때는 조심스럽게 사업 전반의 지식을 획득하는 데 집중하고, 현장에서 배우는 자세를 가져야 한다. 가장 경계해야 할 것은 과거의 성공이다. 이전 사업에서 성공을 거두었다는 이유로 자신을 과신하면, 새로운 시장에서 달라진 상황을 제대로 인식하지 못하고 무리한 결정을 내릴 수 있다.

사업에서의 의사 결정 기술은 포커 게임과도 유사하다. 겉으로 보기에는 복잡해 보이지만, 궁극적으로 핵심적인 선택지는 세 가지뿐이다. 베팅을 하느냐, 포기하느냐, 혹은 판돈을 올리느냐. 하지만 인간의 사고방식에는 다양한 편향이 존재하여, 합리적인 판단을 어렵게 만든다. 예를 들어, 매몰 비용에 대한 집착, 손실 회피 심리, 마음의 회계, 확증 편향(자신이 이미 알고 있거나 믿고 있는 정보를 더 신뢰하는 경향) 등이 있다.

인간의 직관은 확률 계산에 취약하다. 나심 탈레브의 행운에 속지 마라, 댄 애리얼리의 《상식 밖의 경제학》, 마이클 모부신의《왜 똑똑한 사람이 어리석은 결정을 내릴까?》, 토머스 키다의 《생각의 오류》 등의 책을 읽어보면, 사람들이 얼마나 비합리적으로 의사 결정을 내리는지를 이해할 수 있다. 이러한 비합리적인 결정들은 조금씩 자원을 낭비하게 만들고, 결국 기업의 생존 가능성을 위협한다.

많은 기업이 자원을 효과적으로 활용하지 못하고 낭비한다. 여러 프로젝트에 조금씩 자금을 투입하고, 유능한 인재의 시간을 여기저기에 분산시키며, 경영진의 주의를 분산시킨다. 이런 식으로 운영하면 정작 중요한 프로젝트에 집중할 자원이 부족해진다. 성공 가능성이 높은 곳에 더 많은 자원을 투입하고, 기대할 수 있는 경제적 성과가 낮은 분야는 과거에 투자했던 금액과 상관없이 독립적으로 평가해야 한다.

운이 나빠서 실패한 유능한 사업가와 운이 좋아서 성공한 무능한 사업가를 구분하는 것은 어렵지만, 불가능한 일은 아니다. 포커에서도 운이 나빠서 돈을 잃는 실력자가 있고, 배팅 기술을 모르지만 운이 좋아 돈을 따는 사람도 있다. 단기적으로 보면 이 둘을 구별하기 어렵지만, 장기적으로는 실력이 있는 플레이어가 결국 돈을 따게 되어 있다. 사업도 마찬가지다. 지속적으로 올바른 판단을 내리는 경영자가 결국 사업을 성공적으로 운영한다.

과거의 성공이 미래의 성공을 보장하지는 않는다. 특정 상황에서 유용했던 전략이 환경이 변화함에 따라 더는 효과적이지 않을 수 있다. 경영에는 절대적인 법칙이 존재하지 않으며, 상황에 따라 접근 방식이 달라져야 한다. 클레이트 크리스텐슨 교수는 "경험의 학교 법칙"을 통해 경영자의 경험이 얼마나 중요한지를 강조한다. 기존 산업을 파괴하며 혁신을 주도한 경영자의 경험과 대기업에서 안정적인 혁신을 주도한 경영자의 경험은 다를 수밖에 없으며, 적절한 경영자를 선임하는 것이 중요하다.

바이아웃(사모투자펀드를 통해 기업을 인수한 후 성장시켜 매각하는 전략)을 다룬 리처드 리커트슨의 《바이아웃》에서도, 기업 회생을 위해서는 해당 산업에 대한 깊은 이해와 회생 경험을 갖춘 경영자를 선임해야 한다고 강조한다.

아무리 뛰어난 경영자라도 지속적인 성공은 자신을 과신하게 만들 위험이 있다. 한두 개의 사업에서 성공했다고 해서 모든 사업을 잘 운영할 수 있다는 착각을 버려야 한다. 사업이란 각 상황의 위험을 정확히 파악하고, 신중하게 판단하여 성과를 만들어내는 기술이다.

사업에서 빌 게이츠처럼 성공하는 것은 아주 희박하고 어려운 일이다

성공한 사람들의 이야기는 언제나 주목을 받는다. 이들은 특별한 기질을 가지고 있으며, 그들의 행동과 사고방식을 배우고 따라 하면 누구나 성공할 수 있다는 주장이 대중적으로 유행하고 있다. 심지어, 성공한 기업의 특징을 연구하여 일반 기업들도 위대한 기업으로 성장할 수 있다고 믿는 경향까지 생겨났다.

그러나 말콤 글래드웰의 《아웃라이어》는 성공을 다르게 해석한다. 그는 성공을 개인의 노력과 능력의 결과로만 보지 않고, 사회적 통계의 관점에서 분석한다. 일반적인 성공과 "위대한 성공"—즉, 전 세계적으로 널리 알려진 비범한 성공—은 단순히 개인의 노력과 재능을 모방한다고 해서 달성할 수 있는 것이 아니다.

위대한 성공은 변화무쌍한 시대적 상황과 준비된 인재가 우연히 만날 때 탄생한다. 즉, 실력과 기회가 결합하는 순간이 있어야만 가능하다. 더욱이, 노력하는 개인의 능력조차도 온전히 개인적인 요인만으로 형성되는 것이 아니다. 개인의 성장 과정에는 가족, 문화, 교육 등 환경적 요소가 깊이 영향을 미친다. 예를 들어, 저개발 국가의 가난한 가정에서 방임된 사람이 특정 분야에서 10,000시간 이상의 집중적인 수련을 쌓기는 어렵다. 반면, 선진국의 중산층 이상의 가정에서 자란 사람은 양질의 교육과 지원을 받을 가능성이 높으며, 장기간 한 분야에 몰입할 여건이 갖춰져 있다.

"10년의 법칙"은 하워드 가드너가 주장한 개념으로, 어떤 분야에서 평범한 수준을 넘어 전문성을 갖추기 위해 필요한 시간을 의미한다. 말콤 글래드웰은 이를 보다 구체적으로 정의하며, 10,000시간의 집중적인 수련이 필요하다고 강조한다.

신경학 연구에서도 체스를 잘 두는 사람들이 다수의 수를 미리 읽을 수 있는 이유가 밝혀졌다. 그들은 단순히 시각적으로 정보를 처리하는 것이 아니라, 언어를 다루듯 체스 패턴을 학습한다. 즉, 반복된 수련을 통해 뇌가 정보를 처리하는 방식 자체가 변화한다. 경험이 쌓이면서 사람들은 구체적인 상황에서 추상적인 개념을 도출할 수 있으며, 궁극적으로 이를 자유자재로 활용하는 경지에 이른다. 하지만 이러한 수련이 가능하기 위해서는 안정적인 가정환경, 문화적 지원, 그리고 국가적인 차원의 교육 시스템이 필요하다. 좋은 교육을 받을 기회가 많은 사람이 더 유리한 출발점을 가지는 것은 당연한 일이다. 따라서 성공은 단순히 개인의 노력만으로 이루어지는 것이 아니라, 시대적 환경과 가족, 문화, 교육 등의 요소가 복합적으로 작용한 결과라고 볼 수 있다.

나심 탈레브는 성공에 대해 더욱 비관적인 시각을 제시한다. 그의 저서 《행운에 속지 마라》는 위대한 성공이 본질적으로 "운"의 결과라는 점을 강조한다. 그는 모집단의 수가 많고, 각자가 서로 다른 리스크를 감수하며 사업을 운영할 때, 결국 살아남은 소수가 엄청난 부를 얻게 된다고 주장한다. 즉, 부와 성공이 개인의 자질이나 능력, 환경에 의해 결정되는 것이 아니라, 단순히 확률적으로 매우 적은 수의 사람들만 살아남는 것뿐이라는 것이다.

성공한 사람들은 자신이 가진 몇 가지 특징 때문에 성공했다고 신화화되곤 한다. 사람들은 이를 쉽게 믿고, 성공한 사람들의 특징을 곧 성공의 원인이라고 단정 짓는다. 하지만 과연 평범한 사람이 이러한 성공한 사람들의 특성을 모방한다고 해서 같은 결과를 얻을 수 있을까? 세상에는 성실한 사람도 많고, 똑똑한 사람도 많다. 흔히 "성공학"에서 강조하는 부자들의 공통적인 속성을 가진 사람들도 수없이 많다. 그러나 부자의 속성을 가졌다고 해서 반드시 부자가 되는 것은 아니다.

그렇기 때문에 사업을 하면서 크게 성공하지 못했다고 해서 낙담할 필요는 없다. 오히려 중요한 것은 지속적으로 실력을 쌓는 것이다. 특정한 한순간의 성공보다 중요한 것은 장기적인 역량 개발이다. 10,000시간의 수련을 쌓는 데 집중하고, 사업의 다양한 측면에서 자신의 실력을 꾸준히 키우는 것이 더욱 현실적이고 바람직한 방향이다.

사업에 있어서 운이란?

이병철 전 삼성 회장은 사업에서 "운칠기삼(運七技三)"이라는 말을 남긴 것으로 유명하다. 이는 사업이 성공하는 데 있어 운이 70%, 실력이 30%라는 의미다. 이병철만큼 사업적으로 성공한 인물조차 운이 중요하다고 이야기할 정도로, 사업은 변수가 많고 개인의 능력과 노력만으로 성공을 보장할 수 없다. 사업에서 운이란 과연 어떤 의미이며, 이를 어떻게 바라봐야 할까?

운이라는 것은 사람으로부터 온다. 새로운 아이디어, 투자 자금, 좋은 직원, 뛰어난 전문가 등 사업을 성공으로 이끄는 요소들은 대부분 사람과의 관계에서 비롯된다. 따라서 사업을 하는 사람은 새로운 사람들과의 만남을 즐기고, 네트워크를 확장하며, 사람들이 자연스럽게 가까이하고 싶어 하는 사람이 되어야 한다. 자신의 인생을 돌이켜보면, 결정적인 기회를 만들어준 순간들은 대부분 어떤 특정한 사람을 통해 왔다는 사실을 깨닫게 된다. 중요한 사업적 기회는 혼자 만들어지는 것이 아니라, 결국 누군가의 연결과 추천을 통해 찾아온다.

또한 운은 "보완물"과 관련이 있다. 사업에서 운이란, 단독으로 존재하는 것이 아니라 특정한 시대적, 환경적 조건과 맞물려 나타난다. 페이스북의 성공 사례를 보면 이를 쉽게 이해할 수 있다. 페이스북이 글로벌 소셜미디어 플랫폼으로 성장할 수 있었던 것은 단순히 뛰어난 플랫폼을 개발했기 때문만이 아니다. 당시 스마트폰과 모바일 인터넷의 보급이 폭발적으로 증가했고, 사람들이 일상적으로 온라인에서 소통하는 문화가 형성되었으며, 기존의 소셜네트워크 서비스인 마이스페이스가 쇠퇴하는 시점이었다. 또한, 디지털 광고 시장이 급성장하며 새로운 비즈니스 모델이 자리 잡고 있었다. 이러한 환경적 요소들이 맞물리면서 페이스북은 빠르게 확장할 수 있었다.

예측 가능한 비가역적인 통계적 변화에 주목하는 것도 중요하다. 인구 구조의 변화, 사람들의 라이프스타일 변화, 새로운 기술의 등장 등은 사업 기회를 만들어내는 중요한 요소다. 이러한 흐름을 잘 읽고 사업을 전개하면 마치 순풍에 돛을 단 듯 빠르게 성장할 수 있다. 어떤 사업이 자리를 잡으면, 이전에는 불가능했던 새로운 환경이 마련되면서 또 다른 기회가 생긴다. 따라서 과거에는 성공하지 못했던 사업이라 하더라도, 시대적 흐름과 환경이 변하면 다시 기회가 올 수 있다. 사업을 구상할 때는 언제나 전제조건을 점검해야 하며, 과거에 실패했던 사업 아이템이라도 시대의 변화에 따라 새로운 가능성이 생길 수 있음을 인식해야 한다.

어떤 제품이나 서비스도 단독으로 존재하는 것이 아니라, 다른 보완 요소들과 함께 가치를 형성한다. 보완물 역시 시대에 따라 변화하기 때문에, 이러한 변화를 감지하고 활용할 수 있어야 운을 탈 수 있다. 운이란 시대의 흐름과 환경적인 요소를 잘 읽는 사람에게 찾아온다. 배리 네일버프의 《코피티션》에서는 보완자와 경쟁자의 개념을 활용한 전략적 사고를 강조한다. 모든 사업은 "밸류네트"를 형성하며, 밸류네트의 구성원은 경쟁자, 보완자, 고객, 기업, 공급자로 이루어진다.

예를 들어, 고객이 당신의 제품 하나만 사용할 때보다, 다른 기업의 제품과 함께 사용할 때 가치를 더 느낀다면, 그 기업은 당신의 보완자다. 반면, 고객이 당신의 제품을 사용할 때 다른 기업의 제품이 함께 있으면 가치가 떨어진다면, 그 기업은 경쟁자가 된다. 이러한 개념을 적용하면, 많은 비즈니스 상황에서 경쟁과 협력이 동시에 나타난다는 것을 알 수 있다.

페이스북의 경우, 애플과 구글 같은 기업들은 스마트폰과 모바일 환경을 제공하는 측면에서는 보완자 역할을 했지만, 동시에 광고 시장에서는 직접적인 경쟁자였다. 애플이 iOS에서 개인정보 보호 정책을 강화하면서 페이스북의 광고 수익 모델에 타격을 준 사례는 이러한 보완자와 경쟁자의 관계 변화를 보여준다. 즉, 사업에서의 운은 보완물이 어떻게 작용하는지에 따라 결정된다. 또한, 시간이 흐르면서 보완물의 역할이 어떻게 변화할지를 예측할 수 있어야 장기적인 사업 전략을 세울 수 있다.

운이라는 것은 경영자의 태도와도 깊은 관련이 있다. 사람들은 누구를 돕고 싶어할까? 누구에게 기회를 주고 싶어할까? 일반적으로, 오만하고 잘난 체하는 사람보다는 겸손하며, 자신이 하는 일에 대한 전문성을 갖추고 열심히 살아가는 사람에게 더 많은 기회가 찾아온다. 다른 사람들이 그 사람을 돕고 싶어 하고, 정보와 기회를 공유하고 싶어하는 사람이 되어야 한다.

운이란 단순한 우연이 아니라, 환경적 요인과 사람의 태도가 결합하여 만들어지는 결과물이다. 시대의 흐름을 읽고, 보완 요소들을 고려하며, 겸손한 태도로 사람들과 관계를 형성하는 것이야말로 운을 자신의 편으로 만드는 가장 현실적인 방법이다.

골프와 사업

골프를 사업에 빗대어 이야기하는 경우가 많지만, 골프야말로 운과 실력의 관계를 깊이 생각해볼 수 있는 좋은 주제다. 세계 정상급 골퍼들도 모든 대회를 우승하는 것은 불가능하다. 골프에서는 스윙 실력뿐만 아니라, 다양한 코스 상황에 대한 관리 능력, 긴장된 순간에도 평정심을 유지할 수 있는 감정 절제 능력이 요구된다. 아무리 스윙 실력이 뛰어나더라도 바람이 강하게 부는 날씨에 적응하지 못하면 무너질 수 있다. 더운 날씨가 경기력에 영향을 미칠 수도 있고, 갤러리의 소음이 플레이에 방해가 될 수도 있다. 골프에서는 이러한 모든 요소가 경기의 일부가 된다.

날씨는 예측할 수 없고, 그린의 핀 위치에 따라 전략이 달라지며, 매 샷마다 예상치 못한 변수가 발생한다. 플레이어는 이러한 요소를 완벽하게 통제할 수 없으며, 주어진 환경 속에서 최선을 다할 뿐이다. 때로는 실력이 부족한 선수도 운이 따라 경기가 잘 풀릴 수도 있다. 그러나 3~4일에 걸친 라운드를 거치면서 결국 우승을 차지하는 선수는 정상급 기량을 갖추고, 정신적 강인함을 유지하며,

경기마다 발생하는 우연적인 요소들을 현명하게 대처한 사람이다.

운이 작용하는 요소가 많다고 해서 골프의 모든 것이 운으로 결정된다고 볼 수는 없다. 실력이 있는 선수는 다양한 상황에 대해 철저히 대비하고 있으며, 전혀 예상하지 못한 우연한 상황에서도 상상력을 발휘하여 놀라운 플레이를 만들어낸다. 벙커에 빠졌을 때 공의 위치가 벙커 턱 바로 아래일 수도 있고, 평평한 모래 위에 놓여 있을 수도 있으며, 모래가 젖어 있을 수도 있다. 일류 선수는 이 모든 경우를 대비하고 있기 때문에 당황하지 않는다. 티샷이 깊은 러프에 빠질 수도 있고, 러프 위에 공이 떠 있을 수도 있다. 스탠스가 앞뒤 혹은 양옆으로 경사진 경우도 있을 수 있다. 각 상황마다 스윙 방법이 달라지지만, 훈련을 철저히 해온 선수는 자신에게 닥친 불운을 기회로 바꿀 수 있다.

사업도 마찬가지다. 예상치 못한 다양한 문제가 발생하며, 그 모든 상황에 대비할 수 있는 준비가 되어 있거나, 창의적인 방식으로 문제를 해결할 수 있어야 성공할 수 있다. 경영자는 끊임없이 새로운 문제를 마주하지만, 경험이 일부 경영자들은 다양한 문제를 이미 대비하고 있다. 이는 마치 일류 골퍼가 수많은 트러블 샷을 연습하고 있는 것과 같다.

만약 제약업을 운영하는데, 자사의 제품에서 독극물이 검출되어 언론에 대대적으로 보도되었다면 어떻게 해야 할까? 실제로 존슨앤존슨은 이러한 위기를 맞닥뜨린 적이 있다. 당시 경영진은 신속한 전량 리콜, 적극적인 사과, 그리고 재발 방지를 위한 강력한 조치를 취해 신뢰를 회복했다.

또한, 자신이 부임한 제조업체가 부채비율 1,000%를 넘기고, 부도 직전이며, 강경한 노동조합이 버티고 있고, 직원들은 패배의식에 젖어 있으며, 경쟁자들보다 제품 경쟁력이 떨어지고 품질 수준이 최악이라면 어떻게 해야 할까? 이러한 최악의 상황에서 회사를 되살린 사례가 있다. 바로 서두칠 사장의《우리는 기적이라 말하지 않는다》에 나오는 한국전기초자의 이야기다.

서두칠 사장은 한국전기초자의 경영자로 부임했을 때, 이미 다른 대우 계열 제조업체를 성공적으로 회생시킨 경험이 있었다. 그는 회사가 처한 위기 상황을 정확히 파악하고 있었으며, 이를 해결하기 위한 전략을 명확하게 알고 있었다. 그 전략을 실행하는 과정에서 여러 요소가 맞아떨어지는 것은 운이었지만, 그 운을 활용할 준비가 되어 있었다.

그는 부임하자마자 동시다발적이고 파상적인 혁신을 시작했다. 회사의 어려운 상황을 직원들에게 투명하게 공개하고, 해결 방안을 단순하고 명확한 메시지로 전달했다. 하루 세 번씩 현장을 순회하며 직원들과 직접 소통했고, 회사의 위기를 설명하며 적극적인 참여를 요청했다. 동시에 서울지사 자금팀과 협력하여 단기 차입금을 장기 차입금으로 전환하고, 회사채를 발행하는 등 자금 구조조정을 단행했다. 기술 투자에도 집중하여 기존 제품의 품질을 향상시키고, 고부가가치 제품 개발에 착수했다.

생산 공정도 대대적으로 개혁했다. 기존의 비효율적인 공정을 개선하기 위해 불필요한 재고를 처분하거나 폐기하고, 생산 공정을 인라인화했다. 이는 도요타 생산방식과 유사한 개념으로, 공정의 흐름을 단순화하고 재고를 줄이는 방식이었다. 또한, 직원들의 직무를 재조정하고, 시장의 요구에 맞춰 생산 체계를 유연하게 바꾸었다. 업무 강도가 증가하면서 일부 직원들이 회사를 떠났지만, 인위적인 구조조정 없이 자연스럽게 인력 조정을 이루었다.

결과적으로 생산량은 두 배로 증가했고, 매출과 이익이 급증했다. 단 3년 만에 부채를 대부분 상환했으며, 부도 직전이던 회사는 초우량 기업으로 변모했다. 대우가 400억 원에 인수했던 회사를 단 3년 만에 아사히글라스에 2,000억 원에 매각하는 성과를 거두었다. 변화의 시작점은 단 한 명의 경영자였지만, 그의 리더십이 조직 전체에 영향을 미치면서 기적 같은 결과를 만들어냈다.

많은 변화와 혁신 사례들을 보면, 결국 중요한 것은 문제를 해결할 수 있는 "준비된 태도"다. 사업에서 발생하는 문제들은 대부분 과거에도 있었으며, 이를 해결한 사람들의 사례를 찾아볼 수 있다. 경험이 일부 경영자들은 끊임없이 정보를 습득하고, 노하우를 확보하며, 현장에서 실질적인 해결책을 연마한다. 이는 마치 세계적인 골퍼들이 스윙 이론을 마스터하고, 반복적인 연습을 통해 경기력을 향상시키는 과정과 같다.

그러나 아무리 철저하게 준비하더라도, 사업에서 승리하기 위해서는 "운"이라는 요소를 무시할 수 없다. 운이 좋으면 성공이 더 쉬워지고, 운이 나쁘면 성공이 더 어려워질 수 있다. 하지만 중요한 것은 운이 찾아왔을 때 이를 활용할 수 있는 능력이다. 준비되지 않은 사람에게 운은 의미가 없지만, 철저히 준비한 사람에게 운은 강력한 기회가 된다.

골프에서 정상급 선수들은 운이 나쁜 날에도 최소한의 실수를 하며 경기를 풀어나간다. 사업에서도 마찬가지다. 어떤 환경에서도 흔들리지 않는 기본기를 갖추고, 다양한 변수에 대응할 수 있는 전략을 준비하며, 위기 속에서도 침착하게 해결책을 찾는 경영자가 결국 성공을 거머쥘 가능성이 높다.

11

사업 리더에게

코너에 몰리기 전에 링의 한가운데서 싸워라

교세라의 창업자인 이나모리 가즈오는 “코너에 몰리지 말고 링의 한가운데서 싸워라”라고 말했다. 이는 마감일에 닥쳐서 일을 처리하면 실수를 하기 쉽고, 예상치 못한 문제가 발생했을 때 대응할 여력이 없다는 의미다. 미리 준비하고 계획적으로 움직이면 수세에 몰리는 상황을 피할 수 있다. 즉, 벼랑 끝에 몰린 후에야 집중하고 긴장하는 것이 아니라, 오히려 여유가 있을 때 철저한 대비를 하라는 뜻이다. 이는 단순한 업무 습관을 넘어, 인생을 살아가는 태도에 관한 이야기이기도 하다. 사람들이 항상 극한의 상황에서 몰려 싸우지만, 진정한 성공을 위해서는 미리 대비하여 주도권을 가져야 한다.

마쓰시다 고노스케는 “경영이란 인재와 자금의 댐을 쌓는 것”이라고 했다. 이는 필요할 때 사람과 자금을 구하려 하면 이미 늦었으므로, 미리 준비해두어야 한다는 의미다. 이나모리 가즈오의 말과 마쓰시다 고노스케의 말은 같은 맥락에서 이해할 수 있다. 준비가 되어 있어야 위기 상황에서도 당황하지 않고 해결책을 찾을 수 있으며, 기회가 왔을 때 이를 잡을 수 있다.

대학 시절을 떠올려보면, 시험이 다가왔을 때, 특히 시험 전날이 되어서야 공부를 시작하며 "조금만 더 시간이 있었으면 좋았을 텐데"라고 후회했던 경험이 있을 것이다. 반면, 꾸준히 공부한 학생들은 시험 직전에 가벼운 마음으로 정리하는 수준에서 끝낼 수 있었다. 회사에서도 마찬가지다. 마감 기한이 넉넉할 때 준비하지 않다가, 마감 시간이 임박해서야 허둥지둥하는 습관을 가진 사람은 좋은 성과를 내기 어렵다. 코너에 몰리지 않겠다는 결심을 하려면, 주어진 업무를 세분화하고, 이를 매일 또는 매주 단위로 계획적으로 수행하며 지속적인 긴장감을 유지하는 것이 중요하다.

인간은 위대하지만 동시에 나약하고 비합리적인 존재다. 자신의 한계를 명확하게 이해하는 것이 중요한 이유도 여기에 있다. 구체적인 계획을 세우고, 이를 실천하면서 작은 긴장감을 유지하는 것이 성취의 중요한 요소다.

경영에서도 마찬가지다. 항상 시간에 쫓기고, 자금이나 인력 부족에 허덕이는 상태에서는 성공하기 어렵다. 미리 준비하는 자세가 필수적이다. 고객이 문제를 제기한 후에야 부랴부랴 대응하는 것이 아니라, 고객보다 먼저 문제를 발견하고 해결해야 한다. 경쟁사의 신제품이 출시된 후에 허둥대며 대응하기보다는, 먼저 시장을 선도하는 혁신을 지속해야 한다. 코너에 몰리지 않기 위해서는 평소 치열한 몰입과 지속적인 각성이 필요하다.

어떤 목표를 이루려는 사람이라면, 반드시 예상치 못한 상황을 마주하게 된다. 우리가 기대한 대로 일이 진행되는 경우는 거의 없다. 목표를 달성하기 위해 A라는 시도를 하면, 예상했던 결과 B가 나오는 것이 아니라, 오히려 A2라는 새로운 접근이 필요하다는 사실을 깨닫는 경우가 많다. 심지어 B라는 결과를 얻기 위해서는 A2뿐만 아니라, 우리가 예상하지 못했던 A3라는 행동도 필요할 수 있다.

그러나 사람들은 이러한 사실을 인지하지 못한다. 인간은 본능적으로 자신이 보고 싶은 것만 보려 하는 "확증 편향"을 가지고 있다. 또한, 과도한 자기 확신으로 인해 자신이 듣기 싫은 이야기를 피하려는 경향이 있다. 불편한 진실을 직면하면 불안감이 생기고, 고민해야 할 것이 많아지기 때문이다. 하지만 현실적으로 우리가 이미 알고 있는 정보만으로는 원하는 결과를 만들어낼 수 없는 경우가 대부분이다. 그러므로 원하는 결과를 얻기 위해서는 끊임없이 새로운 것을 탐구해야 한다. 《일본전산 이야기》에서는 이를 "지적인 하드워킹(intellectual hard-working)"이라고 표현했다.

만약 우리가 B라는 목표를 달성하려 한다면, 우리가 알고 있는 액션은 A뿐일 수도 있다. 그렇다고 A 하나만 실행하면서 안심해서는 안 된다. 목표를 이루기 위해서는 빠르게 A를 실행해보고, 그 과정에서 학습하면서 부족한 부분을 찾아야 한다. 현재의 접근법에 빠진 것이 없는지, 고려해야 할 요소가 없는지, 이미 성공한 사람들의 경험에서 핵심적인 성공 요소(Key Success Factor)를 찾아낼 수 있는지 점검해야 한다. 단순한 행동에 그치지 않고, A2와 A3 같은 추가적인 전략을 마련하고 실행해야만 원하는 결과에 도달할 수 있다.

목표를 이루는 과정에서는 중간 목표의 설정이 필수적이다. B라는 결과를 얻기 위해서는 B1, B2, B3 같은 중간 단계의 성취가 필요하다. 따라서 각 단계를 구체적인 목표로 설정하고, 이를 강한 의

지와 실행력으로 추진해야 한다. 이를 위해서는 지적인 하드워킹과 실행에 대한 열정이 필요하다.

역사적으로도 이러한 원칙을 활용한 사례는 많다. 로마인 이야기에서 한니발 전쟁 부분을 읽어보면, 한니발은 아버지의 복수를 위해 로마를 점령하려는 계획을 세웠다. 그는 누구도 시도하지 않았던 전략을 구상했고, 극한의 환경 속에서도 이를 실행했다. 알프스를 넘는 과정에서 그의 병력 절반이 사망했지만, 그는 이 고된 행군을 통해 남은 병사들을 강하게 단련시켰다. 기존의 전쟁 방식에서 벗어나 예상치 못한 경로를 선택함으로써 로마군이 대비할 시간을 주지 않았다.

한니발은 단순히 무모한 도전을 한 것이 아니라, 치밀한 계획 아래 단계별로 전략을 실행했다. 알프스를 넘어 이탈리아 북부에 도착한 후, 그는 로마에 반대하는 지역 세력을 규합하여 군대를 보충했다. 그들의 이해관계를 정확히 파악하고, 함께 싸우도록 만들었다. 그는 단순한 전투가 아니라, 로마를 장기적으로 약화시킬 수 있는 전략을 실행했다.

한니발은 누구도 그에게 목표를 부여하지 않았음에도, 스스로 높은 목표를 설정하고 이를 달성하기 위해 끊임없이 고민하고 실행했다. 목표를 이루기 위해 자신이 갖고 있던 고정관념을 깨뜨리고, 상황에 맞춰 전략을 조정했다. 이처럼 새로운 역사를 만드는 과정에서는 엄청난 에너지가 필요하며, 이를 위해서는 끊임없이 자신의 사고방식을 점검하고 부정하는 "지적인 하드워킹"이 필수적이다.

결국, 코너에 몰리지 않기 위해서는 사전에 충분한 준비를 하고,

변화하는 환경을 지속적으로 학습하며, 기존의 사고방식에서 벗어나 새로운 접근을 시도해야 한다. 계획적으로 행동하고, 실행하면서 학습하고, 지속적으로 새로운 전략을 도출하는 사람만이 극한의 상황에서도 살아남을 수 있다.

당신의 지식 재고를 줄여서 실행 능력을 극대화하라

도요타 생산 시스템은 지식근로자의 생산성을 향상시키는 데 유용한 통찰을 제공한다. 마이클 조지의 린 6시그마에서는 도요타 생산 방식과 6시그마 기법을 활용하여 지식 노동의 효율성을 높이는 방법을 다룬다. 도요타의 핵심 개념 중 하나인 "리드 타임"과 "공정 중 재고(Work In Process)"를 지식근로자의 업무에 적용하면, 업무 흐름을 최적화하고 생산성을 극대화할 수 있다.

제조업에서 WIP는 흔히 사용되는 개념이지만, 서비스업이나 지식 노동에서는 상대적으로 덜 익숙한 개념이다. 그러나 WIP를 "진행 중인 작업(Things-In-Progress)"으로 생각하면, 모든 지식 업무에도 적용할 수 있다. 예를 들어, 고객 요청, 미지급 수표, 받아야 할 전화, 미제출 보고서 등은 모두 진행 중인 작업으로 간주할 수 있다. 이는 공식적으로 처리 중이지만 아직 완료되지 않은 업무를 의미한다.

리드 타임은 주문을 받은 시점부터 최종 결과를 제공하기까지 걸리는 시간을 의미한다. 이를 설명하는 데 자주 사용되는 "리틀의 법칙"에 따르면, 리드 타임은 WIP의 양을 평균 생산율로 나눈 값으로 결정된다. 즉, WIP가 많으면 리드 타임이 길어지고, 처리 속도가 빠르면 리드 타임이 줄어든다. 예를 들어, 한 사람이 시간당 평균 2개의 WIP를 처리할 수 있는 능력이 있고, 현재 10개의 WIP가 있다면, 리드 타임은 5시간이 된다.

업무의 비효율성을 분석하는 또 다른 중요한 지표는 "공정 사이클 효율성(Process Cycle Efficiency)"이다. PCE는 총 리드 타임 중에서 실제 가치 창출 활동이 차지하는 비율을 의미한다.

PCE = (가치 창출 시간) ÷ (전체 리드 타임)

PCE가 10% 미만이면 해당 공정의 90%가 낭비이며, 이는 대기 시간, 반복 작업, 불필요한 커뮤니케이션 등으로 인한 비효율성을 뜻한다. 지식 노동에서 문서를 작성하거나 아이디어를 도출하는 등의 가치 창출 활동보다, 정보 대기, 승인 절차, 작업 완료를 기다리는 시간이 상당한 비중을 차지하는 경우가 많다.

이를 개선하기 위해서는 "풀 시스템(Pull System)"을 도입해야 한다. 풀 시스템은 기존의 "푸쉬 시스템(Push System)"과 대비되는 개념으로, 미리 대량의 작업을 할당하는 것이 아니라, 처리 속도에 맞춰 업무량을 조정하는 방식이다. 예를 들어, 유니클로의 "카세트 방식" 의류 생산 시스템이 풀 시스템의 좋은 사례다. 기존 방식에서는 판매량을 예측하여 대량 생산했기 때문에 예측이 틀리면 재고 부담이 커지거나, 반대로 품절로 인해 판매 기회를 놓칠 수 있었다. 그러나 풀 시스템을 적용하면, 판매 속도를 실시간으로 반영하여 필요한 만큼만 생산할 수 있어 재고 부담을 최소화하고, 고객 수요에 더욱 유연하게 대응할 수 있다.

린 사고(Lean Thinking)의 핵심은 WIP를 줄이고, 풀 시스템을 구축하며, 낭비를 제거하여 전반적인 생산성을 높이는 데 있다. PCE를 20% 이상으로 운영하고, 작업 속도를 조정하기 위해 WIP의 상한선을 설정하며, 프로세스를 관리하는 데 시각적 신호 시스템을 활용하는 등의 접근 방식이 권장된다.

지식근로자의 생산성을 높이기 위해서는 두 가지 측면에서 접근할 수 있다.

첫째, 리드 타임을 줄이기 위해 WIP를 감소시키는 것이다. WIP는 진행 중이지만 아직 완료되지 않은 업무를 의미한다. 이를 줄이는 방법 중 하나는 커뮤니케이션을 효율적으로 관리하는 것이다. 예를 들어, 상사로부터 업무 지시를 받았을 때, 막연히 받아들이기보다는 즉시 중요도와 기한을 확인하고, 꼭 지금 수행해야 하는 업무인지 판단해야 한다. 급하지 않은 업무는 장기 일정에 포함하고, 필요할 때만 꺼내어 처리하면 불필요한 WIP 증가를 방지할 수 있다.

또한, 중요하고 즉시 처리할 수 있는 업무라면, 가능한 한 빨리 해결하는 것이 바람직하다. 이를 “퀵 픽스(Quick Fix)”라고 한다. 쉽게 해결할 수 있는 업무를 쌓아두면 전체적인 작업 흐름이 지연되므로, 즉시 처리할 수 있는 것은 바로 해결하는 것이 효율적이다.

어떤 업무는 발생한 시점에서 위임하는 것이 최선일 수도 있다. 예산 내에서 외부 공급자나 팀원에게 업무를 위임하면, WIP를 줄일 수 있다. 중요한 것은, 업무를 위임할 때도 명확한 기한과 기준을 정하여 작업자가 여유롭게 일정을 관리할 수 있도록 하는 것이다.

둘째, 생산 능력을 향상시키기 위해 가치 창출 시간을 증가시키는 것이다. 지식 노동의 리드 타임 중 실제 가치 창출에 쓰이는 시간을 늘리는 것이 중요하다. 예를 들어, 고객이 번역을 요청한 경우, 번역자를 찾고 계약을 체결하는 등의 과정이 필요하다. 만약 이 모든 과정이 수작업으로 진행된다면 상당한 시간이 소요될 것이다. 그러나 사전에 번역자 풀을 구성해 놓고, 작업 가능한 번역자가 즉시 업무를 선택할 수 있도록 하면, 고객 요청부터 번역 결과물 제공까지의 시간을 대폭 줄일 수 있다.

또한, 업무 흐름을 최적화하는 것도 방법이다. 도요타의 "셀 생산 방식"은 이러한 원리를 적용한 사례다. 과거에는 공정이 물리적으로 떨어져 있어 대기 시간이 발생했지만, 이를 하나의 셀(Cell) 내에서 통합함으로써 낭비를 줄이고 작업의 연속성을 높였다. 마찬가지로, 지식 노동에서도 작업 간 연결을 강화하고 불필요한 대기 시간을 줄이면 생산성이 향상된다.

예를 들어, 번역 프로젝트의 경우 다음과 같은 흐름을 형성할 수 있다.

이 과정을 최적화하기 위해, 각 단계 간 대기 시간을 최소화하고, 작업 흐름을 가시화해야 한다. 필요하면 자동화 시스템을 도입하여 반복적인 작업을 줄이고, 업무 진행 상황을 실시간으로 파악할 수 있도록 해야 한다.

결국, 지식근로자의 생산성을 높이기 위해서는 WIP를 줄이고, 풀 시스템을 활용하며, 가치 창출 시간을 극대화하는 방향으로 프로세스를 설계해야 한다. 단순히 "더 열심히" 하는 것이 아니라, "더 스마트하게" 일할 수 있도록 시스템을 구축하는 것이 핵심이다. 이러한 접근 방식을 통해, 업무의 효율성을 높이고, 궁극적으로 더 나은 성과를 달성할 수 있다.

스스로에게 공격적인 질문을 함으로써 사업을 다른 시각으로 살펴보라

사람은 변화를 본능적으로 꺼리는 경향이 있다. 우리는 한 번 선택한 결정을 다시 검토하기보다는, 익숙한 방식대로 반복하는 데 익숙하다. 그러나 성공한 극소수의 사람들은 개인과 조직의 습관을 의식적으로 재고하고, 통제할 수 있는 사람들이었다. 자신이 현재 빠져 있는 관성에서 벗어나고 싶다면, 스스로에게 극단적인 질문을 던져보는 것이 유용한 방법이 될 수 있다. 이러한 질문들은 자신의 사업을 다른 시각에서 바라볼 기회를 제공하며, 현재의 한계를 뛰어넘을 수 있는 통찰을 얻는 데 도움을 준다.

예를 들어, 현재의 사업에서 매출이 10배 증가한다면 무엇이 달라질 것인가? 현재 운영 중인 프로세스는 이러한 성장을 감당할 수 있는가? 만약 감당할 수 없다면 병목 현상이 발생하는 지점은 어디인가? 생산, 인력, 재고 관리, 고객 대응 등에서 어떤 변화가 필요할까?

반대로, 현재의 사업에 100억 원의 현금이 추가된다면 어떤 의사 결정이 달라질 것인가? 현재는 부족한 자원 때문에 실행하지 못하는 중요한 전략이 있는가? 불필요한 의사 결정이나 과잉 행동이 발생하는 이유가 자원 부족 때문인가? 충분한 자금이 있다면 사업 확장의 방식이 지금과 어떻게 달라질 수 있는가?

현재의 직원 수가 10배로 증가한다면, 조직 운영 방식은 어떻게 달라질 것인가? 어떤 인력 구성이 필요하며, 회사의 구조와 사업 운영 방식은 어떻게 변화해야 하는가? 조직이 확장되었을 때 현재의 리더십 스타일이 그대로 유지될 수 있을까? 시스템적인 변화가 필요할까?

반대로, 현재 직원 수가 10분의 1로 줄어든다면 어떻게 될 것인가? 누가 남고, 누가 떠나게 될 것인가? 핵심적인 역할을 맡고 있는 사람들은 누구이며, 그들이 이탈하면 사업이 어떻게 영향을 받을 것인가? 혹시 현재 조직에 불필요한 역할이 존재하고 있지는 않은가?

그렇다면 내가 갑작스럽게 아파서 병원에 입원해야 하는 상황이라면 어떻게 될까? 일정 기간 일상적인 사업 운영이 불가능하다면, 사업은 어떻게 될 것인가? 내가 없더라도 회사가 원활하게 돌아가도록 시스템이 갖춰져 있는가? 사업이 특정한 개인에 의존하고 있다면, 이를 분산하기 위한 방안은 무엇인가?

현재의 주 수입원이 되고 있는 시장이 갑자기 붕괴된다면 어떻게 활로를 찾을 것인가? 현재 의존하고 있는 핵심 고객층이 사라진다면, 새로운 고객을 확보할 수 있는 대안은 있는가? 시장이 변화할 가능성을 미리 고려하고, 리스크를 줄이기 위한 전략은 무엇인가?

만약 사업의 핵심 인력들이 모두 이탈한다면 어떻게 대응할 것인가? 그들이 남긴 공백을 어떻게 메울 것인가? 회사의 운영이 특정한 몇몇 인재에게 과도하게 의존하고 있는 것은 아닌가? 조직을 보다 지속 가능하게 만들기 위해 어떤 변화가 필요할까?

또한 현재보다 10배의 성장을 몇 년 안에 이루기 위해 내가 당장 취할 수 있는 행동은 무엇인가? 사업을 근본적으로 확장하기 위해 반드시 해결해야 할 문제는 무엇이며, 이를 위해 필요한 전략적 움직임은 무엇인가?

이러한 질문들은 단순한 공상처럼 보일 수도 있다. 그러나 현재의 현실에 안주하고 있는 자신을 돌아보고, 즉각적으로 실천할 수 있는 계획들을 떠올리는 데 중요한 역할을 한다. 현실적으로 실현 가능하지 않을 것 같은 질문이라도, 이를 고민하는 과정에서 지금까지 보지 못했던 기회와 해결책이 떠오를 수 있다. 중요한 것은 이러한 질문을 던진 후, 그 답을 찾기 위해 구체적인 행동을 설계하고 실행하는 것이다. 이를 통해 사업을 바라보는 새로운 관점을 얻고, 보다 탄탄한 기반을 마련할 수 있다.

주어진 상황에서 최선을 다하고,
작은 차이를 만들기 위해 세세하게 일하라

알 파치노가 미식축구 감독으로 등장하는 영화《애니 기븐 선데이》에는 경기 전 선수들의 사기를 북돋우는 장면이 나온다. 감독이 선수들에게 강한 메시지를 전달하는 "펩 토크"가 있는데, 이 영화에서 가장 인상적인 장면이 바로 알 파치노가 이 연설을 하는 순간이다. 이 대사를 다시 보면, 영화를 볼 때 느꼈던 가슴 속 깊은 곳에서 끓어오르는 감정을 다시금 느끼게 된다.

그는 선수들에게 말한다.

"우리는 지금 지옥에 와 있다. 정말이다. 여기에 머물러서 패배할 수도 있고, 싸워서 한 걸음씩 앞으로 나아갈 수도 있다. 풋볼도 인생도 결국 1인치의 싸움이다. 반걸음만 늦거나 빨라도 성공할 수 없고, 반 초만 늦거나 빨라도 기회를 놓친다. 그 작은 차이가 승패를 가르고, 생사를 결정한다. 그 1인치를 위해 우리는 주먹을 움켜쥐어야 한다. 그 1인치들을 하나하나 쌓아가면 결국 승리할 수 있다."

그는 "1인치를 위해 싸우라"고 말한다. 이 말이 다소 과장되었다고 생각할 수도 있지만, 현실에서도 작은 차이가 큰 결과를 만들어낸다. 평가의 입장에 서 보면 더욱 분명해진다. 대개 마지막 하루, 마지막 5분을 어떻게 보냈느냐에 따라 성과의 차이가 극명하게 갈린다. B 학점 실력을 가진 사람이 마지막 순간의 노력으로 A 학점을 받을 수도 있고, 반대로 A 학점 실력을 가지고도 방심하면 B 학점을 받을 수도 있다.

사업에서도 마찬가지다. 입찰에 참여했을 때, 계약을 따느냐 못 따느냐는 작은 차이에서 결정된다. 어떤 조직이든, 어떤 개인이든 작은 차이를 만드는 것이 중요하다. 미세한 차이가 쌓이면 점점 더 큰 차이가 된다. 처음에는 사소해 보였던 노력이 시간이 흐르면서 복리처럼 작용해, 나중에는 도저히 따라잡을 수 없는 격차를 만들어낸다.

승리하는 사람과 조직의 차이는 극적인 변화가 아니라, 작은 차이를 만들기 위해 얼마나 세세하게 신경 썼느냐에 의해 결정된다. 하루하루의 작은 차이가 결국 압도적인 차이를 만든다. 지금 당장 우리가 일상적으로 반복하는 작은 행동들을 위에서 언급된 펩 토크의 절실한 마음가짐으로 수행한다면 10년 후, 20년 후의 삶은 완전히 달라질 것이다.

작은 승리들이 쌓이면, 우리는 강하고 단단한 존재가 될 수 있다. 비즈니스 세계에서는 극히 미세한 차이로 승리한 사람이 모든 것을 가져가고, 작은 차이로 패배한 사람은 모든 것을 잃는 일이 허다하다. 그런 현실 속에서 우리는 어떤 자세를 가져야 할까?

결국, 주어진 상황에서 최선을 다하고, 세세한 부분까지 신경 써야 한다. 눈에 보이지 않는 작은 노력이 쌓일 때, 우리는 비로소 원하는 목표에 도달할 수 있다.

성과 지향적인 리더가 빠질 수 있는 함정

리더가 지나치게 성과 지향적이면서 인간관계를 관리하는 능력이 부족할 경우, 함께 일하는 직원들의 책임감을 저하시킬 위험이 있다. 명확한 목표를 설정하고, 뛰어난 실무 역량을 갖춘 사람은 자기주도적으로 업무를 수행하는 데 탁월하다. 그러나 리더의 역할은 단순히 본인의 업무를 잘 수행하는 것이 아니라, 다른 사람들과 협력하며 그들의 역량을 이끌어내고, 팀 전체가 목표를 달성할 수 있도록 조율하는 것이다.

실무자로서 뛰어난 능력을 갖춘 사람이 리더의 위치에 서게 되면, 본인의 방식대로 성과를 내고 싶어 하고, 같은 수준의 실천력을 다른 사람에게도 기대하는 경향이 강해진다. 문제는 모든 사람이 같은 방식으로 사고하고 행동하는 것이 아니라는 점이다. 각자의 감정과 동기가 다르고, 일하는 스타일도 다르다. 하지만 성과 중심적인 리더는 이러한 차이를 고려하지 않고, 자신의 방식을 강요하는 실수를 범하기 쉽다. 이들은 지시를 하거나 스스로 솔선수범하는 방식 외에는 리더십을 발휘하는 방법을 잘 알지 못하는 경우가 많다. 결국 자신이 먼저 앞장서서 부지런히 일하면서도, 직원들에게도 같은 열정과 몰입을 요구한다.

문제는 이러한 접근이 사람들에게 동기를 부여하는 것이 아니라, 오히려 부담감을 주고, 심리적 압박을 가중시키는 결과를 초래할 수 있다는 점이다. 뛰어난 실무자 출신 리더들은 논리적으로 따지는 데 익숙하고, 자신의 의견이 옳다는 확신이 강하기 때문에 타인을 논리적으로 굴복시키려는 태도를 보이기도 한다. 하지만 이러한 태도는 조직 내에서 협력보다는 갈등을 유발할 가능성이 크다. 누가 지속적으로 자신의 의견이 무시되고, 강요받는 환경에서 일하고 싶겠는가?

이러한 리더 밑에서 일하는 직원들은 점차 자신의 의견을 내는 것을 포기하고, 수동적인 태도를 취하게 된다. 피드백을 주고받는 것이 어려워지고, 직원들이 새로운 시도를 하거나 창의적인 해결책을 제시하려는 의욕이 사라진다. 성과를 내기 위해 노력하지만, 결국 주변 사람들의 감정을 소모시키고, 신뢰를 잃으며 조직 내에 많은 적을 만들게 된다. 이 과정에서 관계가 악화되면, 리더는 더욱더 일을 자신이 직접 해결하려고 하게 되고, 결과적으로 업무 과부하에 시달리며 악순환이 반복된다.

사람은 각자의 동기를 가지고 있으며, 독립적으로 사고하고 행동하는 존재다. 또한, 이성적이지만 동시에 감정에 의해 크게 영향을 받는다. 리더가 비전을 제시하고, 인내심을 가지고 꾸준히 대화를 시도할 때, 직원들은 점차 마음을 열고 변화한다. 리더의 역할은 단순히 목표를 설정하고 성과를 내는 것이 아니라, 구성원들이 스스로 동기를 갖고 움직일 수 있도록 하는 것이다.

성과만을 강조하는 리더는 과정의 중요성을 간과하기 쉽다. 그러나 장기적으로 성공하는 조직은 결과뿐만 아니라 과정에서도 신뢰와 협력을 기반으로 운영된다. 직원들이 자신의 의견을 자유롭게 말할 수 있고, 주체적으로 업무에 몰입할 수 있는 환경을 조성해야 한다. 이러한 과정이 없다면, 단기적으로 성과를 내는 것처럼 보일 수 있어도, 결국 조직 내 갈등이 심화되고 지속 가능한 성장은 어려워진다.

대화를 통해 천천히 영향력을 행사하는 것이 성과를 만들어 내는 데 더 효과적인 방법이다. 사람은 기계가 아니며, 단순한 명령으로 움직이는 존재가 아니다. 그들이 왜 그렇게 행동하는지 이해하고, 그들의 입장에서 생각하며 접근할 때, 비로소 조직은 건강한 성과를 창출할 수 있다.

최선을 다하고 있는 사람을 닦달했을 때의 효과

어떤 대학교 조별 과제 팀이 기말 발표를 준비하는 과정에서 있었던 일이다. 다들 여러 과목의 기말고사와 과제를 병행하며 부족한 잠을 참아가며 발표 준비에 매달리고 있었고, 지치고 예민한 상태에서도 좋은 결과를 위해 노력하고 있었다. 그런데 한 팀원이 갑자기 심각한 표정으로 회의 분위기를 싸늘하게 만들며 이렇게 말했다.

"자, 우리 솔직하게 이야기 좀 하자. 그냥 학점만 받으려고 대충 할 거야, 아니면 진짜 A+ 받을 만한 발표를 만들 거야? 나도 빨리 끝내고 싶지만, 이왕 하는 거 제대로 해야지. 근데 지금 자료 조사나 PPT 디자인 보면 솔직히 너무 안일한 것 같아. 더 집중해서 퀄리티를 높여야 하는데, 다들 그냥 빨리 끝낼 생각만 하는 것 같아 보여."

이 말이 나온 시점은 발표를 이틀 앞둔 밤 12시가 넘은 시간이었다. 저녁도 거르고 모여서 몇 시간째 자료를 찾고 슬라이드를 만들던 참이라 다들 녹초가 되어 있었는데, 갑작스럽게 노력을 폄하하는 듯한 말이 나오자 다들 할 말을 잃고 분위기가 얼어붙었다.

사실 그 팀원도 발표를 잘하고 싶은 마음에 한 말이었을 것이다.

하지만 듣는 입장에서는 "A+를 목표로 하면서 동시에 서로의 노력을 인정하고 격려할 수는 없는 건가?"라는 의문이 들었다. 꼭 둘 중 하나를 선택해야만 하는 것처럼 말할 필요가 있었을까? 무엇보다도 이미 각자의 자리에서 최선을 다하고 있는 사람들에게 "이 정도로는 부족하다", "더 열심히 해야 한다"는 식의 지적은 오히려 의욕을 꺾어버렸다. 애초에 좋은 결과를 위해 노력하고 있었는데, 누군가가 그 과정을 알아주지 않고 결과만을 다그치면, 더 잘하고 싶은 마음마저 사라지는 것은 어쩌면 당연한 일이다.

이와 비슷한 일은 성과 중심적인 회사에서도 자주 발생한다. 좋은 성과를 내기 위해서는 직원들이 즐겁게 몰입할 수 있는 환경이 중요하지만, 때로는 리더가 강한 압박을 가하면 오히려 반대로 작용한다. 신바람 나게 일할 수는 없는 것일까? 성과를 내는 것과 사람 간의 관계를 조화롭게 유지하는 것은 불가능한 것일까?

켄 블랜차드의 《1분 경영》에서는 이러한 문제에 대한 해결책을 제시한다. 이 책은 관리자가 팀원들을 어떻게 효과적으로 이끌어야 하는지를 간결하고 명확하게 설명한다. 조직에서 리더의 가장 큰 고민은 "사람"이다. 피터 드러커는 "우리는 사람의 팔과 다리만 고용할 수 없다. 사람 전체를 고용해야 한다."라는 말을 남겼다. 이는 단순히 업무 수행을 위한 기계적인 노동력을 고용하는 것이 아니라, 감정을 가진 하나의 온전한 인간과 함께 일해야 한다는 의미다. 각자는 서로 다른 재능을 가지고 있으며, 선호하는 방식도 다르고, 각자의 상황과 감정이 존재한다.

그렇다면 어떻게 하면 직원들이 자신의 일에 만족감을 느끼고,

자신감을 가지며, 성과를 낼 수 있도록 할 수 있을까?

첫 번째로, 목표는 강제적으로 주어지면 안 된다. 스스로 선택할 수 있는 환경을 조성해야 한다. 사람은 자신이 선택한 목표에 대해서 더 큰 동기부여를 느낀다.

두 번째로, 피드백이 필요하다. 사람들이 일을 하면서 자신이 잘하고 있는지, 부족한 점은 무엇인지에 대한 피드백을 받아야 한다. 단순히 "더 열심히 해라"라는 압박이 아니라, "이 부분을 이렇게 개선하면 더 좋아질 것이다"라는 구체적인 조언이 필요하다.

세 번째로, 피드백을 효과적으로 주는 코치가 있어야 한다. 단순한 질책으로는 성장을 이끌어낼 수 없다. 즉각적인 피드백을 통해 직원들이 점진적으로 나아질 수 있도록 도와야 한다. 사람을 존중하는 태도를 바탕으로, 행동을 개선할 수 있는 방향으로 조언해야 한다.

다시 대학교 조별 과제 이야기로 돌아가 보자. 그 팀원은 열심히 하고 있는 사람들에게 더 열심히 하라고 닦달하기보다는, 구체적인 피드백을 제공할 수 있는 방법을 고민했어야 했다. 만약 그 순간 역량 있는 코치가 있었다면, 부족한 부분을 짚어주고 보완할 수 있도록 도왔을 것이다. 단순한 압박이 아니라, 구체적인 조언을 통해 개선 가능성을 보여준다면 사람들은 의욕적으로 변화한다.

조직에서도 마찬가지다. 좋은 리더는 단순히 성과를 요구하는 사람이 아니라, 성과를 낼 수 있도록 환경을 조성하는 사람이다. 단순한 압박이 아니라, 함께 성장할 수 있는 피드백을 제공하는 것이 리더의 역할이다.

인과관계 혼동하지 않기

사람들이 복잡한 시스템 속에서 인과관계를 올바르게 이해하지 못하고, 단순한 상관관계로 착각하여 잘못된 결론을 내린다. 예를 들어, 부자는 돈이 많기 때문에 화려한 소비 생활을 한다. 그런데 이를 거꾸로 해석하여, 화려한 소비 생활을 하면 부자가 될 것이라고 믿는 것은 명백한 오류다. 이런 오류는 초등학생도 쉽게 이해할 수 있을 정도로 단순하지만, 현실에서는 이와 비슷한 잘못된 사고 방식이 의외로 많이 발생한다.

원인과 결과를 혼동하는 것은 인간이 빠지기 쉬운 오래된 논리적 함정이다. 특히 어떤 바람직한 결과를 간절히 원할 때, 그 결과를 만들어내는 복잡하고 때로는 껄끄러운 실제 원인 대신, 눈에 보이거나 자신이 통제하기 쉬운 피상적인 요소, 혹은 단순한 선언 자체를 원인으로 착각하는 경향이 나타난다.

가령, 어느 엔터테인먼트 회사의 마케터가 자사를 '국내 최고의 즐거움을 주는 회사'라고 선언하고 이를 반복적으로 홍보한다고 해서, 고객들이 실제로 최고의 즐거움을 경험하게 되는 것은 아니다.

이 마케터는 자신의 '홍보 행위'(원인 X)가 고객의 '즐거움'(결과 Y)을 직접 창출할 것이라는 인과관계를 설정하지만, 이는 명백한 착각이다. 고객이 느끼는 즐거움은 회사가 제공하는 콘텐츠의 실제 가치, 가격 정책의 합리성, 서비스 품질, 그리고 이 모든 것이 어우러진 총체적 경험(진정한 원인들)에서 비롯되는 복합적인 결과물이다. 즐거움은 마케터의 선언이 아니라, 실질적인 고객 경험의 '결과'로서 나타나는 현상일 뿐이다. 그럼에도 마케터는 원인(실질적 가치 제공)과 결과(즐거움)를 혼동하여, 자신의 선언적 행위가 마치 마법처럼 결과를 만들어낼 것이라는 허상에 빠져 있는 것이다.

이러한 인과관계의 오독(誤讀)은 비단 특정 마케터의 문제만이 아니다. '최고 품질', '최상의 서비스'를 외치는 수많은 기업의 공허한 슬로건에서도 동일한 오류가 발견된다. 진정한 '최고'는 스스로의 선언이 아닌, 객관적인 성과와 그것을 가능케 한 구체적이고 차별화된 노력(원인)에 의해 증명되어야 한다. 무엇이 우리를 최고로 만드는가? 이 질문에 답하지 못한 채 '최고'라고 주장하는 것은, 결국 스스로를 속이는 자기기만과 다르지 않다. 원하는 결과를 믿고 싶은 마음이 현실을 냉정하게 분석하는 눈을 가리는 것이다.

자기기만은 이처럼 필요조건과 충분조건을 혼동하는 데서 비롯되기도 한다. 아침 일찍 일어나고 결석하지 않는 학생을 생각해보자. 그는 자신의 성실함(필요조건 중 하나) 때문에 당연히 좋은 성적(결과)을 받을 것이라 기대할지 모른다. 성실함이 학업 성취에 긍정적 영향을 주는 것은 사실이나, 그것만으로 '반드시' 좋은 성적이 보장되지는 않는다. 좋은 성적이라는 결과를 위해서는 개념의 정확한 이해, 문제 해결 능력의 함양, 배운 것의 응용 및 실전에서의 발휘(추가적인 필요조건들이자 충분조건에 가까워지는 요소들)가 필수적이다. 일부 필요조건을 충족했다는 사실에 안주하며 결과가 저절로 따라올 것이라 믿는 것은, 노력에 대한 보상을 받고 싶은 심리가 만들어낸 또 다른 형태의 인과관계 왜곡이다.

특히 성패가 명확히 갈리는 비즈니스 세계에서 이러한 인과관계의 단순화는 치명적인 결과를 초래할 수 있다. 성공적인 사업은 단편적인 요소의 합이 아니라, 고객 가치 제공, 지속적인 혁신, 효율적 운영, 효과적 마케팅 등 다양한 필수 요소들이 유기적으로 결합되고 시너지를 창출할 때 비로소 가능하다. 어느 한두 가지 요소에만 집중하거나, 특정 활동이 곧바로 성공을 보장할 것이라는 믿음은 실패를 예약하는 사고 습관에 불과하다.

따라서 장기적이고 실질적인 성공을 원한다면, 원하는 결과를 만들어내는 '모든' 핵심적인 필요조건들을 냉철하게 파악하고, 그것들을 충족시키기 위한 구체적이고 정합성 있는 전략을 설계하고 실행해야 한다. 피상적인 구호나 안일한 자기 위안에서 벗어나, 원인과 결과 사이의 복잡하고 때로는 불편한 진실을 직시하고 분석하는 지적 엄밀함(intellectual rigor)을 갖추는 것. 이것이야말로 불확실성 속에서 성공 가능성을 높이는 유일하고도 확실한 길이다.

습관적인 추측 멈추기

인간은 자신의 견해를 마치 자기 자신인 양 동일시하는 뿌리 깊은 경향을 지닌다. 그러나 생각은 고정된 실체가 아니다. 동일한 사람조차 시간의 흐름 속에서 생각은 끊임없이 변화하며, 한때 확신했던 신념이 훗날 부끄러운 오류로 판명되기도 한다. 문제는 이러한 변화 가능성을 망각하고, 자신의 현재 생각을 절대적인 진리인 양 고수하며 객관적인 성찰에 실패하는 데 있다. 이러한 지적 경직성은 새로운 정보나 경험을 왜곡하여 받아들이는 토양을 제공한다.

새로운 상황에 직면할 때, 우리는 불가피하게 과거의 경험과 지식이라는 필터를 통해 세상을 해석한다. 이 과정에서 자신의 기존 신념과 일치하는 정보만을 선택적으로 수용하고, 반대되거나 불편한 증거는 무시하거나 왜곡하는 '확증 편향(confirmation bias)'이 작동한다. 예를 들어, '가치 투자'를 단순히 '장기 보유'나 '배당주 투자'로 편협하게 이해하는 투자자를 생각해보자. 그는 자신의 제한된 프레임에 맞는 종목을 찾고, 오래 보유하는 행위 자체에서 자신의 신념('나는 가치 투자를 하고 있다')을 확인하며 만족감을 얻는다. 그는 자신의 관점을 지지하는 증거만을 적극적으로 수집하고, 자신의 이해가 전체 그림의 일부에 불과할 수 있다는 가능성, 혹은 가치 투자의 본질이 자신의 피상적 이해와는 다를 수 있다는 현실을 외면한다. 이처럼 확증 편향은 우리를 익숙한 사고의 틀 안에 가두어 더 넓은 진실을 보지 못하게 만든다.

피터 센게는 저서 《미래, 살아있는 시스템》에서 이러한 습관적이고 즉흥적인 사고방식, 즉 묻고 답하는 피상적인 반복 속에서는 결코 근본적인 질문에 도달할 수 없다고 지적한다. 진정한 깨달음과 이해의 확장은 기존의 사고 패턴을 의식적으로 '멈추는' 데서 시작된다. 성급한 판단과 자동적인 해석의 연쇄를 끊어낼 때 비로소 우리는 이미 아는 것을 재확인하는 수준을 넘어설 수 있다. 자신의 지식이 완전하지 않으며, 언제든 틀릴 수 있다는 지적 겸손함을 인정하는 것이 그 출발점이다.

습관적 사고를 멈춘 자리에는, 판단이나 해석을 보류하고 대상을 있는 그대로 관찰하는 '주시(注視)'가 들어설 수 있다. 이것은 불교에서 말하는 '산은 산이요, 물은 물이로다'라는 경지와 맞닿아 있다. 즉, 나의 기대나 편견, 기존 지식의 색안경을 벗고 세상을 존재하는 그대로 바라보는 태도이다. 물론 질문은 학습의 중요한 도구이지만, 오직 자신의 기존 관점을 확인하거나 강화하기 위한 질문만을 던진다면, 이는 사고의 확장이 아닌 폐쇄 회로를 돌리는 것에 불과하다. 익숙한 개념과의 연결고리만을 찾는 질문은 우리를 더욱 깊은 사고의 감옥에 가둘 뿐이다. 본질을 탐구하려는 질문, 우리가 아는 것이 전부가 아닐 수 있다는 가능성을 열어두는 질문이 필요하다.

따라서 때로는 더 깊은 질문을 던지려는 의지적 노력보다, 오히려 생각을 의도적으로 멈추고 벌어지는 현상과 자신의 내면을 고요히 관찰하는 것이 더 큰 통찰로 이어지기도 한다. 끊임없이 무언가를 해석하고 결론 내리려는 습관에서 벗어나, 떠오르는 생각들을 그저 흘러가는 구름처럼 관조하는 태도가 필요하다. 자신의 사고 과정 자체를 한 걸음 떨어져 바라보는 이러한 '메타인지적 관찰'은, 우리를 아집과 편견의 굴레에서 벗어나 더 넓고 유연한 시야를 갖도록 이끌어 줄 것이다.

중심 아이디어의 개발과 전파

과거의 성공 방정식은 더는 유효하지 않다. 만들기만 하면 팔리던 시대, 거대 자본과 유형 자산이 시장을 압도하던 시대는 막을 내렸다. 오늘날 비즈니스 환경의 승패는 자본의 규모가 아니라, 조직이 보유한 무형의 자산, 즉 창의적인 아이디어, 탁월한 서비스 역량, 그리고 무엇보다 이를 구현하는 인적 자원의 질에 의해 결정된다. 제조업 시대의 낡은 관성에서 벗어나, 이제 기업의 경쟁력은 궁극적으로 얼마나 뛰어난 인재를 확보하고 그들의 시너지를 극대화하는 강력한 팀워크를 구축하는가에 달려 있다.

이러한 변화의 핵심에는 리더십의 근본적인 전환 요구가 자리한다. 기업의 지속 가능한 미래는 단순히 유능한 경영자 한 사람에 의존하는 것이 아니라, 조직 전체에 걸쳐 강력한 리더십 역량을 얼마나 효과적으로 배양하고 확산시키느냐에 달려있다. 현대의 리더는 단순히 조직을 운영하고 관리하는 역할을 넘어, 자신과 같은 통찰력과 열정을 지닌 차세대 리더들을 적극적으로 발굴하고 육성하는 '리더십 엔진' 그 자체가 되어야 한다. 즉, 리더를 키우는 리더가 되는 것이 시대적 사명이다.

노엘 티시가 《리더십 엔진》에서 깊이 탐구했듯, 이러한 리더 개발자 모델의 대표적 구현자는 잭 웰치다. 그는 GE의 전설적인 리더 양성소 크로톤빌에서 단순히 최고경영자로서 군림한 것이 아니라, 직접 강단에 서서 자신의 경영 철학과 통찰을 공유하고, 미래의 리더들과 치열하게 토론하며 그들의 성장을 촉진했다. 이는 단순한 지시나 통제가 아닌, 핵심 가치와 원칙의 공유를 통해 조직 내 리더십 파이프라인을 구축하고 스스로 성장하는 환경을 조성한 탁월한 사례다.

그렇다면 리더를 키우는 리더는 무엇으로 움직이는가? 핵심 요소 중 하나는 명확하고 실행 가능한 '핵심 지도 원리(Teachable Point of View)'의 확립과 전파다. 이는 복잡한 경영 환경 속에서 조직이 나아가야 할 방향과 의사결정의 기준을 제시하는 간결하면서도 강력한 통찰의 모델이다. 잭 웰치가 GE 혁신 과정에서 제시했던 '활력 곡선(직원 성과 차등 관리 시스템)', '1등 또는 2등 전략', '벽 없는 조직' 등은 바로 이러한 핵심 원리의 구체적 발현이었다. 그러나 아이디어 자체만으로는 부족하다. 리더는 자신이 정립한 원칙과 가치관에 기반하여 과감하게 실행할 수 있는 결단력을 보여주어야 한다. 리더의 가치관은 단순한 신념 표명이 아니라, 조직 문화와 구성원의 동기 부여, 나아가 기업 전체의 성과를 결정짓는 실질적인 동력이다.

진정한 리더는 냉철한 전략가를 넘어선다. 조직 내 긍정적 에너지를 결집하고, 구성원들이 기꺼이 도전할 만한 원대한 비전을 제시하며, 불가피하게 발생하는 부정적 에너지를 건설적인 방향으로 전환시키는 능력을 갖추어야 한다. 그리고 이 모든 것을 가능하게 하는 결정적 역량은 바로 자신의 생각과 비전을 효과적으로 전파하는 소통 능력이다. 이것은 일방적인 명령이나 지시가 아니라, 리더 자신의 경험과 조직의 스토리를 활용하여 구성원들의 마음을 움직이고 공감을 이끌어내는 설득력 있는 내러티브의 형태를 띤다.

결론적으로, 끊임없이 변화하는 환경 속에서 기업의 지속적인 성장과 성공을 담보하기 위해, 리더는 과거의 관리자 역할에 안주해서는 안 된다. 조직의 미래를 책임지는 교육자이자 멘토로서, 자신의 비전과 통찰, 핵심 가치를 다음 세대 리더들에게 끊임없이 전수하고 그들이 더 큰 리더로 성장할 수 있도록 지원해야 한다. 이것이야말로 조직에 생명력을 불어넣고 영속성을 확보하는 진정한 리더의 궁극적인 책무이다.

고수가 되려면 절대시간을 투여해야 한다

어떤 분야에서 최고 수준에 오른 사람들을 가까이서 살펴보면 몇 가지 공통점이 있다. 그들은 자신의 일에 누구보다도 많은 시간을 투자하며, 효율적인 방법을 찾아가면서도 열정을 잃지 않는다. 단순한 재능이나 운으로 최고가 되는 것이 아니라, 절대적인 시간을 들여 꾸준히 노력하는 과정이 반드시 필요하다.

세계적인 자동차 세일즈맨으로 이름을 남긴 조 지라드의 사례는 이를 잘 보여준다. 그는 어린 시절 아버지에게 무능하다는 말을 듣고 자랐으며, 말더듬이였다. 35세에 빚더미에 앉아 가족을 부양해야 하는 절박한 상황에서 자동차 세일즈를 시작했다. 그러나 그는 단순히 자동차를 파는 것이 아니라, 고객과의 관계를 구축하는 데 집중했다. 그는 한 사람이 보통 250명의 지인을 가지고 있다는 사실을 발견하고, 고객 한 명 한 명을 단순한 구매자가 아니라, 250명의 잠재 고객을 연결해 줄 수 있는 사람으로 대했다. 그들에게 진심을 다해 대하며, 세일즈를 단순한 거래가 아닌 관계 형성의 과정으로 보았다. 그는 이러한 철학을 꾸준히 실천했고, 그 결과 12년간 기네스북에 세계 최고의 판매 기록을 가진 세일즈맨으로 등록되었다. 그의 노하우는 《최고의 하루》라는 저서에 담겨 있다.

직업이 무엇이든, 해당 분야에서 성공하기 위해서는 필수적인 재능과 핵심적인 성공 요인이 있다. 디자이너, 개발자, 회계 담당자, 팀장, 세일즈맨 등 어떤 역할을 하든, 그 직무에서 뛰어나기 위해서는 반드시 익혀야 할 핵심 요소가 존재한다. 이러한 요소를 빨리 파악하는 것이 중요하다. 선배의 경험에서 배우거나, 관련 서적을 읽거나, 전문가의 조언을 들으며 핵심적인 요소를 정리해야 한다. 그리고 무엇보다도, 그것을 꾸준히 연습하고 절대적인 시간을 투자해야 한다. 일정한 규칙을 가지고 오랜 시간 노력하면, 결국 누구도 따라올 수 없는 강력한 경쟁력을 갖출 수 있다.

현대무용가이자 세계적인 안무가인 트와일라 타프 역시 비슷한 이야기를 한다. 그녀는 자신의 저서 《창조적 습관》에서 창조성이 무엇인지에 대한 질문을 던진다. 사람들은 흔히 창조성을 타고난 재능이나 순간적인 영감의 산물로 생각하지만, 그녀는 그것이 전혀 사실이 아니라고 말한다. 창조성은 우연이 아니라, 훈련과 끈기 있는 노력으로 전 생애에 걸쳐 완성해 나가는 과정이다.

창조성을 발휘하기 위해서는 먼저 기본적인 기술을 누구보다도 철저하게 익혀야 한다. 단순한 아이디어가 아니라, 이미 알려진 기술을 완벽하게 연마하는 것이 첫 번째 단계다. 그리고 실패를 두려워하지 않고, 끊임없이 새로운 아이디어를 실험하고 도전하는 과정을 통해 창조적인 결과물이 나온다.

트와일라 타프는 거장이 된다는 것은 화려한 영광만을 의미하는 것이 아니라고 강조한다. 그녀는 거장이 된다는 것은 터무니없이 빠듯한 스케줄 속에서도, 최소한의 조건으로, 자신의 선택권이 거의 없는 상황에서라도 최고의 작품을 만들어내는 것이라고 설명한다. 무용수의 구성이 마음대로 되지 않더라도, 환경이 완벽하지 않더라도, 주어진 조건에서 최고의 결과를 만들어내는 것이 진정한 거장의 길이라는 것이다.

어떤 분야에서든 성공하기 위해서는 자신만의 목표를 설정하고, 그것을 이루기 위해 절대적인 시간을 투자해야 한다. 꾸준한 훈련과 반복적인 연습, 시행착오를 겪는 과정을 통해 우리는 비로소 "거장"의 경지에 이를 수 있다.

바깥에서 안을 보는 관점을 가진 리더

우리가 어떤 제품을 선택하는 이유는 결국 그것이 제공하는 구체적인 가치에 근거한다. 소비자 대부분은 구매 결정 시 여러 대안을 면밀히 비교하며 최적의 선택을 하려 한다. 예를 들어, 스마트폰을 구매할 때를 생각해보자. 오늘날 소비자들은 단순히 통화 품질이나 앱 실행 속도 같은 기본 성능을 넘어, 기기 간의 매끄러운 연동성, 인공지능 기반의 사진 편집이나 실시간 번역 기능, 혹은 특정 환경에서의 카메라 성능(예: 야간 촬영, 고배율 줌) 등을 중요한 판단 기준으로 삼는 경우가 많다. 하지만 불과 몇 년 전만 해도, 경쟁의 초점은 카메라의 화소 수 경쟁이나 프로세서의 클럭 속도 같은 하드웨어 수치 자체에 맞춰져 있었다. 제조사들은 더 높은 숫자를 마케팅 전면에 내세웠고 소비자들도 이를 중요한 선택 기준으로 여겼다.

그러나 기술이 상향 평준화되고 대부분의 스마트폰이 일상적인 사용에 충분한 성능을 제공하게 되면서, 소비자들은 이제 단순한 숫자 경쟁보다는 실제 사용 경험을 향상시키는 차별화된 기능이나 서비스에 더 큰 가치를 두게 되었다. 이는 특정 시점의 핵심 경쟁 요소가 시간이 지남에 따라 당연한 기본 사양이 되거나 중요도가 낮아지며, 경쟁의 기반 자체가 끊임없이 변화함을 보여주는 대표적인 사례다.

고객이 가치를 느끼는 요소를 제공하기 위해 기업은 이에 상응하는 자산, 역량, 프로세스를 구축해야 한다. 가령, 고객이 원하는 특정한 기능을 제공하기 위해서는 해당 기술을 개발해야 하며, 일정한 서비스를 원활하게 제공하기 위해서는 프로세스를 구축해야 한다. 고객의 입장에서 보면 이는 가치지만, 공급자의 입장에서는 비용이 된다.

문제는 오랜 시간 공급자의 입장에서만 생각하다 보면 모든 것을 비용의 문제로 바라보게 되고, 결국 고객이 진정으로 원하는 것을 놓칠 위험이 크다는 점이다. 흔히 "제조업 마인드"나 "엔지니어 마인드"를 버려야 한다는 말이 나오는 것도 같은 맥락이다. 중요한 것은 기술적 우수성이 아니라, 고객이 실제로 체감하는 가치다. 단순히 제품의 기능성이 좋다고 주장하는 것만으로는 고객이 이를 인정하지 않는다. 만약 오늘날 스마트폰 시장에서 "우리 제품은 특정 벤치마크 테스트에서 경쟁사보다 5% 높은 점수를 기록했으므로 압도적인 성능을 자랑한다"고 강조한다면, 대부분의 소비자는 이를 결정적인 구매 요인으로 여기지 않을 것이다. 이는 경쟁의 기준이 변했고, 소비자가 체감하는 가치의 지점이 달라졌기 때문이다. 사업 리더는 이러한 변화의 흐름을 정확히 읽어내고, 소비자들이 현재 무엇에 진정으로 가치를 두는지 파악해야 한다.

성공적인 사업 운영을 위해서는 철저히 고객의 눈으로 세상을 바라보는 능력이 필수적이다. 고객이 실질적으로 원하는 경험이나 해결하고자 하는 문제가 무엇인지 이해하고, 이를 충족시킬 수 있는 제품, 서비스, 그리고 효율적인 프로세스를 구축해야 한다. 내부의 기술 전문가들은 종종 기술적 성취 자체에 집중하려는 경향이 있다. 그 결과, 소비자의 실제 필요와는 거리가 있는 특정 수치 개선이나 기능 구현에 몰두하기도 한다. 예를 들어, 벤치마크 점수를 수치상으로 약간 높이는 것은 엔지니어에게는 의미 있는 도전일 수 있지만, 실제 사용 환경에서 체감할 만한 속도 향상이나 배터리 효율 개선으로 이어지지 않는다면 대다수 고객에게는 큰 의미가 없다. 따라서 사업 리더는 항상 고객 관점에서 기술 개발과 프로세스 운영의 방향을 설정하고, 자원이 진정으로 가치 있는 곳에 투입되도록 최적화하는 비판적 시각을 견지해야 한다.

리더는 조직 내의 개별 팀이 전체적인 비즈니스 목표와 조화를 이룰 수 있도록 방향을 제시해야 한다. 모든 것을 다 하려 하면 결국 아무것도 제대로 하지 못하는 상황이 발생할 수 있다. 따라서 무엇을 포기하고, 어디에 집중할지를 결정하는 능력이 리더에게 요구된다. 고객에게 새로운 가치를 제공하려면 단순히 제품 개발만이 아니라, 마케팅, 내부 프로세스 개선, 고객지원 방식의 변화 등 여러 요소가 함께 움직여야 한다. 공급자 입장에서 보면 아주 작은 차별화 요소를 제공하는 데에도 많은 비용과 노력이 필요하다. 그렇기에 기업은 현재 시장에서 경쟁의 기준이 무엇인지 파악하고, 가장 중요한 한두 가지 차별화 요소에 집중해야 한다.

고객에게 높은 가치를 제공하는 제품과 서비스를 만들면 분명 좋은 결과를 얻을 수 있다. 하지만 기업은 항상 제한된 자원을 가지고 일해야 하며, 높은 가치를 창출하는 것은 필연적으로 많은 비용이 든다. 따라서 기업은 자신이 강점을 가진 부분을 정확히 알고, 이를 차별화하여 고객에게 효과적으로 전달하는 전략이 필요하다. 블루오션 전략에서 제시하는 “전략 캔버스” 같은 도구를 활용하면, 고객 가치 제안을 보다 체계적으로 개발할 수 있다.

능력 있는 사업 리더는 공급자의 시각과 고객의 시각 사이에서 균형을 유지하는 감각을 가져야 한다. 비용 절감만을 고려하면 고객이 원하는 가치를 놓칠 수 있고, 반대로 고객 가치를 극대화하려다 보면 기업의 지속 가능성이 위협받을 수 있다. 따라서 두 가지를 조화롭게 고려하는 것이 중요하다.

스스로에게 질문해보는 것이 좋은 시작점이 될 수 있다. “고객은 왜 우리의 제품과 서비스를 선택하는가?”, “내가 고객의 입장이라면, 왜 우리 제품을 사겠는가?”

이러한 질문을 통해, 기업이 단순히 공급자의 시각에서 벗어나 소비자의 시각으로 사고할 수 있도록 유도해야 한다. 우리가 일상에서 소비자로서 경험하는 구매 의사 결정 과정을 자사의 제품과 서비스에 적용해 본다면, 더욱 명확한 답을 찾을 수 있을 것이다.

회사에서 토론할 때 사회자를 자처해라

회사에서 토론이 이루어질 때, 사회자의 역할을 맡는 것은 단순히 진행을 원활하게 하는 것을 넘어 커뮤니케이션을 촉진하고, 논의의 질을 높이는 중요한 역할을 한다. 어떤 팀에서든 다양한 사람들의 아이디어를 모아 효과적인 결과를 만들어내려면, 사회자의 역할이 필요하다. 유능한 리더는 뛰어난 사회자이기도 하다. 그렇다면 좋은 토론을 이끌기 위해 사회자는 무엇을 해야 할까?

토론이 주제에서 벗어나지 않도록 하는 것이 사회자의 가장 중요한 역할 중 하나다. 논의가 시작된 지 얼마 지나지 않아도 사람들은 쉽게 주제를 벗어나 이야기하기 마련이다. 특히 토론 참여자들이 각자 가진 정보가 다를 경우, 자신의 경험과 지식을 바탕으로 이야기를 전개하다 보면 자연스럽게 주제에서 이탈하게 된다. 이는 단순한 대화일 뿐, 제대로 된 토론이라고 할 수 없다.

예를 들어, "오픈 이노베이션이 효과적이기 위한 전제조건은 무엇인가?"라는 토론 주제가 있다고 가정해 보자. 토론이 시작되고 5분도 채 지나지 않아, 한 사람은 기술 혁신의 중요성을 강조하고,

다른 사람은 조직 문화의 개방성을 이야기하며, 또 다른 사람은 기업의 경영 전략을 논하기 시작할 수 있다. 모두 의미 있는 이야기일 수는 있지만, 본래의 주제에서 점점 멀어지게 된다.

이럴 때 사회자는 개입하여 질문해야 한다. "방금 하신 말씀이 토론 주제와 어떤 연관이 있는지 설명해 주실 수 있습니까?" 만약 연관성이 부족하다면, 해당 내용은 추후 논의하기로 하고, 본래의 주제로 돌아오도록 유도해야 한다.

토론에서 자주 발생하는 또 다른 문제는 묻지도 않았는데 설명하는 사람들이 많다는 것이다. 좋은 토론은 질문에서 출발한다. 사람들이 질문을 듣고 나면 그 질문에 맞는 답을 찾고자 노력하게 된다. 그러나 어떤 사람들은 질문과 관련 없는 이야기를 늘어놓거나, 자신이 알고 있는 정보를 마구 나열하는 경향이 있다. 예를 들어, 최근에 읽은 흥미로운 기사나 자신이 중요하다고 생각하는 개념을 설명하느라 정작 주제와 관련된 논의를 흐리는 경우가 있다.

토론에서는 질문이 명확해야 한다. 질문이 잘 전달되면 참여자들은 자연스럽게 논의에 집중할 수 있다. 예를 들어, 최근 큰 인기를 끈 드라마 '더 글로리'에서 주인공이 '어떻게 가해자들에게 복수를 완성할 것인가?'라는 명확한 질문은 시청자들이 매회 다음 전개를 궁금해하며 이야기에 깊이 빠져들게 만들었다. 시청자들은 주인공의 계획과 그 결과에 집중하며 몰입도를 높였다. 마찬가지로, 토론도 질문이 명확해야 한다. 그렇지 않으면 긴 설명은 흩어진 이야기로 남게 되고, 토론이 지루해질 뿐이다.

사회자는 질문과 무관한 이야기를 하는 사람들을 부드럽게 제지하고, 논점을 환기해야 한다. "우리의 주요 질문은 '오픈 이노베이션의 전제조건'입니다. 이에 대한 답변을 중심으로 이야기해 주시겠습니까?" 이처럼 논점을 명확히 하면, 토론이 보다 생산적인 방향으로 흘러가게 된다.

또한, 사회자는 발언자의 내용을 간결하게 요약하고, 불필요한 반복을 방지하는 역할도 해야 한다. 사람들은 종종 하나의 아이디어를 강조하기 위해 같은 말을 반복하는 습관이 있다. 예를 들어, "오픈 이노베이션의 전제조건은 인력의 이동성이 증가하는 것입니다. 요즘 사람들은 직장을 자주 옮기고, 이러한 변화 속에서…"라며 같은 내용을 여러 방식으로 이야기할 수 있다. 이럴 때 사회자는 발언을 정리하여 "요약하면, 오픈 이노베이션의 전제조건 중 하나로 기술 인력의 노동 유연성이 중요하다는 말씀이시죠?"라고 간결하게 정리해주어야 한다.

또한, 같은 의견이 어휘만 바뀌어 반복되는 경우, 이를 차단하고 새로운 의견을 유도하는 질문을 던져야 한다. "지금까지 A, B, C라는 전제조건이 제시되었습니다. 혹시 다른 의견이 있습니까?" 이렇게 하면 논의가 불필요하게 반복되는 것을 방지하면서, 새로운 아이디어를 도출할 수 있다.

더욱 뛰어난 사회자는 의견을 선명하게 대립시켜 토론을 심화시킨다. "A님께서는 혁신의 전제조건이 B라고 하셨고, C님께서는 D라고 말씀하셨습니다. 두 의견이 상반되는데, 어떻게 생각하십니까?" 이처럼 대립되는 의견을 명확히 하면, 참여자들은 논점을 더 깊이 생각하게 되고, 창의적인 해결책이 나올 가능성이 높아진다.

반면, 사회자가 논쟁을 적당히 타협하거나 회피하도록 유도하면 토론이 단순한 의견 나열로 끝날 수도 있다.

또한, 의미를 명확하게 하는 것도 사회자의 중요한 역할이다. 예를 들어, "오픈 이노베이션의 전제조건"을 논의하고 있는데, 참여자들마다 "오픈 이노베이션"이라는 개념을 다르게 이해하고 있다면 토론이 산으로 갈 가능성이 크다. 이럴 때는 "오픈 이노베이션이라는 개념을 정리하고 넘어가는 것이 필요할 것 같습니다. 각자 어떻게 정의하고 계신가요?"라고 질문하여 개념을 통일하는 것이 중요하다. 단어의 의미가 분명해질 때, 논의도 명확해지고 더욱 생산적인 방향으로 흘러간다.

토론이 진행되다 보면, 일부 참여자가 주제와 무관한 이야기를 장황하게 늘어놓거나, 논리적 근거 없이 지나치게 많은 시간을 차지하는 경우도 있다. 사회자는 이러한 경우 확실하게 개입해야 한다. "중요한 논의가 많으니 간략하게 핵심만 정리해 주시면 감사하겠습니다." 같은 방식으로 발언 시간을 조정하는 것이 필요하다.

적절한 맺고 끊음이 중요하지만, 사회자가 너무 지나치게 개입하는 것도 문제가 될 수 있다. 과도하게 발언을 끊거나, 발언 기회를 일일이 조정하려 하면 오히려 토론이 부자연스러워질 수 있다. 사회자는 참여자들이 자연스럽게 논의를 이어갈 수 있도록 하되, 필요할 때만 개입하여 논의의 흐름을 조정하는 것이 바람직하다.

결국, 좋은 사회자는 토론이 본래의 주제를 유지하면서도, 불필요한 반복을 줄이고, 의미를 명확하게 하며, 대립되는 의견을 정리해 논의를 심화시키는 역할을 한다. 사회자가 토론의 흐름을 효과적으로 조율할 때, 비로소 참여자들은 논의의 본질에 집중할 수 있으며, 더 깊이 있는 아이디어가 도출될 수 있다.

노력하면서 인내하는 자에게 운은 다가온다

하워드 가드너의《열정과 기질》에서는 위대한 업적을 남긴 사람들은 자신이 선택한 전문 분야에서 최소 10년 동안 내공을 쌓는 기간을 거친다고 말한다. 이 시간은 무척이나 외롭고 힘든 과정이다. 그들은 자신이 옳은 길을 가고 있다고 믿지만, 그 확신조차도 불완전할 때가 많다. 어떻게 보면 세상이 알아주지 않는 외골수의 삶을 사는 것처럼 보이기도 한다.

우리 모두는 각자의 자리에서 무언가를 이루기 위해 노력하고 있다. 어떤 분야에서든 뚜렷한 목표를 세우고, 탁월한 수준에 도달하겠다고 결심했다 하더라도, 지금 당장은 그 성과가 그저 평범하게 보일 수도 있다. 이 평범함 속에서 위대함을 향해 가는 길은 결코 쉽지 않다. 사람들이 인내하지 못하고 중도에 포기한다. 아무도 알아주지 않는 무명의 시간을 견뎌야 한다는 것이 가장 어려운 부분이기 때문이다.

촉나라를 건국하기 전에 유비는 오랜 세월 동안 확실한 근거지를 가지지 못했다. 그는 관우, 장비와 함께 숱한 전쟁에 참여했고,

여러 번 승리를 거두었지만, 결국 자신에게 남는 것은 없었다. 그는 전쟁에서 잔뼈가 굵은 백전노장이었지만, 성과를 쌓을 수 있는 기반을 확보하지 못해, 마치 용병처럼 떠돌며 전투를 치러야 했다. 이는 마치 다양한 사업 경험을 쌓았지만, 정작 자신에게는 자산이 남지 않은 사업가와도 같다. 그러나 제갈량을 만나고, 적벽대전을 거친 후 비로소 촉에 자리를 잡고 기반을 다졌다. 조조 역시, 유비 역시, 모두 수많은 전장에서 패배를 경험하며 끊임없이 떠돌아야 했다. 그러나 그 과정이 결국 그들을 강하게 만들었다.

도쿠가와 이에야스 역시 어린 시절 볼모 생활을 견디면서 인내하는 법을 배웠고, 이는 평생 그의 가장 중요한 자산이 되었다. 그는 자신이 강력한 적을 만날 때마다 그들에게서 무언가를 배우고, 그것을 자신의 것으로 만들었다. 다케다 신겐에게서는 전투 기술을, 오다 노부나가에게서는 총포술을 기반으로 한 새로운 전쟁 방식을, 도요토미 히데요시에게서는 문화와 지식인을 끌어들이는 능력을 배웠다. 그는 자신의 결점을 극복하기 위해 끝없이 배우며, 일본을 통일하는 데 필요한 군주의 자질을 갖추어 갔다. 그는 단순히 강한 자가 아니었다. 인내하고 배우며 성장하는 사람이었다.

유방 역시 한우와의 지속적인 전투에서 번번이 패배했지만, 그 과정에서 민심을 얻고, 전략적 요충지를 확보하며, 충성스러운 부하들을 늘려갔다. 결국 그는 단 한 번의 결정적인 승리를 통해 천하를 차지했다. 그가 전장에서 도망치며 목숨을 부지하던 시절, 자신이 언젠가 승리할 것이라는 확신을 100퍼센트 가질 수 있었을까? 전쟁터에서는 누구나 불안에 흔들릴 수밖에 없다. 낙관적인 사람조차도 현실의 냉혹함 앞에서는 흔들릴 수밖에 없다.

링컨도 마찬가지였다. 그는 특별한 배경이 없는 사람이었고, 하원의원으로 당선된 후에도 자신의 소신을 지키다가 정치적 기반을 잃고 오랫동안 변방에 머물러야 했다. 변호사로서도 크게 성공한 것이 아니었다. 그는 불안한 세월을 견디면서도 대의를 품고 노력했다. 결국 공화당 후보로 공천받고 대통령이 되었지만, 이는 한순간의 벼락출세가 아니라 오랜 인내의 결과였다. 도리스 컨스 굿윈의 《권력의 조건》은 링컨의 삶을 다루면서, 그가 정치 무대에서 성공하기 전까지 얼마나 오랜 무명의 시간을 견뎌야 했는지를 잘 보여준다.

그의 입장이 되어 생각해보면, 공식적인 직함도 없고, 아무도 인정해주지 않는 정치인이란 얼마나 불안한 자리였을까? 하지만 그는 끊임없이 자신을 다듬어갔다. 뛰어난 연설 능력을 바탕으로 친구를 만들고, 신중하게 입장을 정리하고, 말을 아끼며, 정당 내에서 자신의 기반을 만들기 위해 면밀하게 준비했다.

지금 우리는 각자의 자리에서 무언가를 이루기 위해 애쓰고 있다. 하지만 때로는 열심히 노력했음에도 성과가 보이지 않는다. 매일 같은 하루가 반복되는 것처럼 보일 때도 있다. 이 지독한 배움의 과정이 지겹게 느껴질 때도 있고, 예상보다 더 험난한 길을 만나 좌절할 때도 있다. 어설픈 실력에 답답함을 느끼고, 미래에 대한 불안이 엄습해올 수도 있다.

하지만 위대한 업적을 남긴 사람들 중 불안과 고통을 경험하지 않은 사람은 없었다. 그들도 우리와 같은 외로움, 불안, 실패의 순간을 겪었다. 그러나 그들은 그 감정을 원동력으로 바꾸어 끝까지 나아갔다.

외롭고 불안한 시간을 보내고 있다면, 그것은 성장의 과정이다. 이 시간을 견뎌내고, 자신의 길을 믿으며 한 걸음씩 나아가면 된다. 불안과 좌절을 열정과 추진력으로 바꾸어야 한다. 지금 이 순간의 인내가, 나중에는 화려한 성공 스토리가 되어 있을지도 모른다.

사업의 길을 걷다 보면, 하루에도 몇 번씩 천국과 지옥을 오가는 기분이 들 때가 있다. 긴 시간 노하우를 축적하지만, 정작 가시적인 성과가 보이지 않을 때도 많다. 하지만 성공한 사람들의 삶을 살펴보면, 그들도 그런 시간을 견뎌냈다는 것을 알 수 있다.

오늘 하루를 버티고, 내일을 준비하며 한 걸음씩 나아가라. 포기하지 않는다면, 언젠가는 당신도 자신의 분야에서 거장의 자리에 오르게 될 것이다.

맺음말

기업 경영에는 정답이 없다고 생각한다. 세상에는 수많은 경영 방식과 전략이 존재하지만, 특정한 방법이 반드시 옳다고 단정할 수는 없다. 다만, 경영의 거장들이 남긴 연구와 성공한 기업들의 사례를 살펴보면, 변하지 않는 원칙과 배울 점이 분명히 존재한다.

이 글을 처음 쓴 2010년은 인터넷과 스마트폰 혁명으로 인해 비즈니스 환경이 급격히 변화하고 있었다. 그때 나는 흐름을 잘 읽고 적응하는 것이 사업에서 중요하다고 생각했다. 그리고 15년이 지난 지금, 그 생각은 더욱 확고해졌다. 그 이후로도 나는 사업을 지속하면서 스마트폰 혁명의 연속적인 발전을 목격했고, 전 세계적인 AI 기술의 부상, 전기차 산업의 급격한 성장, 그리고 코로나 팬데믹이라는 예상치 못한 글로벌 위기와 그에 따른 디지털 전환의 가속화까지 경험했다.

이러한 변화들은 사업 환경을 끊임없이 뒤흔들었지만, 동시에 새로운 기회를 만들어냈다. AI 산업의 급부상은 수많은 스타트업과 기업들에게 새로운 가능성을 열어주었고, 전기차 혁명은 기존 자동차 산업의 패러다임을 바꿔놓았다. 코로나 팬데믹은 많은 기업에게 큰 타격을 주었지만, 동시에 디지털 전환을 가속화하여 새로운 시장을 형성하는 계기가 되었다. 전통적인 오프라인 비즈니스가 온라인으로 전환되었고, 원격 근무와 비대면 서비스가 빠르게 확산되었다.

그런데 이처럼 빠른 변화 속에서도 변하지 않은 것이 있다. 바로 경영의 본질이다. 기술이 바뀌고, 트렌드가 바뀌고, 사업의 형태가 바뀌어도, 결국 기업을 운영하는 것은 사람이며, 고객에게 가치를 제공하는 것이 핵심이라는 사실은 변하지 않았다. 경영자는 변화하는 환경 속에서 본질적인 가치를 잃지 않으면서도, 새로운 흐름에 유연하게 적응해야 한다.

나는 이 과정에서 독서의 중요성을 더욱 깊이 깨달았다. 15년 전, 나는 많은 성공한 사람들이 독서를 통해 배움을 이어간다는 사실에 감탄했다. 그리고 지금까지도 그 생각은 변하지 않았다. 나폴레옹은 수많은 전쟁사를 연구하며 역사적 사례를 자신의 전투 전략에 적용했다. 체 게바라는 전쟁터에서도 책을 실어 나르며 지식을 쌓았고, 아문센은 남극 탐험을 준비하며 선대 탐험가들의 기록을 철저히 연구했다. 가치 투자의 아버지인 벤저민 그레이엄 역시 다양한 분야의 지식을 습득하며 투자 철학을 정립했다.

워렌 버핏과 빌 게이츠가 한 대담에서 "초능력을 가질 수 있다면 어떤 능력을 갖고 싶으십니까?"라는 질문을 받았을 때, 빌 게이츠는 "책을 더 빨리 읽는 능력이 있으면 좋겠다"고 답했다. 워렌 버핏은 곁에서 "빌은 이미 나보다 책을 세 배는 빨리 읽는다"고 말했다. 전 세계적으로 성공한 기업가들조차도 더 많은 지식을 얻고자 끊임없이 독서를 갈망했다는 사실은, 오늘날 우리에게도 많은 것을 시사한다.

경영자들은 사업의 핵심이 경험과 직관, 혹은 특별한 수완이라고 생각한다. 하지만 나는 책에서 얻은 지식도, 직접 경험한 것들도, 다른 경영자들의 이야기나 관찰을 통해 배운 것들도 모두 하나의 텍스트라고 본다. 중요한 것은 이러한 다양한 정보들을 객관적으로 정리하고, 사업을 운영하는 과정에서 적절하게 적용하는 것이다.

경영 관련 서적을 읽으며 가장 인상 깊었던 책들은 단순히 새로운 지식을 전달하는 것이 아니라, 내가 기존에 가지고 있던 통념을 깨뜨리고 새로운 시각을 열어준 책들이었다. 사업이란 단순히 과거의 경험을 반복하는 것이 아니라, 새로운 흐름을 이해하고 변화에 대응하는 과정의 연속이다. 그리고 그 과정에서 독서는 나에게 새로운 길을 제시하는 역할을 해주었다.

이 책이 독자들에게도 그런 역할을 할 수 있기를 바란다. 단순한 지식의 나열이 아니라, 사업을 바라보는 새로운 시각을 제공하고, 더 깊은 고민을 할 수 있는 계기가 되기를 바란다. 그리고 이 책을 통해 더 많은 좋은 책들을 찾아 읽고, 새로운 배움을 향한 여정을 이어갈 수 있다면 그것만으로도 큰 의미가 있을 것이다.

사업의 길은 결코 쉽지 않다. 때로는 예상치 못한 위기가 닥치고, 아무리 노력해도 성과가 보이지 않는 시기가 찾아오기도 한다. 하지만 그러한 순간에도 꾸준히 배우고, 자신이 정한 방향을 믿고 한 걸음씩 나아가는 것이 중요하다. 결국, 미래는 포기하지 않고 끝까지 나아가는 사람들에게 열려 있다.

나는 이 책이 독자들에게 단순한 정보가 아니라, 스스로를 돌아보고 성장할 수 있는 자극이 되기를 바란다. 사업을 운영하면서 겪게 될 수많은 도전과 변화 속에서, 본질을 잊지 않고 계속해서 배움을 이어가길 바란다. 그것이야말로 지속 가능한 성공을 위한 가장 중요한 자산이 될 것이다.

이 책에서 소개한 서적들

지도 그리기

〈나의 첫 사업계획서 Anyone Can Do It〉(사하&보비 하셰미 공저 | 황금가지 | 2005)

〈수익지대 The Profit Zone〉(에이드리언 J. 슬라이워츠키, 데이비드 J. 모리슨, 밥 앤델만 저 | 세종연구원 | 2005)

〈월가의 황제 블룸버그 스토리 bloomberg by bloomberg〉(마이클 블룸버그 저 | 매일경제신 문사 | 1999)

경쟁 우위를 가지고 있는 사업인가?

〈경쟁론 On Competition〉(마이클 포터 저 | 세종연구원 | 2001)

현실에서 아이템 찾는방법

〈스타벅스, 커피 한잔에 담긴 성공 신화 Pour Your Heart Into It: How Starbucks Built a Company One Cup at a Time〉(하워드 슐츠 등저 | 김영사 | 1999)

〈행운의 법칙 The Luck Fantor〉(리처드 와이즈먼 저 | 시공사 | 2003)

필수 불확실성의 원리

〈위대한 전략의 함정 The Strategy Paradox〉(마이클 레이너 저 | 청림출판 | 2007)

직원과 경영자 모두 승리자로 만들 수 있는 필수 불확실성의 원리

〈브랜드 제국 P&G Rising Tide: Lessons from 165 Years of Brand Building at Procter & Gamble〉(데이비스 다이어, 프레더릭 댈즐, 로웨나 올레가리오 공저 | 거름 | 2005)

시대가 변곡점에 있을 때 전략적 옵션을 창출하는 능력이 중요하다.

〈승자의 법칙 Only the paranoid survive〉(앤드류 그로브 저 | 한국경제신문사(한경비피) | 2003)

제7의 감각 전략적 직관

〈제7의 감각 Strategic Intuition〉(윌리엄 더건 저 | 비즈니스맵 | 2008)
〈샘 월튼 불황 없는 소비를 창조하라 Sam Walton: Made In America〉(샘 월튼,존 휴이 공저 | 21세기북스 | 2008)
〈맥도날드 이야기 Grinding It Out: The Making Of McDonald's〉(레이 크록 저 | 문진출판사| 2003)
〈우리는 기적이라 말하지 않는다〉(서두칠, 한국전기초자사람들 공저 | 김영사 | 2001)
〈월트 디즈니 The Triumph of the American Imagination〉(닐 개블러 저 | 여름언덕 | 2008)

회사의 전략, 운영, 인력 프로세스를 구축하라

〈실행에 집중하라 Execution〉(래리 보시디, 램 차란 저 | 21세기북스 | 2004)

경쟁 우위 창출에 대한 고찰

〈경제적 해자 Little Book That Builds Wealth〉(팻 도시 저 | 리더앤리더 | 2009)

행동 경제학에서 다루는 가격 전략

〈상식 밖의 경제학 Predictably Irrational〉(댄 애리얼리 저 | 청림출판 | 2008)

위기에 빠진 회사에 부임하여 경영자가 되었을 때

〈노하우로 승리하라 Know-How〉(램 차란 저 | 김영사 | 2007)

세그먼트: 기업 성장의 묘약

〈전략을 재점검하라 Simply Strategy("Financial Times" S)〉(리처드 코치, 피터 뉴벤휘젠 저| 비즈니스맵 | 2007〉

교세라로부터 배우는 아메바 조직

〈아메바 경영 アメーバ經營: ひとりひとりの社員が主役〉(이나모리 가즈오 저 | 예문 | 2007)

뛰어난 혁신가란?

〈오픈 이노베이션 Open Innovation〉(헨리 체스브로 저 | 은행나무 | 2009)

파괴적 혁신 이론

〈성공기업의 딜레마 Innovator's Dilemma〉(클레이튼 크리스텐슨 저 | 모색 | 1999)

〈성장과 혁신 The inivator's Solution〉(클레이튼 크리스텐슨 저 | | 세종서적 | 2005)

〈미래 기업의 조건 Seeing What's Next〉(스콧 엔서, 클레크리스텐슨 저 | 비즈니스북스 | 2005)

블루오션 전략

〈블루오션전략 Blue Ocean Strategy〉(김위찬 저 | 교보문고 | 2005)

인구 구조의 변화를 주목하여 혁신의 기회를 찾아라

〈미래사회를 이끌어가는 기업가정신 Innovation and Entrepreneurship〉(피터 드러커 저 | 한국경제신문사 | 2004)

〈대한민국에서 집 없는 부자로 살자〉(박홍균 저 | 이비락 | 2009)

새로운 사업 분야에서 성공하기는 생각보다 훨씬 어렵다.

〈결정의 기술 The Art of Decisions〉(크리스 블레이크 저 | 펜하우스 | 2010)

사업의 자금 마련

〈초보사장 난생 처음 세무서 가다〉(문상원 저 | 제우미디어 | 2009)

벤처 캐피털로 자금 유치

〈리얼리티 체크 Reality Check〉(가이 가와사키 저 | 빅슨네트웍스 | 2009)

현금흐름 관리

〈사장의 관리력 社長の時間の使い方〉(요시자와 마사루 저 | 라이온북스 | 2009)

〈회사에 돈이 모이지 않는 이유 會社にお金が殘らない本當の理由〉(오카모토 시로 저 | Eat&SleepWell | 2004)

〈4시간 The 4-Hour Workweek〉(티모시 페리스 저 | 부키 | 2008)

투자자의 관점으로 자신의 사업 돌아보기

〈위대한 기업에 투자하라 Common Stocks and Uncommon Profits〉(필립 피셔 저 | 굿모닝북스 | 2005)

〈현명한 투자자 Intelligent Investor〉(벤저민 그레이엄저 | 국일증권경제연구소 | 2007)

직원은 능력과 급여의 등가 교환 대상이 아니다.

〈로마인 이야기 ローマ人の物語〉(시오노 나나미 저 | 한길사 | 2006)

직원을 일단 고용했으면 믿고, 최고의 대우를 해주어라.

〈지혜경영 What Were They Thinking〉(제프리 페퍼 저 | 국일증권경제연구소 | 2008)

인재 관리에 있어서 평등주의 사고에서 벗어나라

〈유능한 관리자 First, Break All The Rules〉(마커스 버킹엄, 커트 코프만 저 | 21세기북스 | 2006)

잘 만들어진 성과 평가 시스템을 구축하라.

〈성과 평가란 무엇인가 Performance Appraisal Question And Answer Book〉(딕 그로테 저 | 빅 슨네트웍스 | 2009)

리더십 파이프라인

〈리더십 파이프라인 Leadership Pipeline〉(램 차란, 스테픈 드로터, 제임스 노엘 저 | 미래의창 | 2008)

과연 사업에 적성이란 것이 존재할까?

〈대망 德川家康〉(야마오카 소하치 저 | 동서문화사 | 2005)

성격과 상관 없이 가져야 할 리더의 자질은?

〈네 안에 잠든 거인을 깨워라 Awaken the Giant Within〉(앤서니 라빈스 저 | 2002 |씨앗을 뿌리는사람)

책임감 중독에서 벗어나라

〈마이웨이〉 거스 히딩크 저 | 조선일보사 | 2002)

〈책임감 중독 responsibility virus 〉(로저 마틴저 | 21세기북스 | 2006)

〈초심〉(홍의숙저 |다산북스 | 2008)

성공한 사업가로부터 배우자

〈부자본능 How to get rich〉(펠릭스 데니스 저| 북하우스| 2007)

아는 사람을 직원으로 두는 것

〈유혹의 기술 Art of seduction〉(로버트 그린 저 | 이마고 | 2008)

〈권력을 경영하는 48법칙 The 48 Laws of Power〉(로버트 그린 저 | 까치 | 2000)

〈전쟁의 기술 The 33 Strategies of War〉(로버트 그린 저 | 웅진지식하우스 | 2007)

사업을 하면서 빠져나갈 구멍을 가진다는 것

〈기적의 바구니회사 롱거버거 스토리 Longaberger: An American Success Story〉(데이브 롱거버거 저 | 미래의창 | 2005)

관성에서 빠져 나오기 문제를 본질적으로 해결하기

〈제5경영 fifth discipline〉(피터 센게 저 | 세종서적 펴냄 | 1996)

〈시스템 사고〉(김동환 저 | 선학사 | 2004)

반복 가능해야 성장할 수 있다

〈핵심을 확장하라 Beyond the core〉(크리스 주크 저 | 청림출판 | 2004)

〈오륜서 五輪書〉(미야모토 무사시 저 | 사과나무 | 2004)

개인의 능력의 한계 바로 알기

〈항우와 유방 項羽と劉邦〉(시바 료타로 저 | 달궁 | 2002)

사업에서 성공하는 것은 운일까 실력일까?

〈행운에 속지 마라 Fooled by Randomness〉(나심 니콜라스 탈렙 저 | 중앙북스 | 2010)

〈상식 밖의 경제학 Predictably Irrational〉(댄 애리얼리 저 | 청림출판 | 2008)

〈왜 똑똑한 사람이 어리석은 결정을 내릴까 Think twice: harnessing the power of counterintuition〉(마이클 모부신 저 | 청림출판 | 2010)

〈생각의 오류 Don't Believe Everything You Think〉(토머스 키다 저 | 열음사 | 2007)

〈바이아웃 Buyout: The Insider's Guide to Buying Your Own Company〉(릭 리커트슨 저 | 빅슨 네트웍스 | 2009)

사업에서 빌 게이츠처럼 성공하는 것은 아주 희박하고 어려운 일이다

〈아웃라이어 Outliers〉(말콤 글래드웰 저 | 김영사 | 2009)

사업에 있어서 운이란?

〈코피티션 Co-opetition〉(배리 J. 네일버프 저 | 한국경제신문사 | 2002)

GE의 워크아웃: 타운 미팅

〈GE Work-out〉(데이브 울리치 스티브 커 저 | 물푸레 | 2002)

새로운 방식의 고객 만족도 조사: NPS

〈1등 기업의 법칙 Ultimate question〉(프레드 라이켈트 저| 청림출판 | 2006)

코너에 몰리기 전에 링의 한가운데서 싸워라

〈일본전산 이야기〉(김성호 저 | 쌤앤파커스 | 2009)

당신의 지식 재고를 줄여서 실행 능력을 극대화하라

〈린6시그마 What is Lean Six Sigama〉(마이크 조지 저 | 미래와경영 | 2004)

최선을 다하고 있는 사람을 닦달했을 때의 효과

〈1분 경영 The One Minute Manager〉(켄 블랜차드 저 | 21세기북스 | 2003)

습관적인 추측 멈추기

〈미래, 살아있는 시스템 Presence〉(피터 셍게, C. 오토 샤머, 조셉 자와스키 저 | 지식노 마드 | 2006)

중심 아이디어의 개발과 전파

〈리더십 엔진 Leadership engine〉(노엘 티시 저 | 21세기북스 | 1900)

고수가 되려면 절대 시간을 투여해야 한다

〈최고의 하루 How to sell anything to anybocy 〉(조지라드 저 | 다산북스 | 2004)

〈창조적 습관 Creative habit〉(트와일라 타프 저 | 문예출판사 | 2005)

노력하면서 인내하는 자에게 운은 다가온다

〈열정과 기질 Creating minds〉(하워드 가드너 저 | 북스넛 | 2004)

〈권력의 조건 Team of rivals〉(도리스 컨스 굿윈 저 | 21세기북스 | 2007)

치열하게 읽고 다르게 경영하라

2판 1쇄 인쇄 2025년 4월 21일
2판 1쇄 발행 2025년 5월 1일

지은이 안유석
발행인 안유석
책임편집 프루프앤
디자이너 기록의수록
펴낸곳 처음북스
출판등록 2011년 1월 12일 제2011-000009호
주소 서울 강남구 강남대로 374 스파크플러스 강남 6호점 B219호
전화 070-7018-8812
팩스 02-6280-3032
이메일 cheombooks@cheom.net
홈페이지 www.cheombooks.net
인스타그램 @cheombooks
페이스북 www.facebook.com/cheombooks
ISBN 979-11-7022-296-5 | 03320